舵手证券图书
www.zqbooks.com

知识领航财富人生

舵手俱乐部 www.duoshou108.com

趋势交易秘诀

(美)蒙特·斯沃普著 张曼译

山西人民出版社

图书在版编目（CIP）数据

趋势交易秘诀/（美）蒙特，斯沃普著；张曼译. —太原：山西人民出版社，2013.12
ISBN 978-7-203-08355-9

Ⅰ.①趋… Ⅱ.①蒙… ②斯… ③张… Ⅲ.①股票交易－基本知识 Ⅳ.①F830.91

中国版本图书馆CIP数据核字（2013）第258235号

著作权合同登记号　图字：04-2013-011号

The Market Guys' Five Points for Trading Success：Identify, Pinpoint, Strike, Protect and Act! by A. J. Monte & Rick Swope, ISBN：978-0470138977
Copyright © 2008 by A. J. Monte & Rick Swope. All rights reserved.
All Rights Reserved. This translation published under license. Authorized translation from the English language edition, published by John Wiley & Sons. No part of this book may be reproduced in any form without the written permission of the original copyright holder.
本书简体中文版由约翰威立国际出版公司授权，山西人民出版社出版。

趋势交易秘诀

著　者：	（美）蒙特　斯沃普
译　者：	张　曼
责任编辑：	冯　昭
装帧设计：	兆天书装
出 版 者：	山西出版传媒集团·山西人民出版社
地　　址：	太原市建设南路21号
邮　编：	030012
发行营销：	0351-4922220　4955996　4956039
	0351-4922127（传真）4956038（邮购）
E-mail：	sxskcb@163.com　发行部
	sxskcb@126.com　总编室
网　　址：	www.sxskcb.com
经 销 者：	山西出版传媒集团·山西人民出版社
承 印 者：	三河市航远印刷有限公司
开　　本：	710mm×1000mm　1/16
印　　张：	17
字　　数：	230千字
印　　数：	1-7000
版　　次：	2015年1月第1版
印　　次：	2015年1月第1次印刷
书　　号：	ISBN 978-7-203-08355-9
定　　价：	45.00元

如有印装质量问题请与本社联系调换

目录

前言 / 1
致谢 / 1
关于作者 / 1
介绍 / 1

第一章　成功的蓝图：制订你的交易计划 / 1
交易不再是一项集体活动 / 2
小心专家的诱导 / 6
知道何时应该收手 / 9
直奔主题 / 11
跟随你的计划一起提高 / 19

第二章　你情绪失控了吗？如何管理你的情绪 / 21
避免痛苦，寻找愉快 / 21
操纵你的交易 / 22
技术分析还是茶叶预测法？ / 24
基础信息的引诱 / 25

运用最佳的实践操作 / 26
交易事业 / 27
克服恐惧与贪婪 / 28
过滤你的情绪 / 31
案例研究 / 31
小心你的情绪 / 35

秘诀一　跟随资金流动走向：判断趋势

第三章　跟随趋势投资：跟随资金流动方向 / 39
群体的做法也许是错误的，但他们始终是群体 / 39
道氏理论 / 40
上升趋势 / 44
观察趋势线的角度 / 46
成交量决定趋势 / 48
下降趋势 / 49
水平趋势 / 50
阻力和支撑力 / 51
移动平均线 / 52
回到资金流向中 / 53

第四章　交易者的工具箱 / 54
当股市给你一个"钉子"，你应该选择一个怎么样的"锤子" / 54
趋势线 / 56
趋势轨道线 / 59
移动平均线 / 63
斐波那契回调线 / 67

随机指标 / 70

平滑异同移动平均线(MACD) / 73

布林通道指标 / 77

千万别用你的奔驰去开垦田地 / 79

第五章　交易者最常犯的 10 个错误以及如何避免他们 / 80

错误 1：把股票当做你的另一半以及寻找不可能存在的交易 / 80

错误 2：拒绝接受亏损 / 83

错误 3：亏损时追加买入 / 86

错误 4：缺乏训练和准备 / 87

错误 5：对亏损的交易有心理阴影 / 89

错误 6：购买便宜的期权 / 90

错误 7：将分析复杂化 / 92

错误 8：不切实际的期望 / 94

错误 9：过于依赖交易软件 / 95

错误 10：不制订计划就进行交易 / 96

秘诀二　建立明确的支撑位：精确支撑位

第六章　角色互换：运用支撑阻力互换线 / 99

市场机制 / 100

你的意见并不会推动市场 / 102

支撑线与阻力线角色互换的定义 / 103

成本平均与下降平均成本 / 104

好计划运用不当也会适得其反 / 105

追求收支平衡 / 105

角色互换趋势的构成 / 106

行动背后的动力 / 107

空头交易中阻力线与支撑线的角色互换 / 108

更多的交易者将角色互换线画出来 / 111

第七章 中场休息：处理好股市带给你的压力 / 112

分析艾利克斯的行为 / 114

艾利克斯的行动计划 / 115

食物配料中不含糖——那只是写在包装上 / 116

健康的身体是交易的本钱 / 117

小步骤，大改变 / 119

第八章 合众为一：排除众多股票，只选其一 / 121

股票领域也许很小，但市场却很大 / 123

简单万岁！ / 124

回到基础信息上 / 125

寻求技术指标 / 131

在企业基本信息中加点乐趣 / 138

因为传闻买入，因为新闻卖出？ / 141

当你面对交叉路时，做个选择吧 / 144

秘诀三 等待枢轴点：与买家一同买入

第九章 跟随大流：不要太早入市 / 147

柔道式交易——知道什么时候该进入交易 / 148

确定枢轴点 / 149

菠萝原则 / 151

枢轴点模式 / 152

多头枢轴点模式 / 153

空头枢轴点模式 / 158

充分利用市场 / 164

第十章　期权基本概念第一部分：了解期权 / 165

什么是期权？ / 167

买方期权或披萨优惠券 / 167

卖方期权 / 177

第十一章　期权基本概念第二部分：了解期权交易策略 / 180

截止日期当天，期权至少与内在价值等值 / 182

在截止日完成你的期权交易 / 182

在截止日期之前完成期权交易 / 183

期权的波动性 / 184

多头看涨期权 / 185

多头看跌期权 / 187

卖出现金担保卖权 / 189

掩护性买权 / 190

你已经了解了所有的期权 / 193

秘诀四　百分之一原则：保护你的仓位

第十二章　风险管理：学会接受合理的亏损 / 197

安全投资真的存在吗？ / 198

我需要救兵援助了 / 200

每个人都应该超过平均水平 / 201

风险管理五原则 / 202

风险管理实施步骤 / 208

风险管理属于概率的范畴 / 213

第十三章　在大厅交易的责任：你不想效仿的交易者们 / 215

巴里——底部钓鱼人——专门从底价买入（直到价格跌得更低）/ 216

追求收支平衡的贝蒂：忽略利益，她只追求收支平衡 / 217

喜欢参加研讨会的塞尔：他参加所有的研讨会，但是他赚钱了吗？ / 219

不知所措：因害怕而退缩 / 220

拉里：跟随人群，而不是跟随资金的流向 / 222

诺曼像一座孤岛：将自己的交易隔离起来，《独自一人》是他的主题曲 / 223

心急的卡尔：他懂得进行交易，但他从来不懂得放弃 / 224

奥茨和特雷西：发誓忽略亏损仓位的夫妻俩 / 226

只要不亏损，交易都是有趣的 / 228

第十四章　舞动起来吧：寻找自己的股票经纪人 / 229

账户 / 229

建议与支持 / 232

交易投资产品 / 233

成本和费用 / 234

交易软件 / 235

委托单的类型 / 237

基础信息研究 / 239

储蓄功能 / 240

报告及记录 / 241

安全性 / 243

你才是掌控者 / 244

秘诀五　采取行动：理论付诸于实践

第十五章　交易之外：成功是需要设立目标的 / 247
你的目标是什么？ / 248
点点滴滴能够改变世界 / 249
你的故事 / 251
行动起来吧 / 252
译者后记 / 254

前 言

当我们首次面对一个新的观众时,我们经常会被问到以下问题:"我为什么要听你所说的?"这是一个非常合情理的问题,对于任何提供意见给别人的人,我们会希望观众问这样的问题。让我们感到非常荣幸的是,我们已与成千上万的投资者和交易者一起工作多年,他们都来自世界各地。在写这本书之前,我们的市场人员早已与伦敦的交易者做过交流,教授过台北的学生期权入门,协助过斯德哥尔摩的投资者保护他们的投资组合。通过所有的这些经验,我们不仅总结出成功交易者的一些共同战略及特点,我们也总结出一些失败者的战略和特点。

我们也加入了你交易和投资的前线。我们不仅仅只是阅读股票和期权的信息,还利用这些信息推测出一个更好的战略。更确切地说,我们已经将理论付诸于实战交易。带着一个可能摧毁整个家庭财政的交易回家,我们了解那是什么感觉。有些买家收盘时想买进,而我们却拼命地想卖出,但我们都只能眼睁睁地看着股市收盘而无能为力。某些投资者把最后的资金投入到高风险的投机交易里,我们在奉劝他们的同时,也希望他们能尽量地避免亏损。

与此同时,我们意识到我们唯一的定位就是,从实际上帮助人们在创造财富的同时保护好他们的资产。要知道,我们写的这本《成功交易五大原则》并不是一种行销伎俩,也不是要吸引你们购买这本我们如何击败股市的书。从某种意义上来说,这是一本不得不写的书。我们对于教导人们以及真实地改变他们的人生充满激情,这本书由此诞生。如果我们能用一个简单的风险管理策略来帮助一个人保护他的退休金账户,那么我们的努力就是有价值的。一直以来都有一种说法,教学是让你认识到你是谁,而不是教你做什么。

我们不会说只用我们的方法在股市中才能取得成功,我们并不自负。出于好意,许多交易者、投资顾问和资金管理人必定都会针对我们陈述中的一些问题进行讨论。在财经界,这样的事是非常受欢迎的。作为教导者,我们也必须要不停地学习研究。如果我们发现有一个观点需要改进或者一个策略需要完善,我们会在第一时间消化吸收这些改变。同时,我们想让读者知道,这本书中所陈述的是我们遇到过的最好经历。

这本书包含十五个章节,每三章讲一个交易要点。我们从讨论交易以及交易计划的重要性开始。制定交易计划的一个重要益处在于掌控你的情绪,这是第二章的主题。接下来我们会讲到一些技术分析的工具以及人们在股市交易中常出现的一些错误。第七章的话题相对轻松一些,算是一个中场休息吧。这里我们会讲到让你处在一个良好状态的重要性,当然,享受你的劳动成果也非常重要。接下来的两章里会讲到更多的策略和技术,这些都是我们总结出的关于如何选股以及何时买进并开始交易的最优方法。从这里开始我们会给读者介绍令人感到刺激的期权世界,期权并不是专为职业交易者而设。第十二章涵盖了一个重要话题,利用成功交易第四大原则管理风险,那就是百分之一原则。最后一部分教授那些还没有获得成功的交易者一个轻松的方法。对如何选择股票经纪稍作讨论之后,我们就会讲授第五大原则:采取行动。

这本书的另外一个特点是,chatter Box(一款聊天软件)贯穿整本书。这本书是我们一起创作的,只是我们利用不同的时间分享个人经历、解释观点以及增加重点。这篇简介可能会提及与我们共事的人,他们的人生经历,或其他评论。这篇简介也可以注释为里克的 chatter Box 或者 A.J. 蒙特的 chatter Box。

《趋势交易秘诀》是一些股票交易策略和实际事例的汇总,我深信这些策略和事例可以让读者在股票市场中取得成功。但我们更希望这本书不仅仅只是一本交易参考书。接下来的章节中,读者会读到一些真实世界中的真人真事,你会学到更多关于我们在财经界的历程以及这些年来我们是如果成长起来的。当然,我们还会为你讲述我们脑海中所累积的知识和经历。不仅如此,我们真心地希望这是我们提供给你们的一份礼物。

在最后一章中,我们讨论交易成功第五大原则,也会向读者提供采取行动的一些忠告,这并不仅仅只适用于一次交易的执行,而是适合整个交易生涯。我们想让你们了解我们坚持每天都与观众交流的原因。实际上,创造财富的确是有目的的,而这个目的又与我们的目的相吻合。我们相信我们对交易的精确理解可以让追随我们的人在交易这条道路上走得更顺利一些。

A. J. 蒙特

里克·斯沃普

2007 年 6 月

致　谢

我们 The Market Guys（译者注：这是本文两位作者给他们自己取的组合名字，也是他们专有网站的名字）投入所有的时间精力和热情到这本书中，通过这本书将我们最好的东西呈现给读者。然而，还有更多的人已经为实现这个项目做出过贡献。

里克

我想感谢我"股市里的孩子"迦勒（Caleb）和托里（Tori），他们为了让我赶上截稿日，牺牲自己的时间，在最关键的时刻给予我支持与帮助。我妻子，丹妮（Dani）的支持与鼓励陪伴我度过无数漫漫长夜和遥远路途。她与生俱来就拥有孜孜不倦的热情和鼓励他人的精神，这是独一无二的。最后，我要感谢我的父母，他们不仅给了我根基与羽翼，而且继续将这些遗传给了他们的孙子。我们家庭的遗传根基是慷慨奉献，这是真正富有的秘密。

A. J.

能与我的高中同学伊冯（Yvonne）结婚我感到非常的荣幸。亲爱的，从你15岁的时候我们就相识了。一直以来，你不仅仅是我最好的朋友，我一生中最信任的人，而且你还是围绕在我身边的基石，为我的人生打下了基础。格雷和安东尼，我两个了不起的儿子，给了我继续下去的能量。我在你们身上都看到了高尚的品质，我也相信你们将走向世界并且与众不同。我亲爱的父亲与母亲，从你们身上我学会了如何取得成功，懂得了小时候你们对我的教导，现在这些东西都一直在改变着世界上成千上万人的人生。

我们还想感谢劳拉·沃尔什（Laura Walsh），艾米丽·赫曼（Emilie Herman）以及威利出版社（Wiley Publishing）的其他同仁。他们的耐心与鼓励造就了我们这两个股市人员成为了作家。感谢比尔·约翰逊（Bill Johnson）跟我们分享他在期权方面的专业知识。最后，我想感谢所有的读者，感谢你们用辛苦赚来的钱购买这本书。我们坚信，你会发现这样的投资是物有所值的。

关于作者

里克·斯沃普(Rick Swope)

里克多次在全美国甚至全世界范围内的顶级金融公司的研讨会上做报告。他专门研究技术分析和风险管理这些领域,这一直都是人们所需求的。他对股票教学的热情是显而易见的,他旺盛的精力常常让他人受到感染。他做过企业培训,开过研讨会讲座,他还当过工程师的副讲师,讲述概率和数据统计。

里克曾任职辛辛那提一家交易公司的管理合作者多年,为公司的交易者提供技术分析、交易策略和软件培训。他也与许多日交易的开创者们一起工作过,这些人就是所谓的 SOES(小单执行系统)大盗,他们为今天全世界成千上万的个人交易者铺平了道路。

里克曾为嘉信理财公司(Charles Schwab company)创造出第一个活跃于交易领域的销售团队。其中许多成员现在在美国其他公司里担任培训及咨询领导人。

里克是 The Market Guys 互动广播节目的主持人之一,这个节目在世界商业节目排名中一直都是名列前茅。他与 A.J. 蒙特一起主持《财富与智慧》节目,这是佛罗里达南部 PBS 电视公司的一个财经节目,每周在 WXEL 频道播出。

他还到过很多地方做演讲嘉宾,包括伦敦 IX 秀、多伦多财经论坛、香港的世界金融中心、芝加哥期权交易所。他在攻读博士学位时研究过众多领域,包括工程学、数学、运筹学和统计学。他还是一个注册证券经纪人。

A.J. 蒙特 CMT(特许市场技术分析师)

1982 年 8 月,A.J. 蒙特在纽约商业交易所(COMEX)的交易大厅开始了他的交易生涯。不久之后,他创立了自己的交易公司,做了十多年的金、银、铜,还有咖啡、糖、可可粉以及橙汁的期权交易。他还担任过纽约商业交易所

(COMEX)期权交易委员会的主席,为期两年。他被业界评为期权交易方面世界顶级权威专家之一。

在离开了纽约商业交易所之后,A.J.蒙特参与了好莱坞热门电影《交易场所(Trading Places)》的制作,这部片子由丹·艾克罗伊德(Dan Aykroyd)和艾迪·墨菲(Eddie Murphy)主演,并且风靡全球20多年,至今仍被成千上万的人所津津乐道。尽管它是以喜剧的形式呈现,但仍然是交易生涯最好的教科书之一。在那之后,他担任了纳斯达克的做市商。

几年后,A.J.蒙特为嘉信理财公司(Charles Schwab & Co)建立了交易分析小组。这个小组汇聚了在技术和基础分析领域专门培养委托人和优秀股票经纪人的专家。作为市场技术员协会的其中一员,他也是一名特许市场技术员。

现在,A.J.蒙特与里克·斯沃普共同主持了一个黄金档的财经电视节目,叫做《财富与智慧》。这个节目由PBS公司位于西棕榈滩(West Palm Beach)的WXEL频道直播,也可以在The Market Guys网站的互动广播节目中收听。作为安东尼·罗宾斯(Anthony Robbins)理财项目和芝加哥期权交易中心的培训师,A.J.蒙特极力主张开办研讨演讲会,并与嘉宾们一起参加世界各地的财经节目,出席各种交易展览会。

介 绍

我们在《趋势交易秘诀》中举例说明了我们的"最简化原则"(KISS)。在你开始读这本书之前,花几分钟时间了解一下五大原则的简介,你会发现这些原则很容易掌握,也很容易遵循。即使你是一个新手交易者,我们也认为你适合这个简易的策略。

1. 跟随资金流动走向:判断趋势

如果你想买入一只股票,一定要确定它是绩优股,这种股票是被广泛认为有上涨趋势的。将你的资金投入到资金流动的大方向里去,因为你没有足够的钱可以影响股市,让它往相反的方向波动,所以不要试图去买入有下跌趋势的股票。

2. 建立一个明确的支撑价位:明确支撑位

你需要确立一个支撑价位来建立多头仓位。这个价位是指在股价下跌时遇到大量买家购买支撑,从而止跌回稳的价位。确定这个价位是至关重要的,因为当你判断错误需要出场时,它可以帮助你识别。

如果在没有明确支撑价位的情况下进行交易,那么当你面对风险时将会非常手足无措。

3. 等待枢轴点:与买家一同买入

当一支有上涨趋势的股票下跌到支撑位然后重新开始上涨时便产生了枢轴点,在线形图中看起来像个"V"字形。"V"字左边这一部分是指价格下跌到支撑位;"V"字右边的部分是当股票受到买家的支撑,从而使价位止跌回涨时形成的。尽管这只股票在大体上是上涨的趋势,但我们的原则就是在枢轴点跟随其他买家一同买入。

4. 百分之一原则:保护好你的仓位

百分之一原则是你谨慎、准确地处理交易风险的指南。在任何一个板块中的亏损,都要限制在交易账户金额的百分之一以内。根据第二原则中确立的支撑价格来确定每股所承担的风险,并结合你建仓的规模,以此我们得出这个百分之一原则。当支撑价格被破坏时,要适时地进行持仓调整,甚至是出场。每笔交易的亏损要控制在交易账户金额的百分之一。

5. 采取行动:理论付诸于实践

行动起来,把《趋势交易秘诀》的理论付诸于实践,这需要两个步骤:第一步,真正地去做一笔交易,然后明确你追求财富的目标。第二步,不要害怕去冒险,要为赢得收获做好准备。当你取得成功时,改变你的世界。

第一章
成功的蓝图：制定你的交易计划

公元前490年，波斯军队入侵马拉松平原，遭遇了雅典军队的顽强抵抗，历史上至关重要的希波战争开始了。希腊人对庞大的波斯军队展开猛烈进攻的同时仍然精心部署备战。经历过千辛万苦，希腊人赢得了战争的胜利。传说为了给家乡人民报喜，一个叫菲利彼斯(Pheidippides)的希腊士兵从马拉松平原开始拼命奔跑，当他跑到雅典城的中央广场时，已上气不接下气，他激动地喊到："欢乐吧，雅典人，我们胜利啦！"喊声刚落，他便一头栽倒在地，再也没有醒来。今天，仅在美国每年就有大约50万的长跑运动员参加26.2英里的马拉松比赛，以此来纪念菲利彼斯的丰功伟绩。

长跑运动员们都会拟定一个计划来为这项赛事做准备，包括饮食、长跑距离、登山练习、速度训练、睡眠、恢复期以及水分的补充。他们结合大量的网络信息、书籍以及软件来确保运动员没有忽略任何一个会影响他们表现的细节，在比赛当天能以最好状态参赛。根据经验，为马拉松比赛做准备、制订计划需要一个星期甚至一个月的时间。如果你查询所有关于马拉松比赛的书籍和文章，你会发现里面都包含一些训练计划，至少也会提到一些。然而，所有的准备到比赛之后才会完成，也就是发令枪响后的几个小时。当然，他们完成比赛离开的时候，会得到一个太空感的马拉松号码布、T恤、礼品袋，然后大腿的酸痛感将至少持续两周才消退。

如果一个人不愿意毫无准备地参加马拉松比赛，那么他为什么会在没有计划过如何去实现目标的情况下进行金融投资呢？更进一步说，这一类人在进行金融投资之前根本没有确立过目标！我们把制定交易计划放在这本书的开头来讨论，原因就在于我们做任何事之前都要先打基础。金融交易的致命伤之一，就是没有设定计划就进行交易。更糟糕的是，这样的交易也许还能获得一次成功。

新手第一次交易就赚到钱这一点也不稀奇。他们一般会在建仓之前特别仔细地分析这笔交易。然后他们会谨慎地逐步跟踪这笔交易,就像走进一个新领域一样。他们对这笔交易已经获利毫无意识,其实,当他们平仓时就获得了不少纯利。他们就开始思考:"这比我想象中的简单得多!"然后他们开始进行下一笔交易。不久之后,他们就信心满满地开始多次交易,但每笔交易都有着潜在的风险。这样的交易者可能会获得暂时的盈利,但之后就会陷入亏损的模式。或者他们经历过以下这样的交易,当股市跌到支撑价格以下,他们账户的资金所剩无几甚至是被追缴维持保证金,这种交易一次就根除了他们剩下的自信心。问题在于这种交易者也许连他们已经陷入净亏损时期都没意识到,又或者他们认识到这一点,只是不明白这其中的原因。最后他们逼不得已改变交易手法:特意大量建仓,试图影响股市,没有接受过适当的训练就开始进行期权交易,或者将原本的短线交易长期持仓变成长线交易,这些都是没有制定交易计划以及对交易目的不负责任的后果。在这一章中,我们将详细地讨论交易计划的重要组成部分,最后我们会讨论交易计划清单。

交易不再是一项集体活动

随着日交易的蓬勃发展,个人交易在 20 世纪 90 年代中期进入真正的全盛时期。1997 年,两个来自休斯顿的年轻人,克里斯·布洛克(Chris Block)和杰夫·布鲁克(Jeff Burke)登上了 Inc. 杂志的封面,其标题诙谐有趣——"华尔街的坏小子们"。文章是这样开头的:"他们的目标:行动快速,获得资金,享受快乐。"谁会知道他们正影响着整个金融行业呢?谈论着豪车、新办公室,这些交易者只花几秒的时间就从股市中吸取不少资金,后来,个人日交易的现象骤增。

举一个例子,杰夫·布鲁克交易生涯中最重要的一天,他赚了五万美元。五万美元一天啊!那时人们都聚集在休斯顿布洛克交易所(Block Trading)的总部,所有投资股市的人都是为了赚足够的钱能在某个城市安定下来,在将来的某一刻拥有其公民权利。虽然布洛克交易所已经不存在了,但是我们可以从早期的事例中学到经验教训。

在 20 世纪 90 年代中期,科技并没有现在那么发达,人们必须首先选一家为个人交易服务的股票经纪公司。当然,有些交易可以由经纪公司帮客户选择,但是其信息的质量以及执行交易的能力还是没有职业交易者专业。这些公司总是营造出他们能够预测股市走向的氛围,然后他们按照客户的意愿交易。他们的策略往往像窗边昏暗的阴影,模糊不清。办公室里有很多台电视持续播

第一章 成功的蓝图:制订你的交易计划

出消费者新闻与商业频道(CNBC)以及其他网站的股市即时评论,也有其他一些电视播出实时新闻,但是滚动得太快根本无法做任何分析,一排排的电脑一个挨一个地摆在一起,人来人往,这所有的一切都是要让客户觉得他们有所作为。你会看到一个极其受尊敬的核心交易者与一个大学时期辍学的交易者像同事一样地聊天,这是很正常的事情。有时候,交易者会拿着股票机进入办公室。这个设备非常创新,他可以准确地告诉你该买哪只股票。只要是任何公司拆股的新闻一出,它就会向你发出警报。这时,这个幸运的交易者就可以趁市场还未吸收这个信息时赶紧建仓,待其他交易者疯狂购入的时候卖出股票。

大厅交易者同样可以利用这项技术获取 Level 2(译者注:美国一种金融交易软件)实时数据。除了全国最佳买卖报价(NBBO)之外,通过 Level 2 实时数据你可以看到处于最高买入价格和最低卖出价格(见图表1.1)之间的所有价格和交易量。在那个年代,大多数的股票经纪人是看不到这些的。所以,交易者们运用新的技术模块和电子通讯网络在早上九点半股市开市前就开始交易,下午四点关市之后做出成功的交易。当股市关市时,个人交易者还是可以互相交易。所以,在交易大厅里,有独立的办公室,专门有人看守,只让指定的交易者进入。办公室的门上也有"交易室—员工专用"的标志。

国际交易设备				
代码	IBM		-1.33	
买入价	94.52	高	96.11	
卖出价	94.55	低	94.26	成交量 4300000
做市商	买入价	股票数量	做市商	卖出价 股票数量
NYS	94.52	1000	ARCA	94.55 100
ARCA	94.51	300	ARCA	94.58 400
INET	94.51	500	NYS	94.59 1000
PSE	94.50	500	PSE	94.61 500
(MM=Market Maker)				

图表1.1 全国最佳买卖报价(NBBO)Level 2 实时数据

然而,这些独立的交易室中的交易者也犯过许多错误,而且已超过我们的见识以及我们写这本书的目的,但是他们也为个人交易者提供了益处,这是至关重要的。因为日复一日地与相同的人一起做交易,交易员们发展出了团队精神。这种情谊让他们互相请教,共同分担责任。在独立交易室里,这些日交易者做得最多的事就是打电话。可以这么说,一些交易者想买1000股微软公司的股票。第一个交易员按照交易者的指令,在下单之前要打电话询问该个股的详细情况,看哪一个做市商能满足他的要求,他们能卖出多少股,这只股票是否适合买卖等等。这所有的信息都可以帮助其他交易员处理他们的委托单。比如,一个主要做市商迅速满足了你的买入价格,那么该交易员就可以通知其他人此做市商急于抛售股票。那么所有的交易员就可以减少买盘,或者取消交易等待价格下跌。这里要强调的重点是,交易员们作为一个整体获得的信息远比个人要多。

交易室里的交易原理也非常容易学习。从表面上看,一个交易新手要学的东西不计其数,如何操作交易软件,了解交易的种类,什么时候开始做交易,如何持仓调整等等。如果你独自在家里学习,想找出这些问题的答案,或者弄清楚这些事物的细节和他们的差别是极其困难的,甚至是不可能的。然而在交易室里整天都会谈论到这些问题,新手们很快就能明白交易的要点。

除了交易大厅提供的学习环境之外,在众多人面前做交易自然会产生责任感,这是另一个意义重大的收获。如果你开始建仓,就会像上文提到的那样,打电话询问个股的情况,在你身边的所有人都知道你正在交易,那意味着他们知道你是亏损还是盈利。如果你处于亏损的状况,那么同伴带给你的压力就会增加。没有人愿意承认自己正在亏损,所以这样更容易退出交易从而将亏损降低,避免了继续持仓导致的较大亏损,事后也不用向其他交易伙伴解释你为什么认为这只股看涨。在现今的交易环境中,我们几乎都是与陌生人交易。你们的配偶通常都不知道交易账户中的运作情况,这样我们就容易在自己心里为亏损的交易找借口,然后继续持有这支看跌的股票。为了在现在的交易环境中调整这些不足,我们需要制定交易计划,这包括两点:学习知识与承担责任。交易者必须意识到虽然进入股市很简单,但必须系统地学习交易的各方面知识。比如,任何一个交易新手都可以入市先买入后卖出,但是一定要知道如何正确地分析图表,交易并不是凭直觉。学习看图表就像学习一门新的语言。两者都要求你不断地练习、运用,才能熟练地掌握。股市是不断变化的,那么你的学习计划也得不停地更新。在过去的十年里,我们见证了许多变化,像价格的十进制,期权利润的增长,软件交易平台功能的增强。如果你对这些不闻不问,也不了解股市和技术的发展,那么你将处于不利地位,最终会被淘汰。

制定好交易计划,这是衡量你对自己决定负责与否的标准。这个计划就是你的经理人,在你身旁提醒你要按照制定的策略进行交易。假设你的计划充当一个日交易者,按照定义,日交易者每天都要进场、退出及兑换现金,在开市期间建立仓位、关闭仓位,在几小时甚至几分钟之内预测股价走向。因为你的计划包含了对时间的规划,你要预测出什么时候计划会被破坏。我们举个例子来

第一章 成功的蓝图：制订你的交易计划

分析这是如何运作的。分析完开市的情况之后，当你发现股市跳空低开，持续下跌到支撑价，你决定在支撑价位买入并希望它在一小时内反弹，你也许能从这个快速反弹中获利。但当你建仓之后，今天接下来的时间股价都在支撑价位振荡，它既没有反弹到新高，也没有跌到支撑位以下创造新低。在这种情况下，根据你的交易计划，你应该出场，结束今天的交易兑换现金。如果第二天股价仍持续在支撑价徘徊，你应该重新建立多头仓位。然而事实却是你决定继续持仓，奢望第二天能跳空高开，就像今天跳空低开一样，你当然不想错过这一步。这样的决定完全是个人的一厢情愿，并不是通过正确分析而得来的。最糟糕的情况莫过于第二天股市低开，股价下跌至支撑价位以下。当反思过没有依照计划进行交易的原因之后，你应该分析股价为什么不继续下跌。两个星期之后，你发现你的个股仍然在建仓时的价位徘徊，但股市呈现下跌趋势，你却还在自欺欺人地寄希望于股价升回支撑位。你是怎么到了这个地步的？很简单，你打破了在计划中规定的原则。尽管你并没有开始亏损，但在时间范围内股价也没有达到你预期的目标(反弹到支撑位)。多数交易者走到这个地步是因为他们并没有制定交易计划，而不是违背了他们的计划。这里要强调的是，交易计划会提醒你交易的适当步骤以及协助你为自己的决定负责。

在接着往下讲之前，我们应该先关注一下交易时间规划的问题。当我们 The Market Guys 出席一些讲座时，我们经常开玩笑地建议人们不要去当投资人，因为他们并不是优秀的交易者。但事实却是悲惨的，许多人都把原本的短线交易长期持有变成了长期的投资。事实上，美国税收服务机构(IRS)承认当股价下跌到一定程度时，它是没有理由会上涨回原价的，这就是"无价值股票"。纳税服务机构比我们交易者更早承认某一次交易的实情，难道这不讽刺吗？当你读到这一段时千万不要举手。(特别是当你在乘坐飞机或者与你妻子参加古董拍卖会时)但是你们当中有多少人还持有韦伯万公司(Webvan Group，一家美国的网上杂货零售商)(见图表1.2)的股票呢？价格下跌到哪一点你就应该意识到也许这只股票不会反弹到之前的价位了？这只股票曾经在个人日交易者中风靡一时。久而久之，也有许多交易者从中获得较大利润。然而，在此过程中，他们买入的价位并不像其以前的趋势那样。对于那些一直持仓希望股价回升的交易者来说这是不幸的，因为这种事情从未发生。到2001年年底，这只股票的价格跌到了一美分以下，从那以后都没有回升过。

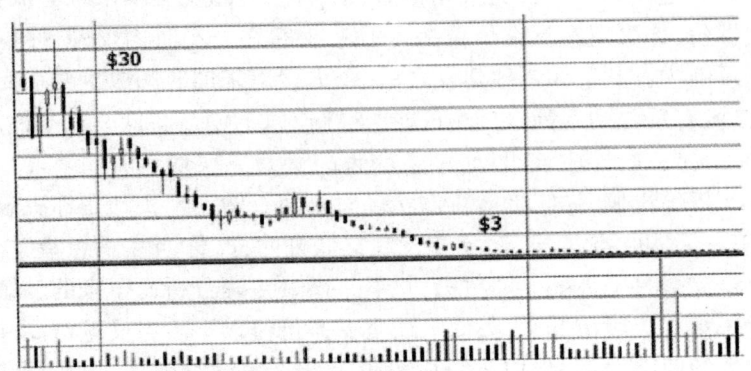

图表1.2 韦伯万Webvan(代码:WBVNQ)1999-2001

我们花时间额外讲这些的原因在于,这是交易新手或者资深交易者最常犯的错误之一。只要一进场,交易者们总是希望股价上涨,但是往往事与愿违。一旦退场结束交易,我们总是将注意力锁定在亏损上。只要交易没有结束,任何亏损都不算是亏损,这是一个误导交易者的概念。这完全没有意义!你千万不要运用这愚蠢的逻辑。不管是开始一笔交易,还是结束交易,如果它目前的价格比你买入的价格低,那么你已经亏损了!而期权交易的特点之一就是在你预测价格上涨或下跌的某一天,如果期权价格并没有如你所愿,那么你就必须承认亏损。股票交易者则可以不停地自我安慰,这只股票以后有上涨的机会。那是因为股票不可能一瞬间崩溃,除非该公司宣布破产或改组。不管是日交易或一到两个星期的短线交易,还是持仓几个月的长线交易,你的计划中必须规划交易时间。对交易进行分析也必须按照那个时间。接下来你必须严格按照计划来进行交易。如果你开始建仓,但发现这笔交易超过你规划的时间范围,就应该立刻退出交易,再找一个新价位买入。也许在股票市场你并没有亏损,但如果你将现金交到并不是很优秀的交易员手里,那么你正冒着亏损的风险。记住,你应该将现金存入金融机构,至少可以获得一点利息。

小心专家的诱导

每次有人在The Market Guys网站上问我们对于"赢得股票市场系统"的看法,我们都很想收他们的钱,当然我们并没有这么做。他们声称的系统功能中还是存在一些缺点的,如下:

第一章 成功的蓝图:制订你的交易计划

·他们会告诉你如何低风险地赚钱,但这是不切实际的。
·其发明者"发现"了其他成千上万交易者不知道的市场秘密。
·系统会教你专家不想让你学会的东西。
·这个系统的信徒会在镜头前宣传如何在短时间内赚到几万甚至几百万的钱。
·他们还会告诉你,你赚不到钱是因为你没有选对交易的产品。例如,货币比股票更赚钱,买黄金比买基金赚钱等等。

可以说我们并不会告诉你一些你还不知道的信息,这些信息可能是深夜商业新闻里播出的或者是你最常用的搜索引擎弹窗里的。每当他们系统的信徒在荧幕前宣传如何致富时,我们脑中就会浮这样的问题:为什么他们的系统经常显示"结果不正常"这样的提示语。如果这个系统真的起作用,计算结果不应该是正常的吗?我们再重申一下《成功交易五大原则》的目的——我们不会写一些你们未知或者与众不同的东西,我们也不会宣称我们知道一些秘密可以让你们选择一个好价钱买入股票。我们写这本指南的目的是汇编一些最好的实践经验,让个人交易者和专业交易者都了解。如果你读这本书的目的是想知道快速致富的秘密,那么我劝你现在就停止阅读,并且抛弃我们的观点。只有耐心、细心规划才能赢得市场,贪婪和粗心则相反。

从另外一个角度来看这个现象,考虑一下接下来的这个事例再决定你是否要听信一个金融专家的言论。本(Ben)严格按照他制定的金融计划进行交易,他至少一个星期回顾一次数据,做一次适当的买入决定。但是关于本还有一件事,他从来都不卖出股票。他用同一个策略交易了数年,也坚持按照他的计划进行。就像本所说的,他从来不从事复杂的投资,他也从来不投资期权、货币和期货。他只有一个目标,而且他耐心地追随着目标。就在几年前,本拥有不到10万美元的现金。去年他决定在52岁退休,那时他账户里的金额将超过6600万美元。我们再一次提出这个问题:你会考虑把这个人当做你交易投资的榜样吗?更进一步说,如果你看见一本人物传记书的促销广告,上面写着:《购买金融证券成功致富的秘密》,随书附赠5片光盘及工作手册,整组才99美元。你会花99美元买么?只有我们给你分析难题才是有意义的。本·查森刚刚中得了16300万的养老金,他中了彩票头奖。6600万是扣税之后的金额。有趣的是我们也可以在股市中看到中奖的人。在90年代中期科技迅速发展的情况下,这些人将优先认股权置入他们的退休账户,然后开始筹集七位数或者八位数金额的股本。我们钦佩他们好运的同时,如果要把他们当做掌握股市的榜样,我们必须谨慎且小心。

chatter Box——A.J.蒙特

当我和里奇走访世界各地时，我们经常遇到这样一些人，他们对于有机会交易美股非常的兴奋。如果你刚刚开始制定自己的交易计划，一定要保证自己做出正确且好的投资决定，不被这种兴奋的情绪所影响。如果你处于交易入门阶段，你会觉得财经节目中的任何人都像是专家。不要被这些噱头所愚弄了，只需要弄清这些所谓的专家他们自己的投资收益，那么你就有机会避开他们的"诱导"。接下来的章节中我们会更多地讲到这方面的知识。

当你看到那些看起来很会交易的人时，你会试图跟随他们交易。看看你的左边，是一位黄金交易者，你就会觉得应该去做黄金交易，然后就大量购买黄金股票、黄金基金、黄金期货和稀有货币。但让你受打击的是，金价同样会下跌。然后你再看看右边的交易者，你听他们说期权能长期赚钱。最后，你也总是听说购买期权也可以让你亏损得最厉害，对吗？因为你根本不知道如何进行期权交易，你不但没有赚钱反而是在慢慢地亏钱。也许这种策略可以持续久一点，但它会让你的账户里的钱消耗殆尽。这就像被一只鸭子一点一点地啃咬，直至死亡。这个过程中你真的不会痛苦，但结果却是死亡。最后，你终于意识到你真正的问题在于分析不够全面。在熟读过你能找到的所有关于交易的杂志和书籍之后，你才发现你只运用了不到5%的技术指标。如果斐波那契回调线（以下简称斐式回调线）、斐波那契扇形线、斐波那契周期线不重要的话，为什么资深的交易者们会讨论这些？这就是你的交易不能盈利的原因了。于是你决定完全跟随艾略特波浪理论，让自己达到可以讨论斐波那契理论的层次，就好像是你发现了黄金比例一样。现在，在交易之前你认真分析了包括斐式回调线、波浪理论和布林线指标一系列综合数据以及这三项的概率，但是交易时你仍然在亏钱。

现在要讲的是如何将你的交易计划付诸到实际中。在交易计划中，你应该拟定要做什么样的交易。如果你要做股票交易，那就一定不能被黄金交易的丰厚利润所吸引。如果你要做黄金交易，那么必须制定一个新的计划。不要忽略你那激动人心的计划，因为那是你牺牲其他娱乐，只观看收集货币的商业节目累积信息，甚至是熬夜才制定出来的。我们 The Market Guys 对于期权交易的力量深信不疑。但是如果你没有制订计划去学习如何正确地交易期权，也没有规划你的交易策略，那么就不要进行期权交易。你的计划必须概括你的交易目的。如果你已经把目标定在金融大市里获得10%的利润，那么你的目标应该是在道琼斯指数或者史坦普500股价指数上升到10%的时候获得11%的利润。对于那些接近退休年龄的交易者，这是一个相当稳当的目标，他们可承受不起股市的大跌。如果现在你看到电脑屏幕上滚动着标语，内容是让你从股市中获得700%的利润,你的反应一定是微笑,然后就开始行动。那不是你的目标,如果你想不冒相当大的风险就能得到那样的回报,你是在自欺欺人。

知道何时应该收手

为了避免我们对于交易计划的讨论有什么遗漏,我们必须花一点时间研究一下交易者的赌博心理。1997年,一位交易者带着他唯一的目标来到我们日交易的办公室。他注意到某一支个股的走势循环着几年前的趋势。(见图表1.3)该股会在年底下跌,在第二年的年头回升。然后到了年底再下跌,直到来年的第一季度才会又上涨。他的计划是在该股年底下跌、波动以前将其做空,但他根本没有后备计划。如果该股的走势不是按照他所希望的那样发展,他就完全没有处理风险的计划。实质上,他是在赌博,就好像是他将所有的财产都压在了俄罗斯轮盘的红色格子里——赔率最高的一格。

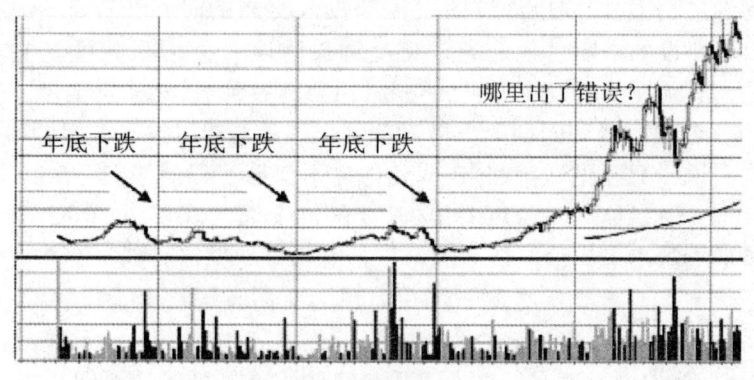

图表1.3 循环股票停止循环

既然我们把这个故事放到这一章来讨论,你们应该猜出结果了,俄罗斯轮盘的球并没有落在红格子里。到年底的时候那支股票并没有下跌反而上涨了,这让他被追缴维持保证金。当你的股票价值下跌到这个程度时,任何的买入或卖出都需要用保证金(借入资本)或者需要更多的资金注入账户以免让股票经纪人承担交易者拖欠贷款的责任。这种情况下,交易者就会孤注一掷了。他会筹集更多的资金,大量做空。结果他还是与其他交易者一样,亏损让他痛苦不堪。如果一个月之前股价适合买入,那么现在就更适合买入了。然而,问题在于他胡乱地将资金投入股市,在行情明显看涨的时候做空。不久后,他又被追缴维持保证金。与上次不同的是,他再也没有资金可以解决由爆仓所产生的亏损,他不得不带着这巨大的损失清仓出局。这个故事最可悲的部分是他的妻子对他这些交易一无所知。他开始了第一次交易后,麻烦随之而来,越积越多,他没有通知任何人就把家里其他账户的资金都用来投资交易。他对于自己的赌博心理非常羞愧,难以启齿,他希望在别人知道这些荒唐事之前把亏损的钱赚回来。但不幸的是,他并不是唯一一个为了得到内部消息而到交易大厅来做交易的人。

如何知道你或者你身边的人遇到了交易难题?以下都是需要帮助的标志性行为:

心不在焉。遇到问题的交易者花了大量时间精力去思考下一次的交易,制定交易策略,或者想办法筹到交易的资金。这些都会开始影响他们的健康状况、睡眠情况,以及对其他事物的注意力。这类的交易者会在工作上分心,与家人、朋友产生隔阂。

停止不了或控制不了交易。遇到问题的交易者会发现就算他们想停止交易,也停止不了。也许他们决定完全地停止交易,但到最后还是继续进行交易。当在交易的过程中,他们也许试图去控制投入交易的时间和资金,但是他们不能遵守自己所设的限制。他们通常交易到最后连一美元都不剩。这些交易者想看到的是其他交易者没有见过的交易,想要转亏为盈,除非出现奇迹。

"追随"亏损。遇到问题的交易者总是强烈地希望将过去亏损的钱赚回来。他们也许会说:"只要把钱赚回来,我就再也不交易了。"但他们一次又一次地感觉到被套牢。于是他们开始思考,自己挖的这个洞太深了,只有赢得一笔大交易才能将他们救出来。他们最大的希望是能不停地挥棒直到击中一次全垒打。

为了逃避负面情绪而交易。遇到问题的交易者也许会为了暂时的良好感觉而交易,或者为了改善他们的心情。当他们感到生气、孤独、无聊、焦虑,或者郁闷的时候,他们会通过交易来逃避这些情绪。交易可以让他们从自身的问题中得到解脱。然而交易结束之后,这些负面情绪又会回来,跟之前一样糟糕。因为交易这种行为暂时让他们从负面情绪中得到解脱,他们肯定会越来越频繁地交易,每一次的交易都承担了更大的风险。

为了隐瞒交易而说谎。遇到问题的交易者为了隐瞒亏损情况或者谎报亏损情况,会对自己的配偶、家人、朋友以及雇主撒谎。这些谎言的范围从开始的隐瞒到直接的欺骗。自控能力的缺失以及转亏为盈的希望都让这些交易者的羞愧感日益增加,他们会完全不愿面对这个问题。

借入资本进行交易。交易的亏损令他们的债务日益增加,无力支付账单。用来支付账单的钱全都用在交易中了。因为承受不了巨大亏损,他们也许已经向家人、朋友借了钱,也许他们卖掉了家产、股票或债券,挪用了退休账户的存款,甚至是又一次的抵押贷款。

放任自己的生活,被失败的交易影响。交易能破坏婚姻、友情,毁掉人的职业生涯,影响学生在校表现,还能让人们声名狼藉。对交易不能自控的人往往容易引发离婚、破产甚至是法律问题。这类人与吸毒有瘾的人非常相似,当遭遇到重大亏损时,他们对于一些正式活动或社交聚会都避之不及。

对于停止交易或控制交易他们心里非常矛盾,这类的交易者也许会说这样的话:

"我知道我应该停止,但是我爱上了交易。"

"我的妻子/丈夫/拍档/父母/孩子都劝我退出交易,我却不是很愿意。"

"也许我应该放慢交易速度到我可以控制的程度。"

"我想停止,但是我做不到。"

以上你所阅读到的就是交易者遇到问题时的症状一览。你应该知道这些症状也是赌博成瘾的表现,唯一不同的是我们用"交易"这两个字代替"赌博"。但你可以看看我们描述的交易者展现出来的特质,他们借钱来为交易买单,向家庭隐瞒交易的事实,让他们整个财政状况陷入危机,他们几乎只把注意力放在交易上,对其他事都心不在焉。等到他们短暂的交易生涯结束后,他们会在一大清早来到交易大厅,席地而坐,注视着股市走势图一整天。他的心理和情绪每天都投入到了亏损的交易中,从而使他的身体也不由自主。在以上的讨论中,如果我们所归纳的这些症状与你的交易习惯非常吻合,那么我们奉劝你寻求帮助。当然,每一笔交易都会有风险,但到了某一个程度就变成了赌博。然而精心计划的赌博者又与失去理智的赌博者存在着相当大的差别。前者知道自己的底线在哪里,然后严格按照这些规定去运作。而后者或许知道也或许不知道底线的重要性,而且在任何情况下都忽略了它。

直奔主题

chatter Box— 里克

美国南方的腹地有很多东西可以讨论,但是收集俗语是我的喜好之一,这些俗语里都融合了一些最精华的哲理。当你感觉烦恼的时候,你会把你的生活弄得乱糟糟;如果某些东西很难找寻,那么它会像母鸡的牙齿一样稀有。如果你非常焦虑,有人会说你像放满摇椅房间里的猫一样,紧张慌乱。我有一个朋友总是说"直奔主题"。这是他说话的方式,"我们不谈别的,先说说最重要的到底是什么"。

现在该看看什么是你交易计划中的重点了。要让这个计划在你的交易中发挥作用,你需要确定些什么呢?

1. 学习

在你进入交易世界之前,你必须通过学习和培训来做准备。像我们之前提到过的,任何人都可以进入市场进行交易,但是那并不表示你已经具备交易的资格。进入市场的唯一要求是开一个账户就可以了。有很多交易者想要从你的账户中赚你的钱,一次只做一笔交易。

我们 The Market Guys 有一个基本原则:KISS—"最简化原则"。这同样可以运用到你的学习中。我们见过有人收听我们在播客上制作的每一个节目,阅读我们写的所有文章,参加我们在网络上办的每一场研讨会,极尽所能地参加每一个现场活动。每一次的演讲他们都详细地做笔记,要求拷贝每一份报告,但他们仍然没有开始交易。不要让自己陷入了分析性瘫痪的圈套。在开始交易之前固然要做充分的准备,但是把你自己当做博士,把交易当做项目一样来研究并没有什么好处和功效,换句话说,什么才是准备工作的重点呢?

首先,你要对交易中使用的软件非常熟悉。几乎每间股票经纪公司都会在网上提供一些基本操作程序和分析平台。这些通常是最简单最易操作的,是专门为新手和业余交易者设计的。你应该利用这个机会,通过在线指导和客户协助服务学习如何使用交易软件。有些水平不过硬的股票经纪公司很少提供甚至根本不支持交易时使用软件。如果你已经对交易的每一个细节都很了解而且可以非常熟练地使用交易软件,那么你可以不用研究这些操作方法。稍后我们将会对如何选择股票经纪和交易软件进行讨论。如果你选择通过某一种先进的交易平台进行交易,除了其先进的系统要在电脑上看起来很出色之外,一定要确定它的技术链是可以正当升级的。如果你不知道自己的目标,那么这些先进的交易软件会更容易让你陷入麻烦。可以这么说,如果你刚开始学开车,你的父母当然不会给你一辆法拉利的车钥匙,而会给你福特嘉年华,它并没有充满力量和速度,但当你开过一段时间后你就会发现它的好处。这个原理同样适用于交易软件。Level 2 实时数据对于新手交易者具有迷惑性,你可以像做市商和电子通信网络的操作人员一样看到买入及卖出价位,可以间隔几秒就改变他们的份额及价格。其数据的流动就像你给汽车加油时,汽油泵上的计价器数字的变动。这是用来娱乐的,华而不实,但一些交易者在此基础上做出买入或卖出的决定,而这种消遣最后总是让他们付出昂贵的代价。

你同样也需要全面地研究你正在交易的产品。如果你像其他交易者一样,一开始选择交易债券,那么你就得从基础学起。你知道红利股票与不付红利的股票有什么区别吗?当你第一次看到自己的交易分不到红利时你就会知道了。

第一章 成功的蓝图：制订你的交易计划

一般公司会指定一个记录日期，当他们宣布要发放红利时，只有他们公司拥有你登记成为其股票持有人的记录，你才能得到红利。公司一旦指定了记录日期，股票市场就会选定一个除息日。除息日一般会设定在记录日的前两个交易日。如果你要在除息日或之后买入某只股票，你就不能获得公司发放的红利。相反的，卖家却可以得到红利。如果你在除息日之前买入，你便可以得到红利。再重申一遍：如果股东大量派发红利，股价通常会下跌。如果你不知道这些，当你看到自己的股票没有任何原因地跌了几美元时，你可能会非常震惊，然后退出一笔行情好的交易，这只是因为你对分红一无所知。而交易期权比交易股票要考虑的因素多得多。当你在交易股票时，你是看着股票的走势，你只用预测走势是向上还是向下，或者横向盘整。如果做多，你肯定希望股市上涨。如果做空，你肯定希望股市下跌。听起来很简单，对吧？如果你做期权交易，你也许希望价格上涨，而且是在特定的某一段时间内（期权到期之前！）。当然，你可以选择这样一个期权策略：不需要期权上涨或下跌，只要横向盘整，你便可以获得利润。期货要求的资金账户与股票和期权都不相同，它也以不同的方式影响着你账户的资产总值。解释这些产品细微的差别不是我们的目的，但是你可以了解一下你对交易产品的选择是如何影响自己的培训和自我学习的。如果你是一个成功的股票交易者，这并不代表你可以轻易地进入货币交易的领域，并且也取得成功。

自我培训与学习必须了解一定的交易心理基础知识。在第二章"你控制好自己的情绪了吗？"中我们会详细介绍。记住，因为交易并不是某种科学，就其意义而言，股价与时事之间并没有可以预测的因果联系，在整个交易过程中你需要掌握并控制好自己的情绪。如果你认为用钱做交易不是一项影响你情绪的活动，那么可以说在你血管里流动的一定是冰水。对于我们这些普通人来说，我们一生都会提醒自己一定要控制住自己拿钱来做傻事的强烈冲动。

初步的培训和学习还包括了各种形式的纸上交易。将交易过程写在纸上作为交易日志，并且记录下你的盈亏状况，以及对交易的评论，通过这种方法来模仿真实的交易，便产生了纸上交易这种说法。现在，有很多交易软件包含了模拟交易模式，它跟真实的交易和真实的市场数据非常相像。唯一的区别在于当你退出后，再次登录时，之前的交易记录便不复存在。纸上交易给了你机会分析何时开仓，何时买卖，而关键是不用拿自己的钱去冒险。你可以开始体验第一次做交易时，情绪随着交易急转突变的感觉。纸上交易的缺点是它并不能让你为真正的交易做充足的准备，因为没有任何事情能取代你将钱真正地投入到交易中的情况。这就像一个很老的笑话，一个家伙被问到衰退和萧条的区别，他回答说："衰退就是指我的邻居丢了工作，而萧条则是指我丢了工作。"纸上交易不会告诉你什么时候准备好了,可以去交易了,但是它却可以明确地告诉你什么时候并没有准备好,不能交易。在讲座中我们讲过很过次了,如果纸上交易你就已经亏钱了,那么暂时不要开始真实的交易!

飞行员通常都运用飞行模拟器来做某些飞行演习,但他们也许不想在真正的飞行中做同样的事。比方说,你可以练习降落以及起飞时引擎失效的应对方法。这些练习对于丰富你的技术很有帮助,让你为真实会发生的情况做好准备。然而,一名飞行教员绝对不会让新学生在模拟器上练习20小时后就让他自己单独进行第一次真正的飞行。在飞行教员身边学习可以获得明显的益处,他们可以在实战飞行练习中协助你。这个道理也适用于纸上交易。用它让你的技巧更纯熟,学习基础知识,为实战交易做好准备,但是你一定要明白第一次拿出几千甚至几万块交易,那种心情是很不同的。

你的交易计划至少要包含你继续学习的一个基本方向。许多交易者会被交易俱乐部所吸引,但是如果要加入他们,一定要谨慎。有些交易俱乐部会向你推销他们的交易产品,或者要求你出钱与其他会员一起做俱乐部交易。他们将资金筹集在一起当做整个俱乐部的交易,会员之间投票,一致通过如何交易。没有比用这个方法来决定交易更糟糕的了。在我们的经验中,投票通常是用在从两个方法中选择一个。第一,大多数直白的会员都会给其他会员带来影响。这无非是将你的钱放入不正规的共有资金中,被俱乐部其他会员默认授权的业余经理人管理。会员投票带来的第二个影响是有些会员为了不冒犯其他人,对别人的想法不会有一点反对。既然目标是将风险减到最低,这些交易者会紧跟或者追随一些技术指标。俱乐部认为市场有上涨的趋势,所以他们买入DIA(美国道琼斯工业平均指数追踪股)。你真的需要一个俱乐部来帮你决定如何在金融市场中交易吗?最好的选择是自己用心努力学习,然后继续投资自己的个人发展。

2. 资金

当你开始做交易的时候,决定用多少资金去交易以及从哪里筹集这些资金都是至关重要的问题。一般来说,大部分的人用来交易的资金不会超过他们投资组合总资产的20%。这是一个被广泛接受的说法,但是它也会受到一些因素的影响,比如说,交易者的年龄、退休时间、风险的承受能力、资产净值总额等等。大多数股票经纪公司的账户里都会有交易需要的最低金额,然而这个最低金额通常只有500美元那么少。其实很难去规定第一次交易需要的具体金额,我们一般建议最少的金额是5000—10000美元。用棒球的规则来解释,就是成功的交易是一垒安打和二垒安打。当交易者账户中的初始资金不足的时候,会产生两种极端的趋势:(1)害怕三振出局根本不敢挥棒。(2)为了尽快让账户中的资金变多而击出全垒打。第一种趋势证明了交易者本身是害怕做交易的。当他们最终开始交易时，如果股市不是按照他们所希望的那样发展，他们是不能承受亏损的。他们利用这个借口一直停滞不前，不敢交易，希望等到股市回升时再交易，因为他们承受不起账户中的钱受到亏损。第二种趋势的交易者选择购买50个价外期权合同，因为太便宜了。也许这只比买50张彩票的选择好一点。其实做单笔交易赚钱的几率还不算太小，但是买彩票中奖能得到更高额的回报。

不要轻易地决定什么时候往账户里添加资金或者将资金取出来。这个决定一定要先在交易计划里做一个清楚的规划，这是为了避免你意气用事。当交易者们亏钱时，会有一种强烈的欲望去注资他们的交易账户，因为他们承担得起。特别是那些高资产的交易者，他们真的会这么做。他们并没有体会过与其他交易者一样的痛苦感受，这些痛苦都是因为亏损而产生的。为了坚持一个正在亏损的交易，或者投资一项高风险交易，他们会不停地将资金加入到交易账户中。在拉斯维加斯的赌场里，这类人一般被叫做"大人物"。他们是那种就算输钱也会一直下赌注的人，他们只是纯粹为了享受赌博这种娱乐。酒店老板最喜欢这种人，只要他们在其酒店里赌博，都可以免费享受住房服务、晚餐以及各种娱乐设施。华尔街同样提供这种地方给那些能满足市场却赚不到钱的人，他们甚至在交易中场休息都给你提供像样的中餐。

当你努力勤奋地学习如何交易的时候，其实你已经开始获利了。你也应该计划一下将交易账户中的资金转移到其他投资中去。如果你的交易比其他投资要做得好，那么你的交易账户中的资金最终会多于我们在上文中提到的百分之二十原则。这意味着你要将你持有的所有投资组合都拿去交易吗？答案是否定的。因为交易承载着不同类型、不同层次的风险。也许你运作股票好于股市价格，然后你试图将你全部的投资组合拿去交易，但是一定要抑制这种欲望。大多数交易者的表现有时候是胜过股市的，但有的时候又不如股市。有时候这是因为市场调节的力量，比如说你将你的交易技能在股市的发展趋势中发挥得淋漓尽致，不断盈利，这个时候股市就会做一定的调整。还有些时候是因为某些个人的影响，像是家庭的压力、健康问题等等。将你的债券、指数基金或不动产等这些投资组合有比例地分配到各种交易中，这样的作用在于分散风险，又可以从不同的市场环境中得到回报。

3. 目标与目的

你为什么要交易？这一定要在你的交易计划中明确地提出来。这个问题的答案没有对或错，只要你对自己诚实就可以了。你的目标是当一名职业交易者吗？对于你要从现在的工作转行到职业交易者，你有什么计划吗？你与那些职业交易者或者试图当职业交易者却以失败收场的人沟通过吗？你不是第一个进入这个领域的人。有很多人尝试过，而且获得了各种不同程度的成功，你要尽全力从别人的经历中学习。职业交易的关键之一是在于必须不断地盈利。许多人还是业余交易者时，他们是盈利的，但是当他们成为职业交易者之后，就开始亏钱了。原因非常简单：当通过交易来赚钱是你唯一的经济来源时，会让你感到压力很大，这种压力通常会导致你情绪不稳定而做出不好的决定。这种情况与资金不足的交易者非常相像。相信你们没有一个人能承受亏损，所以你们会竭尽所能避免亏损。业余交易者可以长时间不进行交易，可以等到风险稍低、回报较高时再做交易。然而职业交易者知道如果他们不进行交易便赚不到一分钱，所以不管他们有没有在做交易，他们都在寻找下一笔可行的交易。

许多交易者仅仅把交易当做赢得市场的方法。他们的目标不在于通过交易而让自己经济独立，也不是为了赚钱去购买一艘新船或新房子这类的特殊奖励。他们是想培养自己的研究和判断能力，以及找机会将他们的投资组合按比例分配。这是最稳妥的交易策略之一，同样的，也是最容易达到的目标之一了。什么时候该选择停止交易就变得简单了。你可以给自己一段时间去学习交易技巧以及研究你的目标。如果过了一年之后，假设你的表现还是不如股市，那么停止交易吧。接下来就需要在继续学习交易技巧和完全停止交易之间做个选择了。如果你不能战胜市场，不如把钱投资到廉价的指数基金中去。它不需要投入太多的时间和精力，你也不用付出很大的代价。

4. 市场与产品

交易计划中还要包括你选择何时、何种产品进行交易。股票对于大多数人来说是最容易理解、最容易开始进行交易的产品。股票的种类还包括了交易型开放式指数基金（ETF）。实质上这是一种互惠基金，交易方式与股票是一样的。传统的互惠基金是在资产净值（NAV）的基础上每天定价、交易，资产净值是在收盘后以互惠基金中成分股的收盘价为基准计算出来的。一天中的任何买单与卖单都是在资产净值计算出来之后才开始执行的。然而，交易型开放式指数基金可以一整天都进行交易，可以像买卖股票那样操作。也许你对于某些交易型开放式指数基金很熟悉，但是你并不清楚他们到底是什么。举个例子，道琼斯工业平均指数就不能直接交易。但是你可以交易 DIA（被称为钻石）指数基金，它是跟随着指数值变化而变化的。（见图表 1.4）纳斯达克 100 指数通过 QQQQ（被称为 Q's）指数基金来进行交易，史坦普 500 股价指数通过 SPY 基金指数交易（被称为斯派德）。除了指数之外，交易型开放式指数基金通常用在特定的产业和领域里交易。比如说，你可以在生物技术领域里用 BBH 这个代码做交易型开放式指数基金的交易。

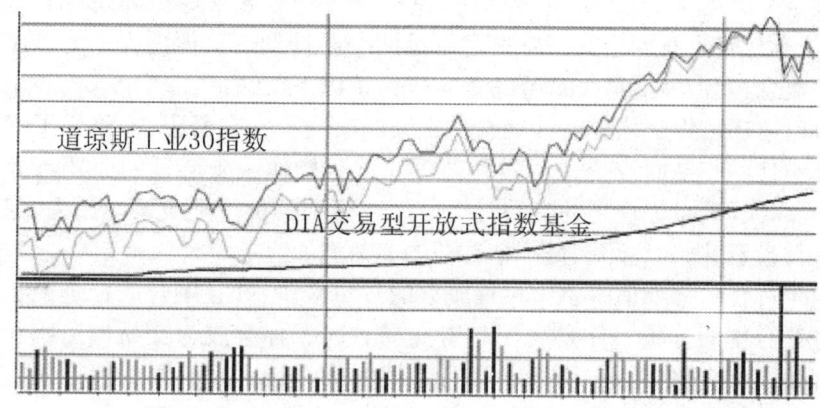

图表1.4 道琼斯工业30指数对比DIA交易型开放式指数基金

交易者在学习了股票交易的基础知识之后通常就转入期权交易了。在做期权交易之前理解股票的交易是很重要的,因为某部分的期权价格变化模式是跟随优先股的价格的。如果你不明白股票价格变动的本质,那么当你做期权交易的时候,你越发会对两者混淆不清。制定一个从股票交易转向期权交易计划可以帮助你避免太早行动。就像我们在这章开头所提到的,现在有太多所谓的专家试图劝服你进行期权交易(或者黄金、货币、期货交易),因为他们认为那是致富的途径。于是你挣扎地放弃了现在的交易策略,以及现有的交易风格,然后跟随他们的12个步骤计划。如果你选择多个产品进行交易,那就得为每一个产品制定一个交易计划。每个交易计划都应该包括我们在这章中讨论过的重点,并且每个计划都应该是独一无二的。期货的资金要求很有可能与股票的资金要求大不相同。同样地,如果你受了期货交易的极大影响,你应该期望更多的回报,而不仅仅是比股市表现得好。你承担的风险应该有相应的回报。

你的交易计划也要规划好选择哪一个市场做交易。当然,这通常取决于交易的产品。有些股票只能在纳斯达克证券交易所进行交易,而又有些交易只能在纽约证券交易所(NYSE)进行交易。世界各地的交易者都会在他们本地的交易所交易某些产品,比如差价合约(CFD)。同时也会因为流动性而加入美国股市的交易。选择哪一个市场进行交易的重要性并没有以前那样明显了。有段时间,虚拟市场的操作方式与现货市场的操作方式有着天壤之别。科技已经发达到了一种非常强大的水平,历史性的差异就变得不那么重要了。

5. 交易的建立及执行

确定交易哪一只股票,如何执行,这整个过程看起来好像都是凭直觉来决定的,这也忽略了我们在这一章里讨论过的交易计划的其他内容。为了避免遗漏这一概念,我们针对这个章节的重点进行了以下归纳:

时间范围。你必须提前计划交易持续的时间。在交易中,不要为了调节一笔行情不佳的交易而改变这个时间范围。这跟操作一支赚钱的股票可大不相同。不要为了满足你规划的交易时间段而在盈利的价位把股票卖出去,但是不要去进行投资,因为你还不是一个称职的交易者。

股市行情。你如何将手中大量股票的数量减少,并且融合成资金便于你对交易进行合理的分析?你是一个趋势交易者吗?你会成为交易通道吗?或是两者都是?你会想要试图影响市场行情吗?你会选大型公司的股票吗?还是你会利用低价股进行投机?

交易前的分析。图表是技术分析的首要工具,但是运用图表的技术分析也有许多变化的方法。许多交易者个人最喜欢的工具是阴阳烛图表,但有些人却非常信赖点数分析图,因为它节约了你自己分析花费的时间。一旦你选择了某种风格的图表,你会运用哪些技术指标以及进场和出场的原则?

风险分析。知道什么时候该退出亏损的交易,是交易者从经验中总结出的重要技术之一。但是交易新手从第一笔交易开始就必须制定风险管理原则。你们会运用我们 The Market Guys 的百分之一原则吗?或者你有其他的风险管理方法供你使用吗?你要知道如何保护已经建立的仓位。举个例子,多头看跌期权和卖出止损单都可以保护股票的多头仓位。

持仓调整。有些交易者会看他们能承受多少来处理这个问题。我们建议将你的仓位规模与风险承受力联系起来,本书的后面几章中会提供解决这个问题的指南。你的交易计划中应该还包括你对仓位规模的规划,还要制定好加仓与清仓的规则。请记住,如果你购买了 1000 股,但是当你卖出时,并没有要求这 1000 股一次性卖掉。

执行交易。最后,要考虑如何执行你的交易。也许不同的市场情况要用到不同的规则。比方说,有些交易者会在交易时间内的前半小时和最后半小时,运用限价单保护自己的股票以免受到股市在这段时间内产生的巨大波动的影响;有些交易者会利用市场订购单进场,利用限价单出场。

6. 交易日志

准确地知道你如何通过交易获得利润是自我提高的一个关键。通过详细的交易日志你可以记录下股票怎么获利,自己如何提高,这是最好的方法。交易日志可以帮助你认清什么策略发挥作用,什么策略没有用。通过这个日志,你还可以快速地看出你的交易策略什么时候开始失效。有些交易者的策略在牛市时可以发挥明显的作用,但是在股市盘整或熊市时却表现差劲。当行情有所改变,你需要调整策略的时候,你的交易日志会第一时间体现出来。

记录你的交易日志在信息方面是没有任何限制的,尽管它可能让你过多地分析自己的表现,让你花太多的时间在电子数据表上,以至于你没有花什么时间在市场上。不管你倾向于自己分析还是其他,我们建议你的交易日志至少包含以下信息:

- 交易的产品
- 买入的价格、日期、时间
- 买入的原因
- 仓位规模
- 止损价格
- 卖出的价格、日期、时间
- 卖出的原因
- 盈利净值或亏损净值
- 市场行情
- 其他各种笔记

跟随你的计划一起提高

当我们把精力放在讨论交易计划上的时候,其实还有一个更重要的关键需要讲一下。制订培训计划能让你变成一位更好的交易者,它能在你的提高过程中引导你。它不像一些强制指令那样,一旦建立就要毫无疑问地执行。你会发现培训计划会随着时间而改变,也会反映你在专业知识和经验上的增长。他会展现你尽全力总结出的一系列原则,你相信这些原则可以让你最大限度地获利。然而,它就像冻结时间的快照一样,当你持续在做交易时,你可能会发现获利更多的产品。当有些交易者学习交易期权的时候,他们可以在横盘中获得最大的利益。他们不满足于每次都从股票市场中获得同样的成功,尽管他们是从股票市场开始进行交易的。只要你制定新的计划,改变交易产品是没问题的。我们都知道很多交易者都是被承诺可以快速获利才进入到交易市场中的,其实快速获利也不是不可能,除非他愿意做职业日交易者。要实现这些是很快的,这些交易者发现,如果他们将交易的时间范围由几分钟拉长到几周,他们就能获得更多的利润。再重申一遍,从日交易者转变为波段交易者是完全可以的,只要你为其制定好了计划。

你的交易日志会成为你改变交易方法的反馈。你还需要寻找一些模式来告诉你一天当中入股市交易的最佳时机,哪一种产品可以为你带来最高的回报,或者什么时候该暂停交易,重新部署你的策略。市场是永远在变化的,你一定要随着他们的变化而变化。

第二章
你情绪失控了吗？如何管理你的情绪

对于新手交易者来说，最大的挑战毫无疑问是在交易过程中，学习如何在不受到情绪影响的情况下，做出正确的决定。这和你有多少经验一点关系都没有，你会发现这将是股市交易中最大的斗争。如果你问一位经验丰富的交易者，如果他们的股票承受着风险，他们的情绪是不是能完全不受影响，如果他们回答"是"，那么他们一定在对你撒谎。多年来，我们在股市中无数次地见过有着同样故事的人来找我们。他们都说："我不相信，上周我的股票还赚了百分之五十，但现在却跌了，我完全不能承受亏损。我只是稍微延迟了一下，看看股市会怎么发展。"通过这一章，我们将讨论如何控制我们的情绪以及遵循交易计划的方法。就像你看到的，在交易中，你实际上是获利于不受情绪的影响。

避免痛苦，寻找愉快

许多科学研究证明，我们的大脑是用来指示我们远离痛苦、追寻快乐的。所以，人们总是持有亏损交易的原因之一，是因为那是大脑逃避痛苦的方法。人们都希望股市可以回升到收支平衡点，当他们想着到了"那天"就不用承受亏损了，这可以给他们带来快乐。如果你以前也是这样想的，那可以肯定的是，绝对不止你一个人这样想，这并不代表你做得对，但不止你一个人这样做。

因为你的大脑会自己避免痛苦，它会找寻方法应付必须承受的亏损。你肯定听说过，当我们受到威胁身处险境时，我们的求生本能告诉我们如何去通过战斗来保护自己，或者当我们受到伤害时如何逃离这样的情境。血液从我们身体的末端流到主要器官和肌肉中，让我们进入一种"战斗或者逃跑"的模式。这个"战斗或者逃跑"的反应要追溯到1929年，是由沃尔特·佳能（Walter Canon）发现的，也可以称做"急性应激反应"。沃尔特·佳能的理论谈到动物在紧急状态中，交感神经系统会释放出一种物质让它们做出反应。这种反应主要是反抗斗争，或逃跑。在极其危险的情况下，我们的身体会颤抖，并释放肾上腺素到我们的血液里，给我们一种非凡的力量进行自我保护。你甚至没有想过，当我们受到威胁时，身体自然会调整，我们的思想也会快速地让我们进入"自动导航模式"。随着时间的推移，我们了解到快速的反应可以让我们安全。然而，在反抗战斗的模式中，当我们背靠墙的时候，我们会自然而然地摆出一个保护自己的姿势。

但是当我们身陷财政危机的时候通常会发生什么呢？如果你曾经在股市亏过钱，身陷过财政危机，也许你已经注意到你发生的一些生理变化。心跳加速，血压升高，汗流不止，胃部肌肉紧缩，更不用说压力大失眠了。听起来很熟悉吧？"战斗或逃跑"的反应与这些症状密切相关。

当我们不得不面对亏损的时候，你宁愿逃避资金亏损这个残酷的事实，然后相信一些听起来比较好的东西，像是"成本平均策略"。这的确是个好主意。那些让我们大获全胜的股票应该多买一些。然后你就会想："如果我让平均成本降下来，那么只用等股价回升到原来的一半就可以让盈亏平衡了。"接下来会发生什么呢？股市进入了新一轮的下跌期，然后你就意识到你不能再逃避了，所以你转换到了"战斗模式"。你决定在价格的新低买入更多的股票，因为你绝对接受不了此时此刻的亏损。你开始思考，当初的短线交易现在更适合做长线投资，接着你就开始寻找关于这个公司的一些好的信息，对你想要长期持有这只股票的理由加以证实。你不得不承认你已经犯了交易中的一个大错，为了证明现在的亏损是合理的，你改变了自己的交易策略。

就像你看的，我们的求生本能在金融市场中并不能帮到我们。首先，当我们的股票遭受到攻击时，我们并不能从这巨大的损失中逃脱。其次，股市如此之大，我们不可能斗得过它。所以我们能做的最好的事就是尽全力研究这个我们称之为市场的怪兽。一旦我们知道了市场有什么能力，以及它会如何伤害我们，在它攻击我们之前我们就可以谨慎小心地处理它，以便更好地保护自己。

操纵你的交易

避免灾难性亏损的第一步，就是要学好如何妥善处理交易中产生的情绪。在交易的过程中，我们要做很多决定，如何控制好我们的情绪是非常重要的，把它与驾驶飞机的过程相比较是最容易理解的方法了。我们已经发现，在 The

第二章 你情绪失控了吗？如何管理你的情绪

Market Guys 的观众里有一大批飞行员，而本书的两位作者也是飞行员，所以这种比较对于我们来说相当简单。

当驾驶飞机的时候，安全是飞行员要考虑的首要因素。我们直接一点地说，如果当你的飞机刚刚从地面起飞，你却发现飞机没有加满油，那么你就会有麻烦。所以每位飞行员在起飞之前都要求做以下检查：有没有加满油，刹车系统是不是好的，是否系好安全带等等。确定飞机的引擎运行正常，准备一份候补方案，万一引擎失灵时你有应对方法，这也是检查工作的一部分。检查工作如此重要的原因之一是我们的大脑会一次又一次地欺骗我们。人生中有许多大大小小的事物让我们分心，如果只靠我们的回忆，忘记一些重要的细节是迟早的事，比如说飞机落地前要确认起落架是否放下。

我们再拿交易来比较一下。在你拿资金去冒风险之前有没有列出一个检查事项清单？你有没有查清楚在你买入这只股票之前它是不是正在上涨，或者你有没有试过抄底去得到更低的价位？如果抄底是你常用的策略，那么你已经让自己的情绪处于做决定的过程中了，你这样做真正要表达的意思是："我觉得这只股票已经跌到最低点，我相信接下来会开始上涨。"在这个例子中，你的想法是自己凭空想出来的，并不是股市中实际发生的事情。这就好像飞行员说："尽管我必须飞往西边，但我要往北飞，因为我觉得当我飞上天空的时候，风向会改变。"让我们起飞，看看会发生什么。如果有这样的飞行员，谁会上飞机？我们不会，相信你们也不会。

还有一种危险的情况，飞行员们总是一次又一次地挑战，其实这个时候他的身体反应欺骗了他的思想。当我们受到地心引力影响的时候，我们的身体自然而然地会有感觉。如果你站在电梯里，闭上眼睛，不管电梯向上还是向下，你都可以感觉得到。如果电梯向上，你会感觉到身体超重；如果电梯向下，你会感觉到身体失重。你的耳朵会有耳鸣的感觉，你可以感觉到你在上升。坐飞机时也会有这样的感觉。如果你坐飞机时闭起眼睛，轻轻地向右转或向左转，身体的感觉会告诉你的思想你正在向上升。由于转弯作用在你身上的力量将你推到座位上，让你感觉到超重，这就好像在电梯里一样，由于电梯的上升，让你有超重的感觉，但这只是身体欺骗了你的思想，是你的幻觉。在夜晚或者阴天的时候飞行，如果飞行员不能正确地识别身体所发出的欺骗性的信号，那么情况将相当危险。经验丰富的飞行员就会充分地意识到这一点，当他们感觉到身体的反应蒙蔽了他们的思想时，他们会立即使用仪表板检查出真实情况。通过仪表板飞行员们可以知道飞机是在向上爬升还是在转弯，也可以知道飞机正在行驶的方向。

对于我们这些在股市中冒风险的交易者来说，同样可以用上面的方法进行分析,因为我们的大脑理解股市数据的方式与飞行员理解仪表板上数据的方式有许多相似之处。如果交易者不分析清楚价格走势而是凭直觉进行交易,也许你还会愚蠢地认为你的钱是安全的,但事实上,你已经走错了方向。我们在股市中见过很多遭受重大亏损甚至崩溃的人,这是因为他们买入了股票经纪人推荐的个股,或是听信分析师赞扬某个公司的股票而买入。然后当股票下跌百分之30、40、50甚至更多的时候,他们还是继续持有,因为他们相信这个公司曾经的业绩。在听过分析师说他们对某个公司的股票抱有很大的希望,它的行情要比预期中的更好时,交易者们总是未等此公司发布信息就购入其股票,但是行情并不是像分析师所期望的那样,而是陷入长达一年的下跌中。这样的情况你见过多少次?

这种事情发生的次数你难以想象,人们在这样的行情中亏损完全是因为他们凭直觉去交易,不做分析。像飞行员一样,我们需要把精力集中在仪表板上,看清事实,而不是依靠自己的感觉。作为交易者,我们的仪表板就是行情走势图。

技术分析还是茶叶预测法?

多年以来,技术分析师都受到顽固的基本面分析师的打压,他们标榜自己可以预测行情走势,用茶叶推算股市的变化。他们把股价走势图视为水晶球,但是这并没有为短线投资者们盈利。然而,在2000年6月,一场金融地震震动了整个金融界。朗讯科技公司(Lucent Technology)的新闻使股市受到重创时,从而使Bell Labs这支精华股在一年内下跌超过91个百分点,那时,基本面分析师们都消失不见了。在不久后的2001年10月,安然(Enron)公司宣布他们在三个月内损失了超过60亿美元,要对他们的领导团队进行内部调查。这引发了员工的辞职以及他们公司的股票持有人抛售股票。你可能觉得他们的情况不会再恶化了,但事实并非如此。2002年7月,美国第二大长途电话公司,世界通讯公司(World Com)宣布破产,这是美国历史上规模最大的一次破产。

当参议员与政府官员开始质疑公司报告和预测分析的有效性时,基本面分析受到了严重打击,这在美国历史上还是第一次。在调查聆讯过程中,调查员拿出股市行情图表问分析师和公司领导人,为什么他们看不出下跌的趋势。他们将这些股市图用相机拍下,指出其显著的下跌趋势,然后不断的提问:"你们会买这样的股票吗?"

从那以后,技术分析不再作为预测工具使用了,而是用作风险管理的工具。

第二章 你情绪失控了吗？如何管理你的情绪

我们将在第四章具体讲述技术分析的基础理论。现在我们需要了解的是它可以帮助我们在做决定的过程中不受情绪的影响，这对于我们将钱投入交易中尤为重要。

基础信息的引诱

不管我们是在美国、欧洲还是亚洲的财经节目或展览会上演讲时，总是有人会就以下问题向我们发问："你们怎么看待基本信息？难道你们不看企业的报告吗？"我们的答案都是一样的。不可否认，我们会看企业的基本面，来判断我们选的这只股票是否可以盈利，我们还会查这个公司的债务记录。往往公司的报告可以告诉我们选哪只股票，但是公司的基本面从来没有给我们信息告诉我们何时买入。更重要的是，当股价对我们不利时，这些基本面不会告诉我们何时该退出。等到会计人员更新了公司财政报告，送到分析师手上时，股价又会发生变化。当股价的走势不利于你的时候，难道你非要等到季度末的时候才做退出的决定？当然不行，这就是我们把相当多的精力都集中在价格动向上的原因。

另外一个我们不把大量精力放在基本面上的原因是它的信息量太大了。如果你对某支股票有了自己的看法，你的大脑就会帮你搜寻可以支撑这个看法的信息。举个例子，当你认为这只股票的价位会涨得更高的时候，你肯定已经阅读过华尔街的分析师对这只股票的看法，他同样认为股价会升高，所以你就买入了。但到了下一周，你只会看到股价比你买进的价位更低。这个时候你还不是很担心，因为你对自己所阅读的财政报告非常有信心，而且你也看过此公司上个季度的销售额非常可观。但在接下来的一周，股价持续下跌。带着失望，你又去看公司的报告。然后你又一次地看到市盈率（P/E），发现他们的收益还是很可观。所以，你打算继续持有。但事实上，此公司的市盈率已经比同领域其他公司的市盈率要低得多。

你看到刚刚发生什么事了吗？你的想法引诱你去寻找更多的数据支持你想继续持有的理由。这些过多的信息，加上你使用这个公司产品，享受这个公司提供的服务，这些事情都会让你爱上这只股票。千万不要把股票仓位看做是丈夫或者妻子般重要，因为他们通常都不会长期忠实可靠。当股价下跌时，持有时间越长，你涉及的亏损会越严重，特别是当你判断错误的时候。

chatter Box— A.J.蒙特

想要避免依靠你的投资组合有一个好方法，那就是学习在交易中如何承受小的亏损。真正的交易者看到股市数据偶尔会意识到他们可能会犯错误。事实上，他们可能会在同一问题上不断犯错。然而，提早承认错误会让交易者更容易地接受亏损，而且知道整个过程的目标是要将亏损减低。关于这一点我们会在第十二章——关于用百分之一原则管理风险中详细讨论。学习如何在交易中承受小的亏损是许多人正在挑战的事情，因为他们都经历过亏损带来的痛苦。还记得关于思想如何从痛苦中逃脱然后转向快乐的事物，我们说过什么吗？要掌握这一点你必须学会如何用轻松的心情面对亏损。拒绝接受亏损就像拳击手与他的对手开打时，心里想着他不会打我的脸一样。一个好的拳击手知道如何跟随对手的出拳移动而闪躲这一拳，也只有这样他才能继续战斗。作为交易者应该知道如何承受小的亏损，这些小的亏损无伤大雅，不会让你清仓退出，反而可以让你有资金再回到市场中进行交易。当你承受住了小的亏损，你可以奖赏自己，但千万不要回头去看如果你继续持有会有什么样的结果。

也许有很多次你都是以亏损的价位将股票卖出，然后当你一卖出，股价就立刻回升。也有一些情况是这样的：当股价持续下跌，但是一年之后股价又高过你的卖出价格。但是你真的会将它持有一整年来等到股价回升吗？这不是一个职业交易者会做的事，所以你也不应该这样做。

运用最佳的实践操作

我们将学生们的交易计划都集聚起来，发现这是对学生最有帮助的方法之一。我们在第一章中提到过，在执行第一次交易之前，你必须制定交易计划。你必须清楚，有组织地将它写下来，并且确保没有模糊不清地方。当你定好卖出价格时，一定要将它们贴在显眼的地方，最好是临近你进行交易的电脑旁，而且一定要跟交易计划贴在一起。

保持平和的心态，需要的时候向亲密的朋友或者配偶求助，这都是一些可以帮到你的好方法。也许你会惊奇地发现，丈夫与妻子的工作组合都配合得很好。现在所有的丈夫肯定都在想："绝对不可能将股票交易的事情告诉妻子——如果她知道我上个月亏损了多少钱一定会杀了我的。"在进行交易的时候，女性通常比男性盈利更多，这也许会让男性交易者感到非常惊奇，但这却是事实，因为女性不会像男性交易者那样，将一个亏损的交易持有太久。当行情不利于我们的时候，男性交易者有更强烈的愿望想要与股市作斗争。下一次你想将持有的一笔亏损交易试图拉回到盈亏平衡点时，试着想想股市如此之大，不是凭你的一己之力就可以改变的。如果你仍然想要挑战股市，那么告诉你的朋友、拍档,或者交易上的伙伴吧,他们可以监督你为自己的行为负责。

换句话说,如果你说你要以某个价位将股票卖出,那么你要坚持执行而且要你的伙伴监督你。职业的大厅交易者和做市商都要向他们的负责人——首席交易员报告,那么你为什么不找一个人监督你呢?事实上,在世界范围内,有许多交易公司并不允许他们的交易者在每日收盘时还持有大量股票回家过夜,因为这样会增加公司的风险。

交易事业

如果你打算慎重地执行你的交易策略,那么你必须将其看做是你刚刚开始的新生意。如果你够幸运,认识职业的交易者,问问他能不能去他的办公室参观参观,认真仔细地看看在大厅里交易是怎么运作的。如果你有幸遇到首席交易员,问问他们如何控制风险。他们所做的工作就是控制风险。

每一位企业家都知道,每建立一个新的企业都需要启动资金,而且一个新的企业要立刻盈利那几乎是不可能的。事实上,大多数新企业都是在建立了一年或两年后才开始盈利。当你的交易事业刚刚起步时,你应该像其他企业家一样,心态平和。新的电脑系统,书柜中的新书和录影带,以及你参加研讨会所付出的花费都是你的启动资金。但要注意的是,不要花太多钱在参加研讨会上。做记录的时候一定要从那些有实战经验的专家口中记下你想要的信息,不要听信那些光说不做的专家。我们 The Market Guys 每年都出席财经节目以及交易博览会,光是花在路上的时间都有好几个月。让我们惊奇的是,我们见过太多的蛇油推销员。有一次,我们去德国的法兰克福参加一个节目,他们在其中一个交易展台的正中央设了一个伏特加的吧台,周围围满了桌子,我们在吧台周围走动,探头进去看看他们库存了多少箱酒。事实上,许多公司在场参加研讨会是因为他们只想赚你的钱,这种做生意的模式我们绝对不认可。

我们将这一点拿出来讨论是想告诉我们的每一个观众,在购买任何你们觉得能获利的东西之前,一定要查清楚他们的来源。在你采纳别人给你的交易意见之前,可以先自己想想办法,而且一定要确定与你交流的人实实在在将钱投入到市场里正在进行交易。还要确定他们愿意与你分享交易的经验,不管是盈利的交易还是亏损的交易。你见过多少杂志广告和电视广告都在宣传使用他们的交易系统可以让你盈利200%甚至300%呢?或者你是否从某些人口中听到过一些商业信息?这些人现在在期权市场一夜之间可以赚上百万美元,但其实他们曾经无家可归、露宿街头。你也可以通过期权交易赚上百万美元吗?是的，你可以。但是如果你在情绪上产生了对电视广告的信任，这是行不通的。

如果你现在正在阅读这本书，我们假设你已经核查过我们 The Market Guys 以及我们"最简单化"（KISS）交易理论的可信度。我们会很骄傲地说，我们的风险管理方法是从世界各地成功的交易经历中总结出来的。我们最喜欢的交易经历并不是那些关于赚取高额利益的，而是关于那些如何阻止亏损的经历。当一位交易者走过来告诉我们他不再亏损了，我们知道他不久就会开始盈利了。

克服恐惧与贪婪

我们已经解释过痛苦和愉快的情绪是如何刺激我们做不同的决定，下面我们讨论一下跟这两个词有关的两种情绪：恐惧与贪婪。我们害怕亏损所带来的痛苦，所以我们逃避；我们因交易获利而感到欣喜，所以我们变得贪婪。现在我们来研究这些情绪在交易中如何影响我们以及如何克服他们。

这两种情绪之中更有威力的是恐惧。大多数人不会在高价位买入股票的一个原因就是恐惧。绝大部分的业余交易者都会觉得在一年中股价的最低点买入比较心安理得，而不愿在最高价买入。这种行为可以用交易者的一种心态来解释，他们想："如果我在股价高的时候买入，那么它可能会下跌，所以我要等它再跌一点的时候再买入。"这就是恐惧的情绪在影响你。如果当你在等待某支股票下跌的时候思考你该做些什么，其实你是在等待卖家们去控制该股。为了让股价下跌，卖家们必须控制股价。相反地，如果是买家控制住股市，那么股价就会上涨。所以，你才会买一支正在下跌的股票。

将这种思维方式与职业交易者的思维方式作一个对比，你会发现季度交易者们会理所当然地在高价位买入股票，因为他们想的是在高价位买入在更高的价位卖出。换句话说，当买家控制股市时买入股票，你就买入了一只正在上涨的股票。处在上涨模式里的股票会持续上涨到新的价位。如果一只股票从它的最低点开始上涨，那么它会一路上涨！如果职业交易者看出某支股票已经以一种较稳定的趋势在上涨，那么他们会对自己的决定更加有信心，因为这只股票有很大的机会继续上涨。如果他们做错了决定，在他们买入之后股价一直下跌，那么他们会立刻退出，这样只会有少部分的亏损，然后转向下一只股票。成功交易者的策略都非常简单：买入上涨的股票，卖出下跌的股票。这是再简单不过的了。

我们观察到交易新手另外一个特征，那就是因为恐惧而作过多的市场分

第二章 你情绪失控了吗？如何管理你的情绪

析。当你对自己的专业知识、策略以及选股能力不确定的时候，你会不断地质疑自己。这种恐惧会驱使你不敢向前，回去不停地查询更多的企业资料。你也许会深入研究企业的财政报告，多次核实企业收益，或者苦心研究更多的分析报告，看看有没有任何反对你买入该企业股票的理由。在你得出结果之前，你已经花了太多的时间在分析、研究报告上面，而这段时间股票已经在上涨了。然后你又下这样的结论："现在价位太高了，还是再等等，看看会发生什么。"

你有没有听过一句老话："过多的准备就是停滞不前的表现。"这是真的，这种停滞不前的根本原因就是恐惧。也许你曾经在高价位买入但是你遭受到亏损，你害怕这样的事情再次发生，所以你克制自己不去看任何一只股票的年度最高价位。你的反应就像一个曾经被火炉烫伤的小孩。所有的小孩在被火炉烫伤之后，都不会再靠近它。这种自然反应是人体自我保护系统的一部分。当我们经历痛苦的时候，我们会从中吸取教训。每当我们感到痛苦，大脑中就会回想起曾经让我们痛苦的那件事，然后将那个记忆转化成恐惧来限制我们的行为模式。其实，这不过是条件反射。

贪婪也让我们的行为向不好的方向发展，如果你通过买卖某支股票尝到获利的甜头，在你卖出之后不久它又持续上涨到更高的价位，如果你经历过这些，你就会明白我们这里所说的是什么了。一旦你尝到了甜头，你就会想一次又一次地尝试。不幸的是，这些让你全垒打的交易只是偶尔会出现一次。但是在你尝过这些甜头之后，你最后会进入到一种模式中，将亏损的股票持有过久。

人们长时间持有一支亏损股票的另一个原因是：贪婪的心让他们相信这支下跌的股票不久就会回升，并且像其他盈利的股票一样一发不可收拾地上涨。如果你不小心一点，这种危险的行为方式最终会让你付出金钱代价，就好像在拉斯维加斯赌场里玩老虎机一样。我们经常去拉斯维加斯游览，并且在财经和交易节目里进行演讲。我们每次都会非常的惊奇那些老虎机是如何让人们不能自拔的。我们假设人们知道大部分赢的机会都是在赌场这一边的，但是还是有成千上万的人为了赢一大笔奖金，在那里坐上好几个小时不停地往机器里投硬币。

如果你上大学的时候读过心理学课程，你可能会记得一个叫伊万·巴甫洛夫（Ivan Pavlov）的人。1904年，伊万·巴甫洛夫因在消化生理学方面的出色成果荣获诺贝尔生理学和医学奖。他用自己的狗做研究，证明了我们的神经系统如何引发某些条件反射的行为。这让他成为家喻户晓的人物。巴甫洛夫的狗与拉斯维加斯的赌博者有着不可思议的相似之处，而且从一位交易者变成一位赌博者不用花很长的时间。你不用急着否定赌城赌客的行为模式与市场交易者行为模式之间的联系，别忘了愉快与贪婪是相似的。基本上这两种情绪只会驱使我们做出一些有害于自己的行为,而并非能帮助自己。这一点非常重要,你一定要了解:如果你忽视这个事实,出乎你意料的是,你最终可能会把自己的资金赌光。

巴甫洛夫的研究涉及节拍器和狗的食物。每次他给实验的狗喂食时,小狗都会分泌唾液,唾液滴到节拍器上发出响声。那些小狗本来只会在看到食物或者吃食物的时候才会分泌唾液,但过了一段时间之后,它们一听见节拍器响,就开始分泌唾液了。巴甫洛夫还发现,就算没有食物,只要他摇一摇铃,小狗同样会分泌唾液。1903年,他将这一研究成果公诸于世,并且命名为条件反射。这与先天反射大不相同,当小孩子碰触到烫的火炉时做出的反应就是先天反射。这种痛苦让小孩子收到教训,学到了宝贵的一课。巴甫洛夫称这种学习过程为条件作用,他还发现在节拍器的响声中,如果反复应用条件刺激而不给予非条件刺激强化,条件反射就会逐渐减弱。换句话说,如果节拍器反复响起,却没有任何食物出现,那么小狗分泌的唾液会一次比一次少,最后他们会对节拍器的响声没有任何反应。

你能看出巴甫洛夫的小狗与在赌城玩老虎机的赌客有什么相似之处吗?赌场让赌客在里面赌博就像巴甫洛夫拿小狗做实验一样。赌客认为将钱投入老虎机里的这种行为会得到奖励,一些硬币会从老虎机里掉出来作为你赢得游戏的奖励。当硬币掉入硬币盒里的时候,铃声响了,你继续投钱的动作。过了一会儿之后,你又赢得了一些硬币,更多的铃声响起,但是这一次赌客的钱就不够了。

随着时间的推移,赢得少量的硬币导致了赌客认为他会继续赢得奖励,他开始垂涎欲滴。就算没有奖励,他仍然分泌着他的欲望,这就像巴甫洛夫的小狗一样。这与有些交易者就算没有盈利,仍然会持有亏损股票的原因是一样的。贪婪驱使着我们一直手持亏损的股票,如果我们继续被贪婪的欲望控制着,事情会朝两种趋势发展,但结果是相同的。亏损带来的痛苦让你不堪重负,于是你不再持有股票,或者你会把钱亏光,最后爆仓出局。

那么如何逃出这个邪恶的圈套呢? 第一步,当你犯错误时一定要承认,然后要退出一次又一次让你亏损的股票的交易。刚开始的时候这会很难,因为大多数的人犯错时都不愿意承认。事实上,很多交易者都认为他们必须回去交易,战胜市场,因为他们赚来的利润都亏损了,这已经变成了他们与股市之间的某种斗争。他们的新目标并不是赚取利润,而是将他们亏损的部分赚回来。如果他们有足够的运气等到股价升回到盈亏平衡点,那么他们会感觉自己像赢家。一旦你意识到做错了决定,交易开始亏损了,你完全可以重新选股进行交易。

过滤你的情绪

如果你想找出方法帮助消除交易过程中产生的情绪,你一定要先过滤你的股票。对股票的走向趋势进行分析。你可以为股票评分,一到五分。如果长时间以来股票的走向持续平缓、稳定,你可以将其评为一分。如果你是买家,某股票价格呈直线上涨趋势,走势非常极端,那么你可以将其评为三分。如果某股价持续下跌,导致你要斩仓止损,你可以将其评为五分。

接下来你也可以将你的情绪按照刚才为股票分级别的方式分为一到五个等级,第五级就代表你的情绪承受着相当大的压力。如果你听到斯利姆·特雷勒在(Slim Trainer)财经节目《疯狂金钱》(Crazy Money)中提到某只股票而去购买它,我们就会给它情绪计分板里的最高分——五分。另一方面,如果你从你姐夫或者妹夫那边听来一些关于热门股票的消息,我们会给它打3分,因为你的姐夫或者妹夫对市场甚为了解,他们对企业的业绩深信不疑,甚至没有分析股市走势图表就买入其股票,想看看这只股票的趋势是否上涨,这对于你来说是相当好的机会。

一旦你拥有了这两项数据,将每只股票的这两个数据相加,哪只股票得出来的数据最低,那么它就是你的最佳选择了。每支股票的最佳得分是两分。这就意味着这只股票走势良好(一分),也没有在情绪上给你很大的压力(一分)。用这样的方法过滤股票可以帮你逐渐建立平和的心态,成为一位非常成功的交易者。

案例研究

丹(Dan)

这些年来,我们曾帮助过很多人完成他们的终极投资目标。没有什么比遇到丹这样的人让我们更开心的了。

丹在华盛顿地区是一名房屋的油漆工,他的目标就是在股票市场中赚几百万美元。像其他初入市场的交易者一样,丹想要从帮他打理交易的股票经纪那里获得一些建议。他希望股票经纪人可以告诉他如何在股市里交易与投资,然后他就可以兴奋地等待时机自行交易。有一天,丹预约好了去拜访一位代表,这位代表在一家所谓的全方位服务股票经纪公司工作。这家公司声称他们拥有世界领先的理财管理，是顶级的咨询公司，所以丹认为他找到了适合的公司。然而，当他将自己的计划告诉这位特别代表，并把两千美元的支票给他看时，代表笑了，并说："先生，如果您计划用这些钱开户的话，那我们还是建议您带着这两千美元直接去拉斯维加斯比较好，在那里更容易实现您的目标。"丹气愤地从办公室里冲出来，一段时间之后，他找到了愿意帮他的经纪人。

　　幸运的是，丹并没有轻易放弃。他花时间学习如何进行期权交易，及时地了解到拥有良好的风险管理是多么重要。他刚刚进行了半年交易就早早获得了成功，同时也实现了他建立梦想之家的愿望。他计划每个月都要在期权市场赚到钱，每个月他都会将赚来的利润投入到新家的建设当中。他并不想贷款，所以他决定先买块地。接下来的一个月，他在股市里赚够了建地基的钱；再接下来的每个月，他都为新房子增加一些东西。有一天，他打电话告诉我们，房顶盖好了。这对于他来说非常了不起，因为大雨再也不会损坏他的新房子了。他只用了"干燥"这个词来形容他的近况。同年的晚些时候，他打电话告诉我们他的近况，他已经准备装前门了，他说："我想要一个大的双木门，温暖又漂亮，当客人敲门的时候让他们觉得我非常欢迎他们。"

　　丹的计划促使他按部就班，按照计划每个步骤进行交易，他保持良好的心态，让他的情绪不受股市波动的影响。他爱上了建立梦想之家的想法，而不是爱上他的股票价位。他并不想与他的股票共度一辈子，因为他想在适当的时候卖掉股票筹集到足够的钱去建他的梦想之家。不到三年，丹在股市中的盈利超过70万美元，在即将完成他的梦想之家时，他打电话告诉我们他最后为自己的新家添置了什么。为了完成他的终极梦想，他用赚来的利润买了一辆崭新的奔驰汽车，停在他的新车库里。他计划的最后一步是开车到那位曾经让他去拉斯维加斯的股票经纪人那里，并告诉他自己用两千块都做了些什么，这真的是锦上添花。

莱斯利（Lesley）

　　另外一个成功的故事来自于莱斯利·芳汀（Lesley Fontaine）。莱斯利最初用了相对较少的资金开户交易，通过对行情走势图表的详细分析，她做出了一次又一次重要且正确的决定，这让她的账户里的少量资金变成了100万美元。多年来，莱斯利也承认她的情绪与其投资企业的发展息息相关。不管是因为她中意这家公司的产品，还是享受这家公司的服务，她的问题在于股票持有太久。她对该企业深信不疑，以致在这种对企业领导团队的信任下，让她在股价下跌时仍然持股。我们曾经告诉她如何在做决定的过程中消除这种连锁的情绪,她迅速地学会了如何正确建立新的仓位,更重要的是,当价格跌破支撑位时,如何从交易中退出。令人惊讶的是,这种新学到的技能成为了她赚取一百万美元的关键。我们永远不会忘记她到达这个里程碑的那天,因为她打电话去电台点了一首歌——《如果我有一百万》,这首歌是由 Barenaked Ladies 乐团写的,这也是他们的经典歌曲。她的成功事迹在全世界传开来,现在她是我们 The Market guys 互动广播节目的特邀嘉宾,她的新头衔就是"富有激情的交易女士"!

史蒂夫(Steve)

这些年来,我们亲眼见过也听闻过不少成功交易者的故事,为了在市场中赢得交易,到达成功的顶峰,他们克服了情绪对交易的扰乱。然而,有成功就有失败,我们也见证过不少悲剧。说到这样的人,我脑子里浮现了一位叫史蒂夫的人。他高价持有希柏系统软件有限公司(Siebel Systems)的股票(纳斯达克股票代码:SEBL)。这家公司为企业提供客户关系管理系统软件,在 20 世纪 90 年代中期,被认为是科技的宠儿之一。这些年来,希柏系统软件有限公司奖励了史蒂夫不少红利和股票期权。许多公司都用股票期权来付他们销售人员的报酬,因为接管这些股票期权需要一段时间,在转接这段期间像希柏这样的公司就可以为像史蒂夫这样的骨干投资者持有股票期权。如果员工决定离开公司,那么他们就会失去那些奖励而来的期权,这样的刺激效应让股价保持在某一个等级,这是显而易见的。

希柏公司的股票不停上涨,史蒂夫投资账户的资金当然也不断增多。实际上,他的账户中的金额大概增长到了 15200 万。我们每天都会与史蒂夫讨论如何让这一大笔钱持续增多,直到有一天股价开始下跌甚至跌到支撑价位以下。我们讨论风险管理的方法,比如将投资分散到多个产品,买入保护性看跌期权,委托止损等等其他办法来保护其账户中的储备金。但是史蒂夫太过于依赖他的公司,他放弃了所有的想法,仅仅只是将股票卖掉了。事实上,他的话到现在我们都记得清清楚楚。他说:"我知道股票是有机会下跌的,但是我却要为它的上涨付出代价。"你们看看,史蒂夫把公司的情况想得太乐观,盲目相信他们的产品,但实际上这只股票从技术上来看,它已经在亏损了。这个故事最悲剧的部分就是因为史蒂夫持有股票过久,导致他以损失一亿美元的代价清仓了。

几年后,我们在华盛顿地区开研讨会时遇见了史蒂夫,他走到我们面前,为他这些年来从我们这里学到的所有教训、经验而感谢我们。但让我们最吃惊的是他如何处理如此大的一笔损失。在经历过那一次灾难性的损失后,史蒂夫的账户中还剩几百万美元,但是不管你怎么看待,他都因为在情感上对他所工作的公司太过于信任而损失了一亿美元。

戴安(Diane)

我们不是为了让这本书充满趣味性而编造这些故事,这些都是真实存在的人,真实的经历,以及他们真实的情绪。这其中最有趣的一个故事是关于住在长岛奥斯特的一位女性。我们只叫她戴安,免得泄露她的身份。多前年戴安和她的丈夫在离长岛铁路不远的地方开了一家五金店,后来他们决定按照计划卖掉这家店,得来的钱作为退休金。但在他们生活的新篇章开始后不久,她的丈夫便去世了,她变成了寡妇。经过慎重的考虑,她决定将一部分卖掉五金店得来的钱长期投资到新的计划中去。她在街上遇到了一个低收费的股票经纪人,并且用20万美元做押金开了交易账户,便开始了交易。

戴安在所有的股票中选出了一支好股票买入。她经常听说应该买自已熟悉公司的股票,或者至少是你用过其产品或者享受过其服务的公司的股票。她记得喜欢的某种巧克力饮料,装在玻璃瓶子里,外面是黄色的标签,上面有蓝色墨水印的"Yoo-hoo"的字样。著名的棒球明星尤吉·贝拉也喜欢这个饮料,如果尤吉·贝拉觉得这个公司很好,那么对于戴安来说,这个公司也应该是好的。这是戴安想要的股票,所以她打电话给她的股票经纪人下单,20万美元都用来买了这只股票。她向她的经纪人说明她账户中有多少钱就买多少股这个代码为YHOO的股票。第二天,她看着她的账户并且发现这只股票正在上涨。到了第三天、第四天,它仍然在上涨。经过了一周令她激动的上涨之后,她发现那支她认为是巧克力饮料Yoo-hoo的股票实际上是一间名为"雅虎!(Yahoo!)"的网络公司。就算这不是她当初认为的那家公司,但是也没有理由现在就把股票卖掉,因为她歪打正着的错误正在为她赚钱。她真的赚了很多钱,所以她一直持有股票。三年后,经过一系列的股票分股之后,这个20万美元的投资变成了2300万美元的意外收获。这是这个不寻常的故事美好的一部分,但是这对戴安来说并不好,她在情绪上对这个公司的信任令她忽略了听取风险管理的意见。

我们与戴安讨论过有没有可能将雅虎这只股票卖出,然后再买入更多样化的投资组合。她否决了这个提议,我又讨论过通过委托止损来保护这只股票以及买进保护性看跌期权来锁定已经获得的巨大利润。当网络股全面地开始下跌至支撑价位以下时,戴安的股票也开始出现后继无力的迹象。这听起来是不是很熟悉?戴安的情绪随着公司的发展而变化,但戴安并没有消除这种情绪的变化,反而决定去环游世界了。更糟糕的是,在戴安去度悠长假期之前,她借走

第二章 你情绪失控了吗？如何管理你的情绪

账户中的部分保证金在佛罗里达州的波卡拉顿买了地。环游世界回来之后，戴安收到网络泡沫效应崩溃的消息，还有一封来自股票经纪人的信，告知她被追缴保证金。因为她在佛罗里达南部买了地，这就意味着她账户中的资金，也就是她去环游世界之前赚取的利润，变成了她欠股票经纪人的债务。我们不能说这是一个悲剧的结局，因为戴安还是拥有原来2300万美元中的200万美元。如果你是从她当初只拿两万美元投资的角度来看，她还是比买 Yoo-hoo 这只股票要好。

为什么有如此之多的人在遇到困难时选择僵持不动，这要回到我们之前讨论的巴甫洛夫的狗那个话题。贪婪发生在我们身上的时候我们甚至根本意识不到，而且如果你不谨慎小心，同样的悲剧也会发生在你身上。以上事例中提及的人物后来把他们的财政都集结起来交易，从那之后他们都生活得很开心。但是有些人被贪婪抓着不放，曾经遭受过并且将继续遭受真正令他们头痛的事情，这些人又怎么样了呢？

这次交易之后的几年，我们发现故事是永无止境的。来自密歇根的安德鲁（Andrew），他在股价持续螺旋式下跌、年年亏损的情况下仍然决定持有股票，最后将他母亲的福利保险金全部亏光。来自纽约的罗伯特（Robert），卖掉了他花了25年为自己退休建造的"神奇面包"通道，只为了换取现金，并且将他60万美元的毕生积蓄投入股市，希望将几十万变成几百万。他不仅仅把这些都亏光了，他还失去了他的婚姻，被自己的孩子弃之不理，而且面对这次金融灾难带来的压力，甚至他的健康都受到了极大的折磨。我们尽可能经常地讲这些故事是为了告诉你们不要掉入同样的陷阱中。

小心你的情绪

要消除在投资或交易的过程中产生的情绪，其实跟学习如何看股市行情图表一样简单。我们 The Market Guys 一直信奉最简化原则，在下一章中我们将讨论成功交易五大原则中的首要原则：跟随资金流动走向。这就意味着你要把钱投入到资金的主流方向中去，如果你学会了如何良好地运作这一点，那么下任何决定都会更容易，也不会给自己带来很大的压力。要向丹（Dan）和莱斯利（Lesley）学习如何跟随股市的趋势操作而从中获利，但同样也要从史蒂夫（Steve）、戴安（Diane）、安德鲁（Andrew）和罗伯特（Robert）身上吸取经验，不要让贪婪控制了自己。所有的关键都在于你如何锻炼自己交易中的心态。

秘诀一

跟随资金流动走向:判断趋势

第三章
跟随趋势投资：跟随资金流动方向

多年来关于预测股市走向的有效性一直争论不断。1973年，波顿·麦基尔发行了他的经典之作《漫步华尔街(A Random Walk Down Wall Street)》(纽约：W. W. Norton 出版)。这本书主要提出了这样的观点：过去的股价与将来的股价走势并没有关联。他声称某个特定时期内，股价上涨或下跌的可能性是一样的。所以，任何的深入预测分析都是徒劳无功。一般的长期趋势都是向上涨的，但是长期趋势中的短期活动则是随意变化的。二十多年后，罗闻全(Andrew Lo)和A·克雷格·麦金利(A. Craig MacKinlay)开始提出反对这一言论的数据资料，最终还发行了他们自己命名的书《小心翼翼穿过华尔街(A Non-Random Walk Down Wall Street)》(普林斯顿，NJ：普林斯顿大学出版社出版，1999)。事实上，还是可以找出过去的股价与将来股价走势的联系。你的表现赢得市场很有可能是有某些原因而不是仅仅靠运气。

我们想更清楚地讲述成功交易五大原则中的第一原则，但是我们不会通过分析数据这种模式来陈述这第一原则。我们见过当基础数据被破坏时，数据分析就会肆意地变化，这一章是通过我们自己的经验以及观察别人的经验总结出来的，并不是将金融理论综合在一起而来。简单来说，这是我们如何进行交易、如何退出交易的原则，它为我们服务了超过25年的时间。从我们意识到这一点直到现在，技术分析中出现任何标志着市场混乱、市场疲软的现象都没有让我们从股市中获取的利润受到亏损。

群体的做法也许是错误的，但他们始终是群体

在讨论股市的走势、走势如何形成以及走势持续的原因之前，我们先以微

观的角度看看单一的一次交易。从最基本的形式上来看,交易只是由一个买家和一个卖家配对而成。最普遍的说法就是买家想要股价上涨所以他们买进,而卖家希望股价下跌所以他们卖出。得出的结论就是,不管是哪一方,总有一方是错误的。然而这并不是交易背后要考虑的原因。比如说,一位交易者持有某股票一万股,是在现有价位的50%买入的,这样的情况下,这位交易者股票的价值翻了一倍。在看过走势图上的技术指标之后,我们发现这只股票的走势从移动平均支撑线延伸了出来。然而,这只股票还是显示出了它的强劲,每天的收盘价都比前一天的高。如果交易者相信在下一个交易期股价会下跌,那么他想将股票全部卖出也是合理的。但他并没有这样做,他只是卖掉了部分股票,继续持有剩下的股票,等待股价上涨,从中获利。

在这个例子中,交易者并没有等到必要的时候,也就是股价下跌才卖掉股票,而是通过锁定部分的利润来解除风险。他开始的时候像投机者一样预测股市的风险,当股价应该下跌时,他通过降低风险承担来减低利润的亏损从而降低风险。做这样的决定是至关重要的,因为人们买入与卖出是有原因的,这要比仅仅看着两方交易的旁观者对股价走势进行随意猜测要复杂。交易者到底是承担风险还是转移风险,这是股市交易的核心。那么当这单一的交易变成了成千上万个交易,就形成了股市的走势。这里我们想申明,我们并不是提倡在技术分析中寻找能预测走势的理由,而是想试图了解走势上涨下跌的原因。

道氏理论

查尔斯·道在20世纪初提出了他的市场理论,但是过了一百多年之后,投资者和理财专家才意识到,在股市中技术分析对于风险管理是多么的重要。在决策的过程中,我们通过看走势图来表消除情绪对我们的干扰,这些图表也是我们 The Market Guys 在市场中进行交易的工具。

不管是经验丰富的投资者,还是在交易中承受多年的风险,抑或是刚刚开始你的交易生涯,你都要经常地回顾道氏理论,这非常重要。只要有机会,我们对于讨论道氏理论都竭尽所能。虽然有很多人都主张道氏理论是有参考性的,但是我们认为跟随股市趋势才能让你最大可能地赚取利润。在我们每次举办的讲座上,你都可以相信我们从图表中总结出的实情。趋势分析是我们选择股票的基础,分析这些趋势还可以帮助我们建立风险点数。有句老话叫"熟能生巧",有很多事实都证明了这一点。如果你将这个简单的道理运用到分析图表中去,你早晚会自学成材,成为分析大师。

第三章 跟随趋势投资:跟随资金流动方向

查尔斯·道只是通过简单的观察就让他最终成为了史上最伟大的分析师之一。他发现美国的某些公司是支持美国经济发展的主要推动力。这些公司刺激市场,使得股市全面上涨。查尔斯认为只要他评估这些公司的发展,他就能为投资者们做出主要的指标。所以在1884年7月3日,道·琼斯公司(the Dow Jones Company)介绍了12家公司,道·琼斯工业平均指数也诞生了。道·琼斯公司还是华尔街日报的发行商。12年之后,为了将更好的指标注入经济的推动力,华尔街日报的编辑们聚集在了一起,将更多的股票加入了指数中,每隔几年就会重新评估指数以确保指数能反映市场中的蓝筹股板块。以下是1884年7月组成道·琼斯工业平均指数的原始名单。

原始道·琼斯工业平均指数(1884年7月3日)

芝加哥西北公司	(Chicago & North Western)
联合太平洋公司	(Union Pacific)
特拉华&拉克瓦纳西部公司	(Delaware, Lackawanna & Western)
密苏里太平洋公司	(Missouri Pacific)
湖滨公司	(Lake Shore)
路易斯维尔&纳什维尔公司	(Louisville & Nashville)
纽约中央公司	(New York Central)
太平洋邮船公司	(Pacific Mail)
圣保罗公司	(St. Paul)
西部联合电报公司	(Western Union)
北太平洋铁路公司	(Northern Pacific)(首选)

看看这些公司,你会发现当时经济的本质是什么,虽然今天的指数已经与当时大不相同,但是你仍然可以看出"蓝筹股"是当今经济的主要推动力。

今天,道·琼斯工业平均指数(DJIA)是指在纽约交易所(NYSE)和纳斯达克交易的30只股票的价格加权平均指数。它经常被叫为"道指",是历史最悠久且被世界关注得最多的一个指数。你会听见财经评论员们无数次地说"股市"今天涨了,或者今天"股市"跌了,大多数时候他们说的"股市"就是指道指。道指在美国非常普遍,许多投资者都认为这个指数代表了全美的股票市场。这当然不是真的,但是我们惊奇地发现,世界各地的交易市场都受到道指的影响。以下是组成现今道指的30个公司名单。

现今道·琼斯工业平均指数

3M 公司	3M Company（MMM）
美国铝业公司	Alcoa Inc.（AA）
奥驰亚集团公司	Altria Group, Inc.（MO）
美国运通公司	American Express Co.（AXP）
美国国际集团	American InternA.T.ional Group（AIG）
美国电话电报公司	A.T.&T Inc.（T）
美国波音公司	Boeing Co.（BA）
卡特皮勒公司	CA.T.erpillar, Inc.（CA.T.）
花旗集团	Citigroup Inc.（C）
可口可乐公司	Coca-Cola Co.（KO）
杜邦公司	DuPont（E.I.）deNemours（DD）
美孚石油公司	Exxon Mobil Corp.（XOM）
通用电气公司	General Electric Co.（GE）
通用汽车公司	General Motors（GM）
惠普公司	Hewlett-Packard Co.（HPQ）
家得宝公司	Home Depot, Inc.（HD）
霍尼韦尔国际有限公司	Honeywell InternA.T.ional, Inc.（HON）
英特尔公司	Intel Corp.（INTC）
IBM 公司	InternA.T.ional Business Machines（IBM）
摩根大通集团	JPMorgan Chase & Co.（JPM）
强生公司	Johnson & Johnson（JNJ）
麦当劳公司	McDonalds Corp.（MCD）
默克制药公司	Merck & Co., Inc.（MRK）
微软公司	Microsoft Corp.（MSFT）
辉瑞制药公司	Pfizer Inc.（PFE）
保洁公司	Procter & Gamble Co.（PG）
联合科技公司	United Technologies Corp.（UTX）
韦里逊通讯公司	Verizon CommunicA.T.ions Inc.（VZ）
沃尔玛公司	Wal-Mart Stores, Inc.（WMT）
迪士尼公司	Walt Disney Co.（DIS）

1916 年,道指的组成公司增加到了 20 家,到了 1928 年这个数字又一次增

加了,总数达到了30家。通用电气(General Electric)是道指里唯一一个原始成员,虽然它多次下跌,但在1898年到1907年之间回升。道指是美国最古老,持续最久的指数,至今还陪伴着我们,一直提醒着我们查尔斯·道为我们带来了股市技术分析。

  道氏理论其中一条原则就是股市有三个趋势:上涨,下跌,横盘调整。我们发现这是道氏理论六个原则中最重要的一个原则,因为它能帮助我们将钱投入到资金流动的方向中。换句话说,如果你想在股市中赚钱,资金向哪个方向流动,你就要把钱投入到哪里。跟随资金流向意味着我们要买的是趋势发展的方向。

  这理解起来应该不困难,但是你还是会惊奇地看到许多人买入行情下跌的股票。全世界的人都会想要在最低价买入股票,因为我们从小就被限定了思想,认为购买任何东西都要以最低价买入才是最好的。如果你在百货公司里买过东西,你肯定会注意到不管是哪里的购物者都会被"甩卖"这样的字眼所吸引。有很多买了新车的人都告诉我们,在去经销商那儿买车之前,他们花了很长时间学习如何讨个好价钱。如果你亲自买过车,那你一定知道我们说的是什么意思。如果你正计划要买一辆车,这就意味着你将经历与销售有关的压力,如果你并不善于讲价,你很有可能为了买这辆车付出更高的代价,但是同一辆车,对于那些有备而来,而且擅长与销售人员打交道的人来说,他们可以用更低的价钱买到。不管用什么方式我们都是试图与销售人员沟通来降低价格,当我们最终将价格还下来的时候自我感觉良好,因为我们认为占到了便宜。因为这样的行为模式,所以我们会条件反射地低价买入任何东西。

  习惯这种模式多年以后,我们认为买入股票也应该用这种方法。但当我们将这种购买方式运用到股票市场之后,我们却亏损了,而且并不知道原因。改变某种思想的过程就像试着改掉某个习惯。这并不像说起来那么容易,在年度最低价位买入股票这听起来是个好主意,其实不然。其实在年度最高价位买入股票比较好。用更高的价位买入任何东西这看起来都是反常的,但我们在进行交易的时候,必须劝服自己用这样的方式去思考,因为我们并不是在购物,而是要通过交易获取利润。如果你想从股市中获取利润,你必须要理解有发展前途的公司以及有上涨趋势的股票极有可能每周都创新高。所以,购买这样的股票不会让你担惊受怕,特别是如果你知道这是一个上涨的好机会,就更不用惊慌了。还可以从另外一个角度来想这件事,当股价跌到年度最低点时,它很有可能继续下跌到另一个新低,所以买入这样的股票只会让你亏损。我们直接点说,你的买入委托单能改变那些整年都想卖掉这只股票的人的思想吗?低买高卖,大多数人都觉得这是一个好计划,但其实还不如以高价买入,以更高的价位卖出。以这样的方式思考,你才能正确地判断趋势走向。

上升趋势

价格趋势分为三种,而交易者往往需要领先于趋势才能更好地交易,为了了解这句话的意思,我们必须了解这三种趋势的定义。我们从上升趋势说起。查尔斯·道是这样定义上升趋势的:在股票连续反弹调整的过程中,每个最高价位都高于前一个最高价位,以及每个最低价位也高于前一个最低价位。见图表3.1,这个图表很明显显示的是买家控制股价。上升趋势意味着买家想支持这只股票到达更高的价位,但同时卖家将他们的卖出价格限制得更高以便于以更高的价格卖出。如果有一大批人争先恐后地想要买你的股票,难道你不会提高卖出价格来获得最大的利润吗?你当然会这样做。我们给买家的策略是,给自己的卖出的股票定好价位,我们的价位要与那些忙于抬高股价的买家价格差

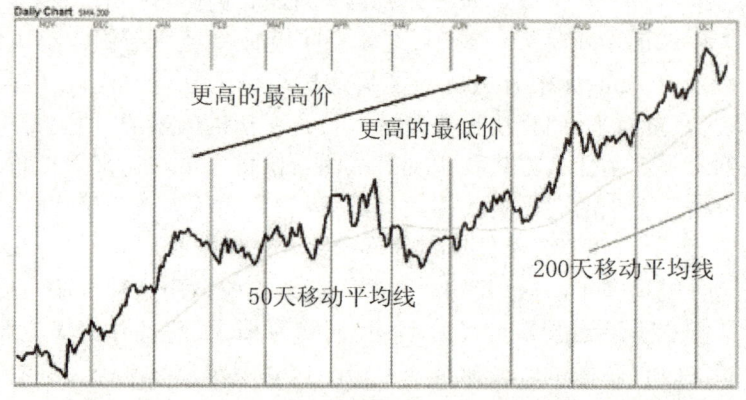

图表3.1 上升趋势的定义

不多。上升趋势可以让我们将钱投入到资金流动的方向中去。如果你的策略是选择有上升趋势的股票,那么你可以参考那些在其年度最高价交易的公司。

另外一个方法就是在新闻中浏览关于这些公司的头条新闻,如果其股票的趋势是平稳持久地向上升,你可以将他们放到考虑的名单中。我们建议你参考移动平均线来决定参考名单中的股票是否合格。在图表3.1中可以看到,这只股票的50日简单移动平均线(SMA)在200日简单移动平均线之上。当两条移动平均线的趋势都是向上升,而且互相平行,我们可以知道这只股票已经上涨一段时间了。这是一个非常简单的方法,可以将被买家抬高价位的股票进行分

类。我们已经非常成功地运用了这个方法,这也是我们在全书中广泛运用移动平均线的原因。

在现实世界里,不是每只股票都像我们举的例子一样。有些股票的走势更为极端,这意味着股票的价格波动会更剧烈,而另一些股票的趋势更是起伏不定,不难看出它之前的股价也是不稳定的。这当然给我们判断股票实际的走势增添了更多困难。虽然 50 日和 200 日移动平均线可以让我们更容易地判断整个走势,但是学会如何画趋势直线也非常重要。我们在之前讲上升趋势的定义中提到过每个最低价位都要高于前一个最低价位,这意味着卖家更想将股价抬高,这也表示卖家并没有意愿把股价压得更低。所以,只有在监控买家动向的同时又关注处在上升趋势中的股票才是正确的。如果买家决定不再支撑股价,那么我们可以通过价格动向看出来:这些最低价位又被称作"谷",如果你注意到这些最低价位或者谷是连续向下的,那么这就表示应该要卖出这些股票了。

要画一只正在上涨的股票的趋势直线,我们应该要评估最低价位,因为我们要时时刻刻注意着买家的动向。在图表 3.2 中,A、B、C 三点就是最低价位,而且一点比一点高。在这段时间内就形成了这些最低价位点,我们可以看出买家们想抬高股价。买家这一积极的举动导致了卖家退到更高的价位,我们可以见到这个趋势就变成每个最高价位都跟随着每个最低价位变化。将这些最低价位点连接起来就是趋势直线了。在画趋势直线之前,你应该再检查一下走势图,看看有没有其他最低价位点与你已确定的最低点落在同一条直线上。见图表3.3。

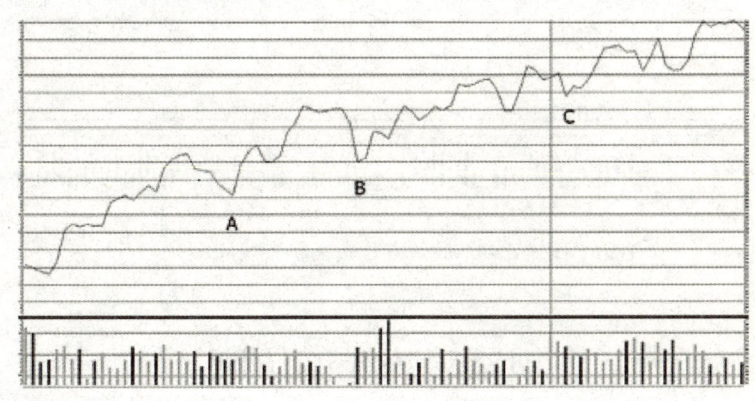

图表 3.2　确定上升趋势中的最低点

在图表 3.4 中我们将 A、B、C 三点连接起来,并且将直线向右边延长。观察连续的向下趋势如何碰到趋势线,接着随时可能降到趋势线以下。画一条趋

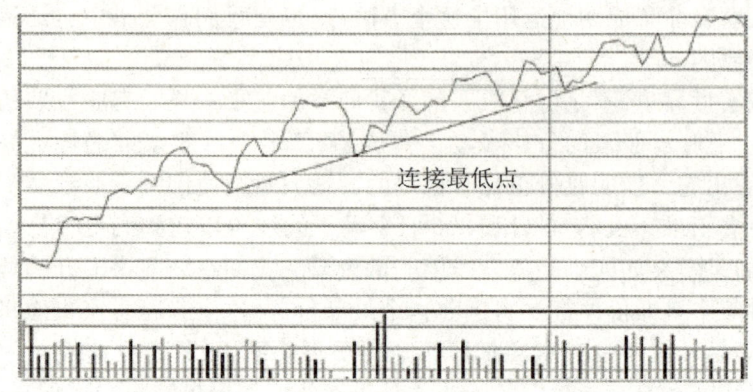

图表3.3 连接每个最低点形成上升趋势线

势线只需要一点点艺术天分，但是有一点很重要，你不用非要将这些点精确地连成一条线。也许走势图上有些点会在趋势线下面一点点，或是有些点还没触及趋势线就已经向上升了。要记住你只是用趋势线来估计买家买入股票的力度。

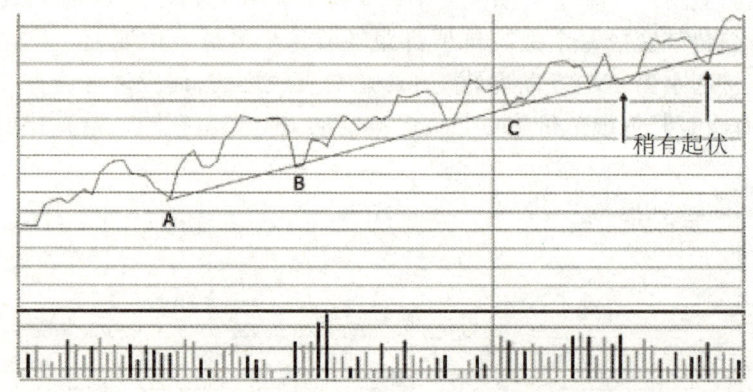

图表3.4 最低点分布在趋势线周围

观察趋势线的角度

测量趋势线的角度也可以帮助你开发对市场或者股票的灵敏度。如果你看到某只股票的价格以平稳的趋势渐渐向上升，在趋势线上呈现30—40的角度，那么这个趋势有机会继续向上升。这意味着只要这个趋势朝着向上的方向发展,我们就可以长期持仓。然而,当我们看到股价开始下跌而且在趋势线以下停滞,这是我们要将所有股票卖出的信号,这都是为了保护我们的利益,更重要的是保护我们的账户不受到潜在亏损的威胁。你要明白这是买家们在上升趋势中控制了股价,关注这些可以帮助你在交易中控制情绪,这我们在第二章中讨论过。

通过观察趋势的起伏程度同样可以估计出买入股票的压力,这与最近的趋势线的角度有关。假设一只股票上升趋势的角度是 20 度。如果它的趋势线的倾斜度增加到 50 或者 70 度,甚至是更多,这就意味着买家变得更加积极主动。趋势线的角度变大,表示股价下降的机会变得更大,当你看到这一切发生的时候,一定要准备好将股票卖出。虽然我们一次又一次地看到股价垂直变化,波动剧烈,但是这样的垂直变化不会一直持续下去,明白这一点是有意义的。当然,你要明白趋势线的角度只是一种比例运用在你的股市图表中的,所以我们讨论的角度是相对而言的,并不是绝对的。

换一种方式来说,趋势升降越急剧,趋势线就越不可靠,记住这一点。从图表 3.5 中的例子可以看出,这只股票以平稳、缓和的趋势开头,但是不久后,趋势线的角度开始增大。根据角度的增大调整趋势线,最后形成了扇形线。趋势线 A 是由我们连接一系列最低点得来,它角度平缓,这个地方没有什么不寻常的。但是如果你看看趋势线 B 的角度,你会发现角度的增大说明了购买力度的加大,这是买家变得更积极主动的信号。随着时间的推移,我们可以再一次看到趋势线的角度继续加大。如果你买了这只股票,而且发现你的趋势线与图中 D 点的情况一样,那么你该采取行动了。你应该将所有的股票卖出,至少也要卖出一部分。如果你不确定卖出的价位,还有一个好主意可以帮到你,在低于趋势线的 D 点下止损卖单。让买家们告诉你什么时候该卖出。如果他们放松了购买力度,股价自然会回落,那么你的止损单就会自动生效。这样可以换回一些现金,你的账户中又有了足够的购买力可以进行下一次交易。

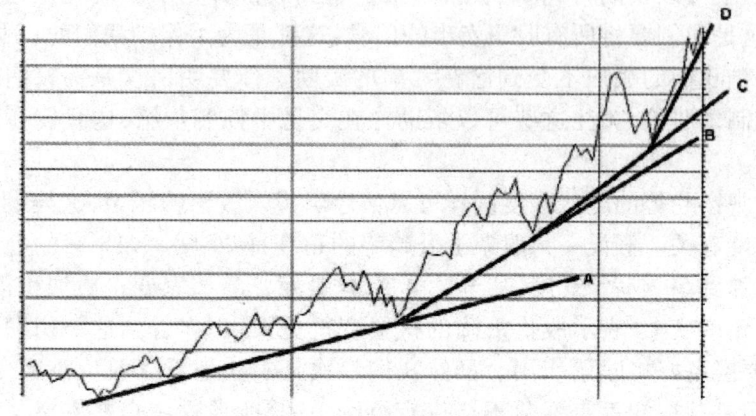

图表3.5　趋势线角度相对增大

成交量决定趋势

道·琼斯理论中的重要原则还与成交量的分析密不可分。可以说股价趋势是由成交量来决定的。意思就是说,如果一只股票的在某种趋势中的成交量增加,那么你可以把这作为证明这只股票强势的支持证据。见图表3.6。当你看见股价上升但成交却稳步下滑时,这说明我们不能太信任这个趋势。

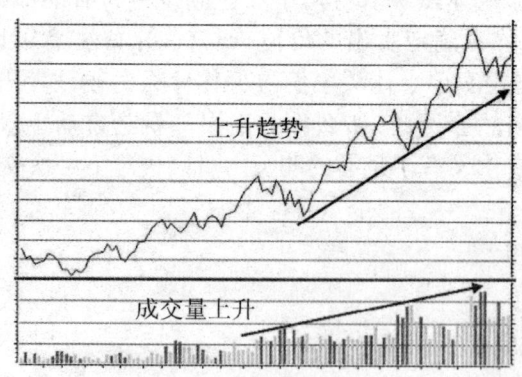

图表3.6　上升趋势与成交量上涨

想象你正在放风筝。风筝代表股票价位,每日成交量代表让风筝飞起来的风。希望你快乐的童年记忆能帮你在脑中想象这个画面。如果不行,不管怎么样都要去放一放风筝,这是缓解压力的好方法。如果你能邀请到朋友或家人,那么带上野餐篮,跟他们一起去休假一天吧,你肯定会很开心。放风筝绝对可以帮助你学习如何看懂图表上的成交量。如果你要将风筝放上天,你需要风的助力。风吹得越大,风筝飞上天的速度就越快。

这个道理同样适用于你的股票交易中。要将一只股票维持在上升趋势中,需要成交量作为助力(成交量越大,趋势上升越快)。但是如果突然风停了,风筝会发生什么事?如果在你的童年记忆里发生过这样的事,你应该记得我们一般都是自己跑起来从而制造风,对吧?如果你不跑,风筝就会在天空中打转,如果不马上起风的话,风筝就会掉下来。

在股价中你会看到同样的事情发生。如果成交量开始减少,那么你的股票也会在股市中辗转,所以股价有很大机会会下跌。如果趋势线波动起伏大,成交量戏剧性地减少,那么你就会发现股价跌破趋势线,甚至跌到支撑线以下,那么你就处在自由下落的过程中了。这就是我们极力鼓励你用追踪止损的原因了。你不用每天每分钟都盯着你的股票,只用设定某一点来监视股价,如果你看到以上说的现象,你就会知道是时候采取行动了。最糟糕的事情莫过于只是干坐着等股价上涨。如果你感觉到有些东西在变化,但是又不确定自己看到的是否是一个明确的标志,不管怎么样你的第一步都应该是要保护好自己的仓位。防御永远不会错。当我们处于最轻松的状态中,这是最没有防备的时候。

下降趋势

下降趋势在股价中呈现向下倾斜的形态。每个后面的最高价位都低于前一个最高价位,每个最低价位也是渐渐变得更低。下降趋势线是将每个最高价位点连接起来,因为卖家在这段时间内控制股价,我们通过这个方法可以捕捉到他们的行径。你也可以将下降趋势线作为股市供过于求的信号。如果股市大体上呈现下降趋势,那么买入股票并不是明智的选择,但是许多交易者都不太接受这个意见。如果你从这一章中只得到了这个讯息,那么你对这本书的投资将为你带来一次又一次的盈利。

要画好下降趋势线,必须仔细浏览图表,找出股价走势中明显的最高价位,我们也将它称为"峰"。在图表 3.7 中,我们已经找出最高价位点 A、B、C,你只用将这三点连接起来。在图表 3.8 中,你可以看出我们是如何将这三点连接起来的。你不用非常精确地将每个点连接起来,画出大概的样子就可以了。可能有很多次你画的线会穿过峰顶,但是我们的主要目的是确定一个大致的区域,这代表了卖家卖出股票的记录。卖出股票最终将股价压得更低,那么就形成了下降趋势。你也可以看出下降趋势是一个阻力。在图表3.8中,逐渐变低的最低价位都跟随着同样逐渐变低的最高价位,因为买家的力量在市场中逐渐消退,甚至是退出市场。如果股市有任何部分超过下降趋势线,那就说明成交量在增加,也就说明买方需求正在加大,那么趋势就很有可能改变。

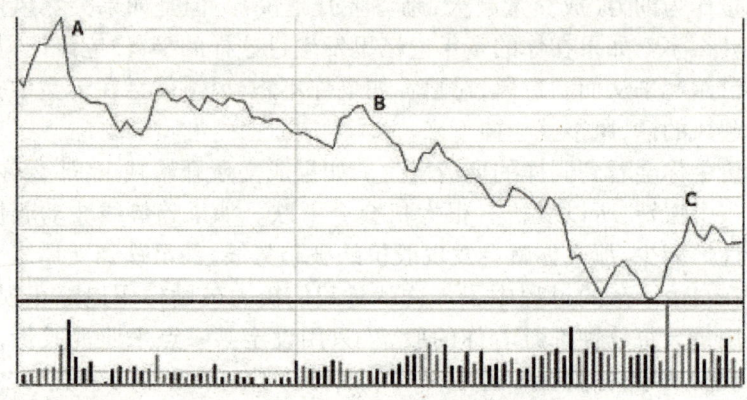

图表3.7 确定下降趋势中的最高点

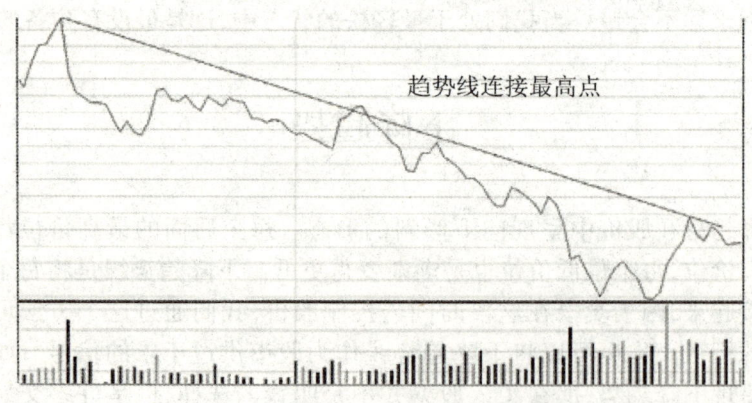

图表3.8 连接最高点形成下降趋势线

水平趋势

第三种趋势是我们最乐意见到的。水平趋势能吸引大多数的投资者,但是这样的股价趋势是许多交易者在找寻的,特别是期权交易者。简单来说,水平趋势就是在股市横盘调整过程中,股价走势平缓,没有明显的上升或下降趋势。我们也称它为调整期或价格通道,这段时期内,买家和卖家处于僵持的状态,两方都建立起了自己的界限,这就是支撑位和阻力位。

从另一个角度来看,水平趋势代表了股市中买盘与卖盘相平衡。图表3.9就是水平趋势的例子,股价只在某一个价格区间变动。上文中提到过期权交易者最乐于见到这样的价格趋势,因为在这期间,他们可以开始执行各种不同的策略。他们可以从这类的交易中获利,因为他们清楚地知道阻力线和支撑线,这可以让他们处理好风险。

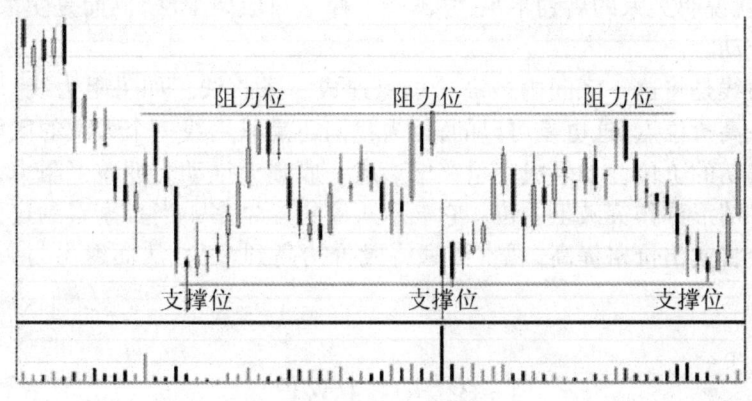

图表3.9　水平趋势

阻力和支撑力

我们在定义趋势线时发现了这两个概念,而且这是估计买家和卖家活动力的重要依据。所以,我们在上文中已经提到过支撑位和阻力位了。现在我们更详细地讲这两个概念。支撑位是指股市中买盘多于卖盘,从而使股价受到支撑不再继续下跌的价位。支撑位一般定在股票交易实际价位的下面某个地方,它并不是特定的个价位点,我们将支撑位看作是一块区域。你也可以把支撑位看作是一个底线,代表了买家的力量强过卖家。要明白技术分析并不是一项精确的科学,所以很多次你都不能清楚地看到支撑位。但是什么事情都是熟能生巧的,看的次数多了你一眼就能看出来了。

跟它相对的是阻力位。阻力位是当股市中卖盘多于买盘时,股价受到阻力,停止上涨的价位。你也可以把它看成一个上限,代表了卖家数量多于买家,几乎没有买盘发生。它跟支撑位一样,没有确切的价位。最好是把阻力位看成一个价格区间,代表股市卖盘多于买盘。阻力位一般比当下股市交易的价位要高,每位买家都应该意识到此价位附近具有相当高的卖出意愿。如果你打算长期持仓,这是知道卖家的卖出意愿集中在哪个价格区间的好方法。

我们回到图表 3.9 中,这是一个很好的例子,股价一直在同一阶层的价格区间浮动。注意这条支撑线,连接起这个价格区间所有的最低价位点。记住,我们要找的是有买入记录的大致区域。这一个区域就代表有买盘需求,因为买家们准备从这些价位将股价拉回来。如果股价下跌并持续在最低价位以下徘徊,那也就说明买家的后劲不足,并不能支撑这只股票上涨,反而是卖家主宰了价格的变动。

阻力线是将这一区间内最高价位点连成一条直线。如果阻力线只是稍稍穿过了最高价位点,这也是可以的,因为我们还是只用找一个大致的区域,而不是某个确切的价位。如果成交量突增形成一股强大推动力冲破了阻力,我们可以把这种情形称作突破阻力位。它表示买家买盘增多。当卖家看到这种情况,他们就会将卖出价格提高,观察买家将股价抬高到多少,从而退出与买家的竞争。

移动平均线

讲到趋势,我们就不能漏掉另一个重点,移动平均线。在下一章中我们会详细介绍移动平均线的画法和用法。这一章中我们只用知道它是确定、分析股价趋势的最重要、最有价值的工具之一。也许你会多次发现你画的趋势线与主要移动平均线平行,或是就在移动平均线上面。

你应该听说过移动平均线是懒人的趋势线这个说法吧。我们就相信这个说法,因为我们的宗旨一贯都是将复杂的过程简单化,所以你也可以将其看作是我们帮你把事情简化的方法。还有一点要说明,你不是世界上唯一一个用移动平均线来确定股价趋势的人。所以当股票跌破主要移动平均线时,大多数交易者都会警惕起来。一旦交易者开始进入保守模式,你就可以看到购买力下降。从那开始,股市卖盘自然而然地增加,买家们纷纷开始抛售股票。多数投资者或交易者运用移动平均线作为买入或卖出股票的信号这一事实说明,我们不能忽略这几个简单线条的作用,它完全可以影响股票或者指数的价格动向。在图表 3.10 中,你可以看到 50 日移动平均线与趋势线联系有多么紧密。注意股价在支撑位附近的回升。很多人都跟随移动平均线来交易,所以参考主要移动平均线来观察股市这一点也不稀奇。

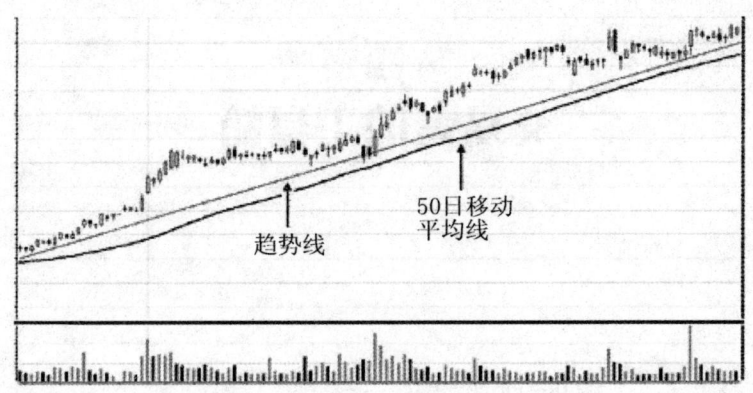

图表3.10　趋势线紧跟50日移动平均线

然而,并不是每个投资者都知道移动平均线的价值。大多数图表都包含了移动平均线选用的基本原则。它们不仅可以帮助你确定股票趋势,还可以作为风险管理的工具。学习如何在选错股票的情况下将损失减到最低对于你的成功是至关重要的。如果你之前没有运用过移动平均线,那我们极力推荐你使用。用过一段时间之后,你再考量是否需要再画趋势线。等你有了经验,最后你只用一瞬间就能看出股票的趋势。这不仅仅让你在选股上节省了时间,而且可以让你毫不犹豫地在适当的时机卖出股票或期权。

回到资金流向中

读完了这一章之后,你也许会意识到自己已经在与趋势作对。也许你试图在下一个最低价位买入,因为你知道股市马上要调整。或者你刚刚把将要上涨的股票做空,因为你觉得股价没理由到达这样的高价位。我们希望你能回过头来跟随资金的流动方向。也许企业并不值这么高的股价,但是你必须知道将其做空并不能让股市恢复平衡。你应该将钱投入到资金流动的方向里去,如果资金都涌向某支股票,你就买那支股票;如果资金从某支股票退出,那么你也将这只股票卖出。顺应市场,保持理智,你就会获得利益;反之则会亏损。

第四章
交易者的工具箱

当股市给你一个"钉子",
你应该选择一个怎么样的"锤子"

交易者或投资者在分析工具和策略上有很多选择。交易者所面对的最大挑战就是在特定的市场条件下选择哪一个工具。当你选择了某一个工具之后,你还会更换吗?你需要正确运用适合的技术和基本策略,否则你会在正确的时间做出错误的决定。

chatter Box—里克

买了第一栋新房多年以后,我决定做一个地下室。这整个空间是一个三面混凝土墙的开放式地下室。(现在被一些创新的房地产销售人员称为"露台")因为我对建筑这方面的专业知识知之甚少,所以关于建墙的最好方法,我询问了几个朋友的意见。他们告诉我最简单的方法是沿着整个墙边装上衬条。衬条只不过是加工好的木质夹板,刚好可以垂直到地板上。将衬条装在混凝土墙上,那么这堵墙就完成了,跟一般的结构墙是一样的。

这件事情的挑战就在于要找出将衬条装上混凝土墙的最佳方法。最平常的两个方法就是在墙上钻孔,然后装上砌墙螺丝,或者使用火药驱动射钉枪将钉子钉进墙里。如果你们不知道火药驱动射钉枪是什么,我可以简单地介绍一下。这个工具有点像小型的武器,一头装着一个弹药盒,与来复步枪非常相似;另外一头则装着一个橡皮垫,用来放钉子。想要钉好钉子,你只用将钉头对准墙壁,然后扣动板机,弹药盒中的粉末就会爆破,像射击一样将钉子射进墙壁里。现在我们来看一下我的选择。首先,我可以自己在这坚固的墙上钻孔,但

第四章 交易者的工具箱

是这会费很大的劲,然后装螺丝钉会让我更费劲。或者我可以用射钉枪,在我的字典里,这是非常简单的事。

所以我去了当地的家居店,买了一个射钉枪、几盒弹药和一些钉子。我完全按照说明书来安装射钉枪,然后小心翼翼地将钉头对准墙壁,仔细确认每个步骤都正确之后,我扣动了扳机。"啪"的一声爆响,射钉枪回弹了一下,冒了一阵烟,钉子将衬条牢固地钉在墙上。含蓄地说,那天射钉枪变成我最喜爱的工具。将衬条装在墙上只需要几个固定点就可以了,但是因为我自己的喜好,在每个衬条上都钉了一打钉子。后来,我的衬条用完了。最后我拿着我那完美的射钉枪,没有东西可钉。现在我试图找出这个射钉枪的其他用途。没错,手锯是专门设计用来裁板子的,但是一个适合的对齐式射钉枪只需要一枪就能完成这件事情。

交易者们发现他们进入市场时武装着类似于火药驱动射钉枪的东西。大家都说,如果你唯一会使用的工具是锤子,那么你就把所有的东西都看成钉子。有趣的是这个现象变化得越频繁,技术指标就越晦涩难懂。我们拿使用简单移动平均线做例子,交易者觉得时机适当,用这一项指标就一点问题都没有,如果不是适当的时机,交易者就不会用它。但是,我们遇过不少交易者,他们非常依赖黄金分割线,如果你不让他们用,他们根本不会进入市场。为什么会这样?也许这是射钉枪故事的延伸。交易者找到的这个工具不仅好用而且会给他们带来乐趣,所以他们相信他们手中的工具已经是工具盒里最好的了。

完成地下室的工程与完成交易是不同的,如果你想用射钉枪剪裁木板,这很明显是不明智的。如果你想在所有的图表中都运用黄金分割线,那么这些图表反而会阻碍你的交易。实际上,图表中出现的数据比你实际需要的数据多得多,所以你几乎每次都能看到黄金分割线运用的形式,这就让你更加相信你使用的是最好的工具。当你的交易违背了你当初的期望时,亏损就已经产生了,你也可以觉得有很多其他原因造成了亏损。那么下一次交易机会来临时,拿出你最好的工具。

写这一章的目的是为了让你更加了解一些平常的交易工具如何由你任意支配,以及他们的优点和局限性。我将从以下四个方面介绍每一个技术指标。

① 概况说明
② 计算方法
③ 运用方法
④ 举例说明

记住,我们的目标是将一切事物简化。加入计算方法的讲解是为了加强你对指标是如何得出的理解,但是如果你想跳过这一部分,对于你学习如何运用技术指标也毫无影响。还有一点要注意,书中的图表是黑白的。当我们提到图表中的阴阳烛时,白色的烛身代表收盘价高于开盘价,今天是涨势。黑色烛身表示开盘价高于收盘价,今天是跌势。然而大多数的绘图程序都是彩色绘图,绿色代表上涨,红色代表下跌。那么在我们的讨论中,绿色和白色是可以互换的,红色和黑色也是可以互换的。

趋势线

简介

趋势线是由各个价位点连接起来形成的。我们已经在上一章中介绍过这一便利的工具了。这些价位点连成一条平滑的线,形成了股价运动的大致方向。就像其名字所表示的,画趋势线是为了确定股价的某种趋势,上升趋势或下降趋势。

上升趋势最简单的定义就是,最低价位和最高价位都越来越高。那下降趋势就可以定义为,最低价位和最高价位都越来越低。最低价位和最高价位同时升高或降低,这两个定义才成立。例如,如果一只股票的最高价位越来越高,最低价位却越来越低,这就不是上升趋势。由越来越高的最高价位和越来越低的最低价位组成的图形是一个扩大的扇形,这是股票交易范围增大造成的。

趋势线另一个值得注意的重要元素就是它变化频繁。我们从道氏理论中知道,股价在不同的时间范围内展现出不同的趋势。当我们把视线由每日交易图表转移到每周交易图表上时,我们就看到了不同的趋势在运作。也许前几个小时我们还看到股价趋势下降,但是它突然停住,开始向上升,变成上升趋势。中长期的上升趋势可能会阻止短期下降趋势继续下降。那么,根据定义,一个更短期的趋势经过上升趋势和下降趋势的振荡会变成短期趋势。

计算方法

趋势线有一个好处就是它本身是不用计算的。就是因为这样它才吸引人,因为就算是新手也可以很容易就明白。趋势线将图表上的股价走势最客观地展现出来。直线的定义是有两点之间确定的线。所以,刚开始我们可以通过确定图表上的两个价位点来画趋势线,将两点用直线连接起来便是趋势线了。

画上升趋势线,我们要将趋势的最低点相连接。在概述中我们提到过上升趋势是由越来越高的最低价体现的。交易者们需要找出这些最低点,然后最好用一条线将这些最低点连接起来。下降趋势是由越来越低的最高价位所体现的,同样用以上方法确定出下降趋势线。所以我们要画出直线,最确切地捕捉趋势中逐渐下降的最高价位。

问题往往出在连接趋势中哪两个最高价位点。是应该连接今日最低价位点呢,还是今日收盘价位点?有些交易者会建议你不管是在开盘时还是收盘时,都可以用烛形图的烛身底部来判断。实际上,当你看着趋势线,思考从哪里冲破趋势线时,你可能会将许多价位混合在一起。阿拉巴马亨茨维尔大学工程学院副院长理查德·M·怀斯基达博士经常建议他的学生绘制数据集合,然后"让数据说话。"他提出的这一点有效地帮助了学生在进行各种分析之前得到数据图形。事实上,通常是我们的眼睛最先看到股价图表上显示的图形或走势,技术指标才从数量上显示出来。那么这如何帮助我们画趋势线呢?我们沿着图表中的趋势可以看到一些周期性的图形。我们认为价格将升到新的高度,然后停滞不动,最后跌向下一个更高的低点。在低点处出现反转,然后股价又冲向下一个更高的高点。有时候,反转点会刚好在烛身上;有时候,反转点会更贴近它的阴影(高点与低点)。图表4.1中有说明。趋势线穿过的这三点,都是交易当日的最低价位点。注意A点,头两天的烛身要比趋势线高。在B点,第一天的低点向下穿过了趋势线,第二天稍稍高于趋势线,第三天相当接近趋势线。C点的第一天低点就在趋势线上,第二天烛身在趋势线上,低点下降到趋势线以下。如果我们严格地确定使用某一点,那么你也看到这会带给我们多少麻烦。但是,看一看此图表,我们扑捉到了越来越高的高点,画了一个不错的趋势线,因为我们灵活地调整了趋势线的位置。

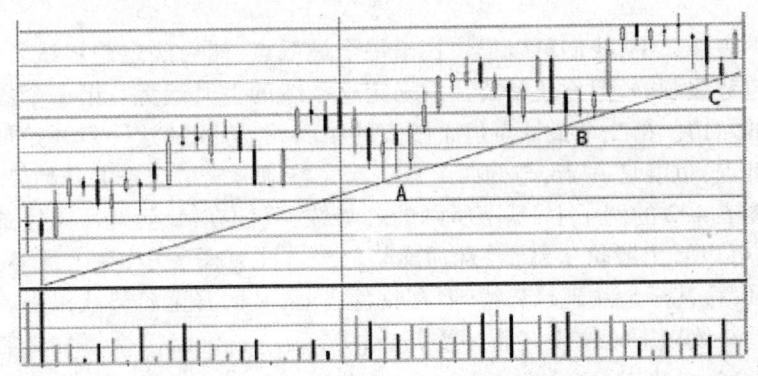

图表4.1　在上升趋势中连接更高的低点

运用方法

趋势线可以帮助我们确定上升趋势中的支撑力以及下降趋势中的阻力。既然我们将上升趋势中越来越高的高点连接起来,当然我们会期望股价会高于趋势线。当股价升高,每一次的回落都降到趋势线上,只要趋势保持住了,我们就会觉得那是正常的,希望趋势按照我们的期望运动。定义中,支撑位是当买盘多于卖盘时的价位,并且股价由此时开始向上升。既然我们是按照刚刚发生的动向画的趋势线,我们当然会希望这个趋势继续下去。如果股价大跌至趋势线以下,那么趋势线就到了不正常的区域,我们就期望它回到上升趋势。注意我们说的是"大跌",因为在图表 4.1 中,股价偶尔、小幅下跌到趋势线以下,这是正常的。这是趋势线自身运动的结果。

我们已经提到过趋势线是由两个点确定出来的,但是多加了几个点之后,趋势线就变得更稳健。图表 4.1 显示了三个不同的反弹,A、B、C 三点的最低点相继升高。趋势线一画好就可以参照它买入或卖出股票了。只要趋势保持住,我们就希望股价从支撑位开始向上升,当股价升到趋势线开始回落时,我们就可以立刻寻找买入的机会。然后要在趋势线以下设置一个价格下委托止损单来保护我们的股票。如果趋势线显示股票像我们预测的那样跌到了支撑位以下,我们就会觉得交易违背了我们的意愿,我们应该立刻出场。通过观察趋势线,我们可以知道什么时候应该买入,什么时候应该退出。

举例说明

在图表 4.2 中,我们可以很快找出每个最低点,然后确定趋势线。当然,图中已将趋势线画好,但你还是要注意确定这条线的上升趋势。第一个最低点位于图表的左边。第二个最低点位于图表的中间,趋势线从这一点开始形成。第三个最低点,也就是 A 点,与前两个点一起完整地形成了这条上升趋势线。

在图表 4.2 的例子中,基于所画的趋势线,我们在 A 点买入并且做长线交易,现在可以看出股价上涨,并且远离趋势线。注意图表中,在上涨不久后,股价稍有回落,甚至是跌破趋势线,但在收盘之前,又回升至趋势线以上。这就是我们在趋势线以下价位设定止损委托单的原因。它可以接受每日交易中小幅下跌,不会过早止损。

我们再看看 B 点的情况。黑色烛身较长,代表了股价下跌,逼近趋势线,在那个交易日股市由卖家掌控。正是这个原因导致我们不在那天买入股票,尽管趋势线看起来还是受到支撑力支持的。我们要在买家们买入股票时买入,而不是卖家们卖出股票时买入。第二天就是我们期望买入股票的时机了,但是股市不仅没有受到支撑,反而下降至趋势线以下。一旦趋势线被跌破,就意味着卖家们控制了股价,将股价逐渐地推到更低价位点。

根据价格快速回落后跟踪止损标给的提示,或者基于接连出现两个长的烛柱图这样的警告信号,任何一个做多头交易的人都会在股价发展到 B 点这个价位之前一两个礼拜就退出交易了。然而,如果在 B 点之后你还持有长仓,那么在第一波下跌,也就是收盘价低于趋势线的支撑时,你必须退出交易。你原本肯定可以接受股价如此快速地下跌,然后继续持有股票,但是你的一厢情愿可能会让你股票亏损的发生。

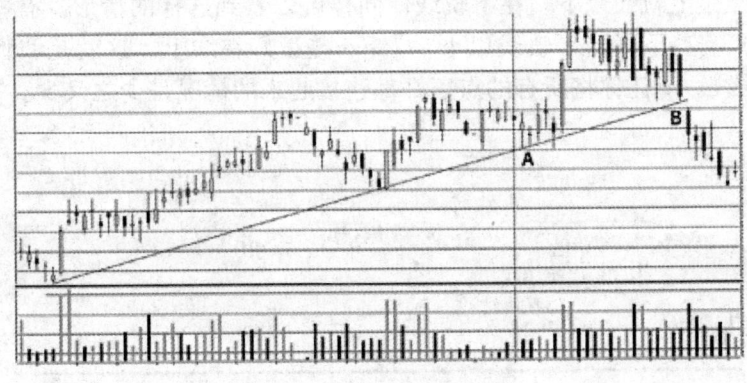

图表 4.2　上升趋势线

趋势轨道线

简介

经过多次观察,我们发现股价由高到低,再由低到高循环变化,最高点与最低点几乎是平行的,价格几乎是横向发展,或稍稍上下波动。若将每个最高点连成一条线,每个低点也连成一条线,这两条线是互相平行的,当出现这种情况时,我一般认为价格会在某个轨道中运动,我们画的线就是趋势轨道线。

趋势轨道还被称作振荡、盘整,或者巩固。如果股市没有上升或下降趋势,也就是说,股价横向发展,不上涨也不下跌,形成了价格通道,这种情况下,许多交易者都会在价格通道中找到突破点,然后重新买入。趋势轨道一般维持时间较长，其中许多价位点可以连成趋势轨道线。这一长条轨道可以让我们看清支撑力和阻力，那我们要确定买入及卖出的价位就更容易了。

计算方法

跟趋势线一样，在画趋势轨道线的时候也不需要计算。我们只用画出一条连接轨道内最高价位点的线段就可以了，那么另外一条线只需将最低价位点连接起来。上轨线与下轨线基本上是互相平行的。见图4.3中，注意第一个烛柱图的最高点几乎要触到上轨线，但从第二个循环周期开始，所有的最高点都相对低一些。有几个点实际上在交易中突破了上轨线，但是收盘时又回落到上轨线上，甚至是上轨线以下。在下轨线你同样可以看到这样的情形。有些点在下轨线上方，有些下降到下轨线以下，另外一些正好在线上。这就是我们所说的最适合的线。能让你将所有的点正好都连接起来的情况是少之又少。

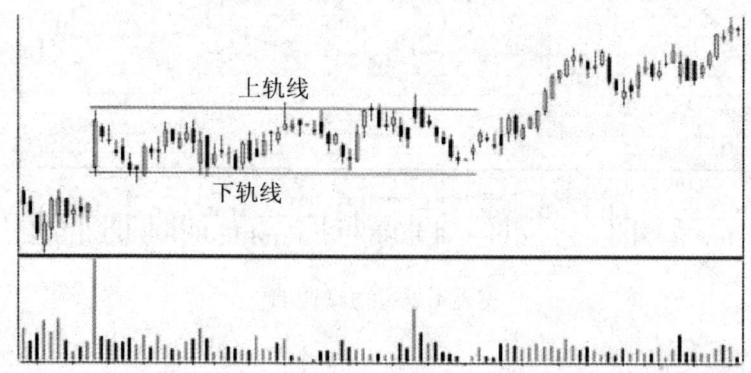

图表4.3　轨道趋势

在图表4.4中，股价形成了一个轨道，但是这是一个上升趋势的轨道。图中画好两条适合趋势的上轨线和下轨线，他们互相平行，两条上升趋势的线角度相同。如果删去上轨线，将趋势中最低点连接起来，我们可以得到一条上升趋势支撑线。

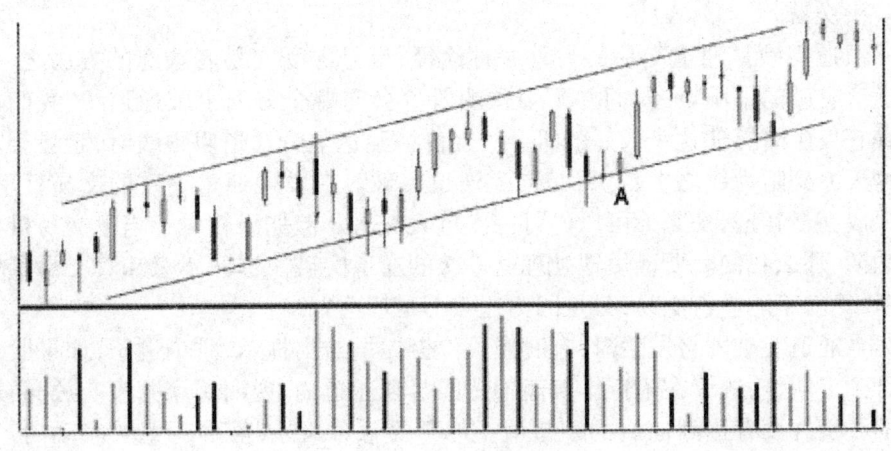

图表4.4 上升趋势轨道

运用

当价格在轨道趋势内变动的时候,你可以在价格循环周期附近做一些短线交易,或者你可以等到价格突破其中一个轨道线时再进行交易。如果你要在轨道趋势内进行交易,你肯定希望轨道足够宽广,好让你得到合理的利润。价格在某个界定的通道中变动,但是其宽度不够,最高点和最低点很接近,这样的情形并不值得交易。

在趋势轨道内的交易中,我们的主要目的是尽可能在接近下轨线支撑位的地方买入。但还是要记住跟随买家们买入,这也就意味着你要跟随绿色(或者白色)烛形图进行多头交易。想要做多的首要目标是寻找上升趋势阻力位。要练习一段时间才能知道什么时候股价还未到达阻力位,避免太早卖出股票。在画通道线时,我们发现价格在做周期运动时并不是每个点都触到通道线,所以你不用执着于一定要等到价格完全到达目标线时才卖出股票。在下降趋势支撑位做多头交易,你需要在下轨线稍稍靠下的地方设定止损委托单。如果趋势轨道被破坏,或者股价下跌,你可以退出交易。

在下降通道中,可以用同样的方法进行交易,除非你想要寻找做空头交易的机会。通常在通道中交易要跟随大体趋势的方向。如果通道呈现的是下降趋势,那么你最好在临近上轨线阻力位的地方做空头交易。还是要等到股价降到阻力位以下,烛形图变成红色(或黑色)的时候再进行交易,这个时候是卖家掌控股市。你可以在上升趋势阻力线稍稍靠上的地方下止损委托单来保护你的空头交易。

　　通道突破是通道交易的另外一种途径，也是深受交易者欢迎的方法之一。在通道突破的情况下，我们并不会预测股价会向哪个方向突破通道线，我们只想在它发生时抓住这个大好的机会。当价格到达上升通道阻力线时，趋势会一飞冲天冲到阻力线之上，这就是向上通道突破。在发生通道突破的交易日里，如果成交量猛增，那么你可以进行一次重大交易。但如果相对于当下交易量更少的话，那么我们就要谨慎地处理这一次的通道突破。这并不意味着交易量较少时，你就不能进行交易，只是因为这并不是首选方案。

　　当通道突破即将发生时，有时候股价会提早给出提示，举个例子，如果股价上升到上轨线，继续在附近徘徊而不是回落到通道内，说明买家并没有放弃，现在的股价并没有达到他们的期望值。你不要急着买入，静静观察买家动向，等待他们制造另一个上涨新高，这就会形成通道突破。

　　通道突破有两个买入点，第一个是在股价刚刚开始突破时买入。如果突破很强势，你不可能等股价接近上轨线再买入。另一个买入点是等到股价回落至上轨线时，再一次证实这里是支撑位，你便可以买入。在这个情况下，你可以在烛形图呈现绿色也就是价格回升时做多头交易。这样做的唯一风险是当通道突破之后，股价不再继续上涨。有些突破太强势，跟随而来的是持续飙高而不是回落到上轨线。

案例研究

　　在图表4.4中的A点，就是在上升通道中做多头交易的例子了。尽管A点是股价停留在下轨线支撑位的第三天，但这是烛形图变绿的第一天。绿色烛身并不是很长，但是这是你买入股票进入通道的好时机。它最接近下轨线支撑位，通道内还有相当多的空间让我们盈利。接下来的一天股价就飙升，紧跟着的五天都是横盘调整。尽管股价没有到达上轨线，但是应该卖出股票了，因为股价没有继续上升了，在这个案例中，卖出是相当不错的选择。

　　图表4.5体现了在通道突破中做多头交易的两种形式。股价在上轨线附近徘徊了近一周，最终突破上轨线。A点是突破刚刚开始的地方，你应该在这一点做多头交易。但是突破带来的成交量并没有想象中的多，但也不算少，所以还是可以进行交易。在A点买入后，你应该在离上轨线阻力位稍稍靠下一点的地方下止损单。只要股价突破成功，你会希望上轨线变成支撑线。

　　当股价回落证实了支撑线的有效性时，B点是我们进行多头交易的第二次机会。如果你在A点已经做了多头交易，那么你已经获利了，当价格开始下跌时,跟踪止损标就会出现。如果你没有在 A 点买入,你还是可以在 B 点买入,因为股价并没有跌至支撑线以下。你同样可以从 B 点之后的连续反弹中获利。

图表4.5 通道突破

移动平均线

简介

因为种种原因,移动平均线成为最普遍的技术指标。首先,对于大多数的交易者来说,移动平均线非常容易理解。平均数的概念被广泛地运用到日常生活中。我们总是会谈到平均工资、平均高度、一辆新车的平均耗油率。每当走势图中出现任何一个新的数据,移动平均线都会更新平均值。其次,当股价超过平均线时,它通常都起到了支撑位的作用;当股价在平均线以下变动时,它则充当了阻力线。再次,移动平均线可以分各种不同的时期进行计算,交易者既可以把它当做唯一的指标,又可以结合其他指标一起运用,灵活性非常大。

计算方法

我们将重点讨论两种最普遍的移动平均值的计算方法,简单移动平均值(以下简称 SMA)和指数移动平均值(以下简称 EMA)。其实还有其他一些移动平均值可以使用,包括加权移动平均值和直线置换移动平均值。我们经过多次实践发现 SMA 和 EMA 能更好地展现移动平均值的作用。

SMA 是数据集的等差中项。可以用公式表示为:

$$SMA(X1 + X2 + \cdots + Xn)/n$$

其中X1 为第一日收盘价

N 为移动平均数周期

所以，20 日简单移动平均线有 20 个价位点，这是近 20 天的每日收盘价,让他们相加再除以 20 便得到平均值。每当新的一天交易结束,这天的收盘价就会加入到平均值中,之前的平均值就会废止。这样随着时间的推移,平均值也在"推移"。

指数移动平均值与简单移动平均值的不同之处在于加权数据让最近的价位比之前的价位数据更重要。最新的股价数据在计算中是更重要的因素,因为 EMA 变化远比 SMA 要快。

指数移动平均值的计算公式为：

1. 指数平滑系数(ESF)的计算公式为：

$$ESF = 2/(n+1)$$

其中 n 为移动平均数周期

所以,20 日的 EMA,指数平滑系数为 2/21 或者 0.095。

2. EMA 的计算公式为：

$$EMA = (今日收盘价 \times ESF) + \{当前 EMA 值 \times (1 - ESF)\}$$

我们要强调一下,这里给出的计算公式只是作为参考。只要让你明白这些指标的计算方法,知道与否并不影响你在交易中运用这些指标。

运用

SMA 和 EMA 通常作为跟随价格变动的支撑位和阻力位。之前讨论过的趋势线和通道线是我们按照价格的变动手工画的直线。然而,移动平均线是完全跟随价格变化的,因为它是计算出来的指标而不是我们自己画的线。所以,当交易者们看走势图表时,不同的交易者对趋势线和通道线有不同的画法,但是,他们每个人看到的 EMA 和 SMA 都是一样的。

我们在计算方法中提到 EMA 对于价格的变动反映得更快些。所以相对于 SMA,EMA 会更紧密地跟随价格变动,这导致了更多的股价到达或超过移动平均线的情况。在这种情况下,会发出更多的买盘和卖盘信号,但也很有可能发出错误的信号。也就是说,也许还不到卖出的时候它却发出卖出的信号。用不用 EMA 和 SMA 都没有对错,这只是你想知道技术指标对于发出买卖信号敏感程度的问题。

除了运用哪一个移动平均线这个问题之外,还有一个问题需要解决,应该算几天的移动平均值。应该用 20 日或 50 日移动均线吗？21 日均线和 20 日均线又有什么不同？总的来说，我们建议刚刚开始使用移动平均线的交易者将它分为三个基础时期。第一，20 日均线，它是一个非常好的短期指标，因为它比较接近一个月的交易数据。你当然也可以用 21 日均线，但是我们在实践中观察出 20 日均线更容易理解，况且，多一天的数据并不会对整体平均值有较大影响。第二，50 日均线，它是一个非常好的中期指标，因为它比较接近一个季度的交易数据。也许有些交易者会追求 63 日均线，但是我们还是认为 50 日均线对于交易者来说足够了。第三，200 日均线，它被广泛地认为是最好的长期指标。许多理财经理、交易者等等将 200 日均线看作是衡量整个趋势的工具。我们见过一些股票经过长时间振荡之后，最终跌破短期支撑这样的事例。尽管下跌速度快，幅度大，但说不清什么时候股价就停止运动了，就像一个球落在水泥地上一样。当 200 日均线出现在走势图上，那么股价就会停在 200 日移动平均值上。

另外一个运用移动平均线的普遍方法是选择两个不同的时期，将这两条移动平均线作为交叉指标。举一个简单的例子，我们选用 20 日均线和 50 日均线。20 日均线我们称作快速移动平均线，50 日均线我们称作缓慢移动平均线。这是以他们反映股价变动的速度来命名的。如果 20 日均线位于 50 日以下，并且股价在这两者以下，那么这只股票就处于短中期的下降趋势中。因为这里出现了买入信号，首先我们要找出突破移动平均阻力线的价位，然后找出 50 日均线与 20 日均线的交叉点。这就是行情看涨的移动平均线交叉。在快速移动平均线高于缓慢移动平均线的价位点，我们可以做多头交易，并在缓慢移动平均线以下设定止损卖单。在上升趋势中，我们应该支撑股价，等它涨到刚好在快速移动平均线的下方便停止。

运用移动平均线时一定要谨慎小心，因为移动平均线的作用非常明确，是用来判断趋势与反弹的，当股价横盘调整的时候，他们就变得非常不可靠了。即使股价变动的范围较大，移动平均线会因为是横盘调整而变成一条直线。在这种情况下，会出现大量买卖信号，但他们的有效性并不高。在将移动平均线当做技术指标使用之前，一定要确定趋势呈现的是向上或者是向下的状态。在图表 4.6 中，股价处于横盘调整的范围内，200 日均线就呈现了平坦的状态。但是这期间股价还是出现了上下波动，移动平均线一时充当支撑线一时充当阻力线，还出现了股价忽略均线的情况，向两边大幅度下降或反弹。

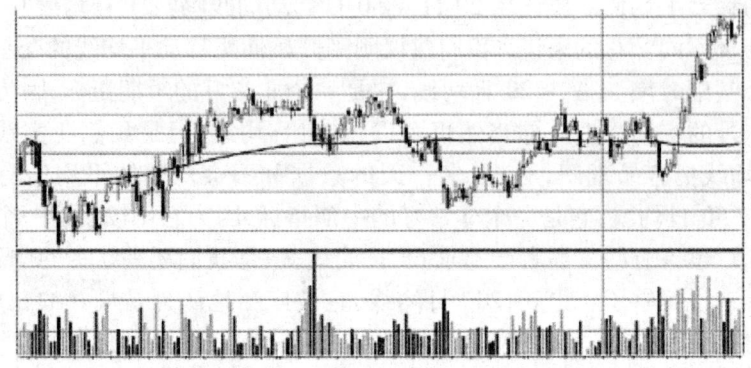

图表4.6 横盘调整中的200日均线

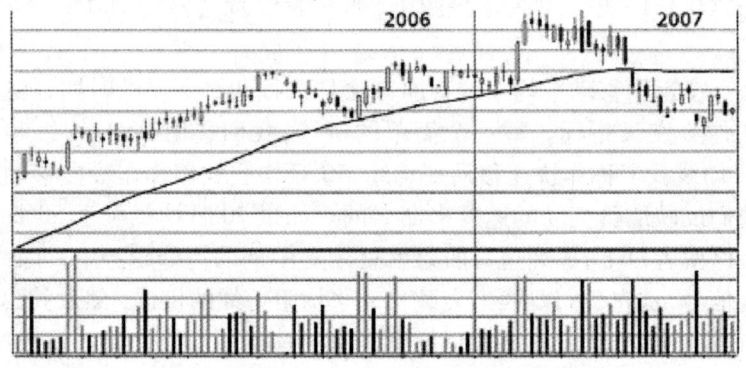

图表4.7 50日均线充当支撑线

案例说明

图表4.7中是2006年年底至2007年1月,某支股票在50日均线上方变动的例子。我们可以清楚看到股价在50日均线上方变动,没有跌破支撑位。到了2007年2月份,股价直接跌破支撑位,并且下跌趋势一直持续下去。在这个例子中,只要是股价跌破50日均线,任何多头交易都会通过止损单出场。

这只股票的走势在50日均线上方变动的过程中,有些价位点下跌触及了均线,并且开始震荡。而这些价位点都是进入多头交易的好机会。因为股价刚好在支撑位上方,表示买家重新控制股价,将股价从均线位继续推至更高。根据移动止损标对走势中每个小的循环周期的判断,我们可以从中获得短期利益。如果你想获得更长期的利益,必须在均线下方设定止损,而且根据均线的上扬,调整止损价格。

图表4.8 移动平均线的交叉

图表4.8包括了20日均线(灰色线)和50日均线(黑色线)。20日均线明显不稳定,因为它的运动速率要比50日均线快。我们现在来观察一下图中的均线交叉点。从A点开始,股价就在两条均线上方变动,而且20日均线要高于50日均线。根据这个看涨的交叉点,可以在A点建立多头交易。如果要追求中期利润,我们必须在50日均线下方设定止损卖单来保护这笔交易。交易者们还有另一种选择,可以等到看跌行情的均线交叉点出现,将之前在看涨行情交叉点建立的交易卖出。图中B点就是看跌交叉点,20日均线又跌到50日均线以下。这只发生在股价下跌跌破50日均线支撑位后的几个交易日里。如果在均线刚开始发生交叉,在紧跟其后出现的几波反弹将股票卖出也可以获得大量利润。

斐波那契回调线

简介

斐式回调线可以说是所有技术指标里最精确的线了。如果说它不是最可靠的技术指标,那只因它的原始性和在自然界中的普遍性了。它用12世纪著名的数学家的名字命名。它是由斐式数列所组成。数列如下:

1,2,3,5,8,13,21,34,55,89……

斐式数列中每一个数字都是前两个数字的总和。每两个连续数字之间的比例接近黄金比例。越到数列的后面,两个数字之间的比例越接近黄金比例。

黄金比例值为1.618。观察以下数字：

  3/2 = 1.5
  5/3 = 1.67
  8/5 = 1.6
 13/8 = 1.625
 21/13 = 1.615
 34/21 = 1.619
 55/34 = 1.618
 89/55 = 1.618

黄金比例有一个有趣的特点，它的倒数等于黄金比例值减一。公式如下：

$$(1/1.618) = (1.618 - 1) = 0.618$$

就好像这些满足不了我们对于趣味难题的狂热一样，斐式数列在整个自然界中还是一个谜。我们在众多自然现象中发现了黄金比例，鹦鹉螺壳的螺旋，花朵的花瓣，松果的构造，你肚脐以下部分的高度（你的身高×0.618）等等。

计算方法

  运用在大多数交易软件中的斐波那契回调线标准是：23.6%，38.2%，50%，61.8%。在简介中提过61.8%是源自于黄金比例值0.618。100%减掉61.8%等于38.2%，61.8%减掉38.2%等于23.6%。我们可以看出50%并不是斐式数列中的标准数字，但还是将50%收纳进来是因为50%通常是股价的回调幅度。当你确定了交易范围的最高点和最低点，交易软件会为你画出回调的位置。比如说，如果一只股票从低价20美元涨到高价30美元，你选择这两个价位为最高点和最低点，软件会为你将回调线画在27.64美元、26.18美元、25.00美元和23.82美元的适合位置。

运用

  运用斐式回调线的目的在于确定股价振荡之后反弹的支撑位，或者是下跌之后上升的阻力位。

  小心一定要避免只在斐式回调线的基础上进行交易，还要用上支撑线和阻力线，通过绘制趋势线，计算移动平均值，才能最好地证明这条斐式回调线的有效性。如何证明斐式回调线的例子我们在上一段计算方法中讲过了。假设在过去的几周里，股价从20美元涨到30美元，现在开始回落了。你想在回落过程中的某一价位点买入多头交易。什么时候是你进场的机会呢？当你看到股价进行第一次回调降到27.64美元时，你并没有发现任何迹象表示价格下跌会变缓。然而当价格接近26.18美元时，你注意到两件事。第一，庞大的交易量骤然减少。第二，股价跌至26.00美元，并且大部分时间保持这个价位，但到收盘时回升至26.18美元。在观察过当日的烛形图之后，你会发现烛形图呈现上长影。在这种情况下，你可以依靠通过成交量和走势图证实的斐式回调线。如果买家们明天开始进一步动作，你可以再做多头交易，并且在26.18美元的稍低的价位设定止损卖单来保护你的交易。

案例说明

图表4.9中是一只股票的上升趋势交易范围。最高价位点和最低价位点已经确定。我们是以上升趋势来作例子，所以我们更关注在黄金比例下哪一个价位点能成为支撑位。在图表靠右的部分，黑色长烛呈现了由成交量大引起的价格暴跌的现象。第二天的图形表明卖盘停止，至少是暂时停止，成交量也比昨日的少了很多。注意图中股价与第一条38.2%的支撑线离得有多近。黑色长烛的倒影离这条线很近，这条支撑线是通过整个趋势的黄金比例确定的。

在这个例子中，我们可以通过观察图表看烛形图是否能更进一步证明股价即将反弹。事情发展到这，我们可以缓一缓，这里并不是进行新交易的时机。但是，如果过几天股价下跌接近支撑线但并没有跌破，我们就可以买入多头交易，并在38.2%回调线稍低的地方设定止损卖单。

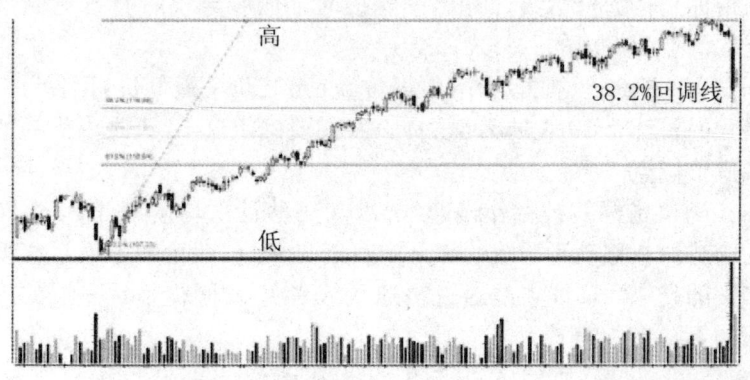

图表4.9　上升趋势中的斐式回调线

随机指标

简介

随机指标也称为随机指数,它是通过当日或最近几日最高价、最低价及收盘价等价格波动的波幅,反映价格趋势强弱的指标。也就是说,我们不用通过与任何市场或者行业基准作对比来确定何时买入或卖出股票。随机指数在图表中由两条线组成:快速线(称作 K 线)和慢速线(称作 D 线)。随机指数值在 0 到 1(或者 0 到 100%)之间,这在计算方法中会见到。根据原则,任何数值只要低于 25% 都是出现了超卖的情况。这表示这只股票的价格趋势相对于前几天的表现太弱了,所以应该通过提升股价来调整。任何数值只要高于 75% 都是出现了超买的情况,应该通过股价下降来调整。作为一个技术指标,随机指数在通道中可以发挥更好的作用。例如,当一只股票处于强势上升趋势中,如果股价并没有下降的趋势,随机指数就会显示超买。相反地,当股票处于强力下降趋势中,如果股价没有上升趋势,随机指数就会显示超卖。

计算方法

第一条随机指标线被称作快速线,因为是通过直接计算价格数据而得来的。这项指标是在随机指数计算出的这段时期内将当前收盘价对照最高的高点和最低的低点而得出的。公式如下:

$$K\% = (收盘价 - 最低价)/(最高价 - 最低价)$$

如果我们要计算 10 天的 K 线,那么我们要确定这 10 天之内交易的最高价位点和最低价位点。

第二条随机指标线被称作慢速线,因为用移动平均值来计算,这条线呈现出平滑的趋势。在移动平均线的部分中我们见到过,股价数据通过移动平均线呈现出平缓的趋势。K 线也是通过慢速线或者 D 线同样呈现平缓的趋势。慢速线公式如下:

$$D\% = K\% 中 N 天移动平均线$$

其中 N 代表 K 线呈平缓趋势的天数。通常 D 线都是用 3 个时期作为平滑因数。除了股价平均值之外,D 线的计算也用到了简单移动平均值、指数平均值或加权移动平均值。在 D 线的计算中,简单移动平均值和指数平均值是最常用的移动平均值了。

运用方法

随机指标主要通过三种方式来确定交易的机会。第一是基本指标。上文中提到过,随机指标可以通过前几日股价趋势来确定一只股票何时出现超买以及何时出现超卖。超买的范围是大约 70% 至 80%,而超卖的范围大约是 20% 至 30%。运用随机指标并没有一个特定的基本标准。当然了,这要取决于在指标发出信号时,你想要指标有多敏捷了。如果你将范围扩大,信号的数量就会减少。但是这样的信号准确性高。举个例子,如果将 10% 和 90% 作为你的基本范围,很明显的,随机指标碰到这个范围的几率远低于将范围定在 30% 和 70% 的时候。大多数交易者都会将随机指标作为一种基本指标,然后去找寻突破它的指标,当随机指标与基本指标交叉时,他们便买入股票,见图表 4.10。A 点是随机指标与 20% 基本指标线第一个交叉点,并且在交叉之后,股价继续下跌,这说明股市出现超卖。再看 B 点,也就是过了几天之后股价与 20% 指标线的第二个交叉点,并且在交叉之后继续向上升。就是在这一点,随机指标变成了基本指标,我们要建立多头交易。

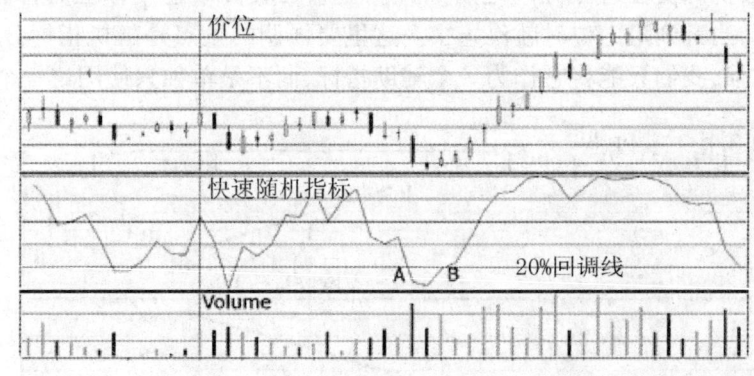

图表 4.10　随机指标与基本指标的交叉点

运用随机指标的第二种方法是利用 K 线和 D 线的交叉指标。图表 4.11 与图表 4.10 是同一个图表,只是我们在图表 4.11 中既画出了 K 线(黑色线)又画出了 D 线(灰色线)。K 线与 D 线在 A 点第一次交叉,之后 K 线向上变动到 D 线上方,接近 20% 基本线。我们应该在这个行情看涨的交叉点买入股票,然后一直持有,等到 K 线向下与 D 线第二次交叉时,交叉点临近基本指标的上线,将股票卖出。见图表4.11中的B点。这样我们并不用在低点买入高点卖出也可以在上升趋势中获得不错的利润。

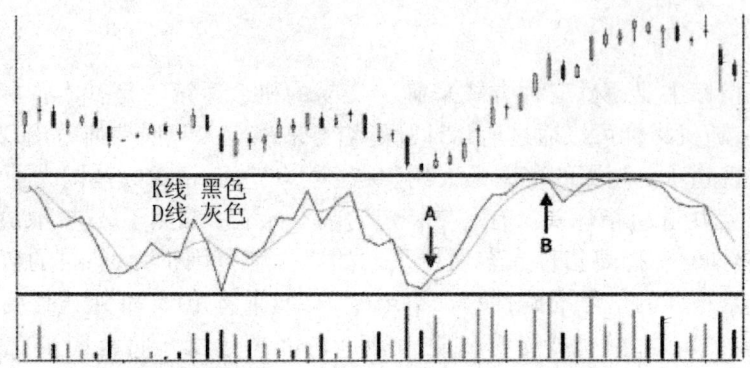

图表4.11 运用随机指标与基本指标的交叉点作为买卖指标

运用随机指标的第三个方法是寻找股价走势与随机指标的分歧作为指标。图表4.12是某支股票的日常烛形图，K线在中间一段，成交量在最下面一段。在图表中，股价的最高价位点越来越低，但K线图中的高点反而越来越高。这就是股价走势与随机指标的分歧，这就预示着股价会跟随随机指标上涨。而事实证明，股价确实在这波分歧之后回升。注意当股价接近支撑位时，回升就已经开始了，当升到阻力位时就停止了。这里要强调的重点是随机指标分歧的自由性非常强，我们只能将它作为一个辅助指标，而不是单独只使用这一个指标。

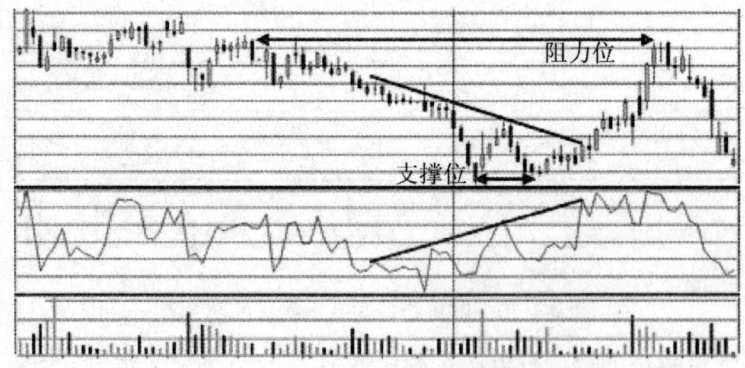

图表4.12 运用随机指标的分歧作为买卖指标

案例说明

图表 4.13 是运用随机指标线交叉点的图例。我们已经画好了 14 日 K 线图(黑色)和 3 日平滑指数 D 线(灰色)。我们看 A 点靠前一点的区域,两条随机指标线都低于 20% 基本线,这说明了股市超卖的情况。如果要买入多头交易,就要等 K 线向上穿过 D 线和 20% 基本线。同时,我们希望 K 线和 D 线都向上扬,这可以进一步证明股价会上涨。这些情况出现在 A 点,我们就可以在这一点建立多头交易。如果情况相反,我们便要退出交易。当股价进入超买的区域,也就是 80% 基本线之上,我们要找出 K 线向下穿过 D 点以及 80% 基本线的交叉点。等到股价开始下跌,便能更进一步证明我们的结论。这些情况汇集在了 B 点,我们应该在这一点卖出。

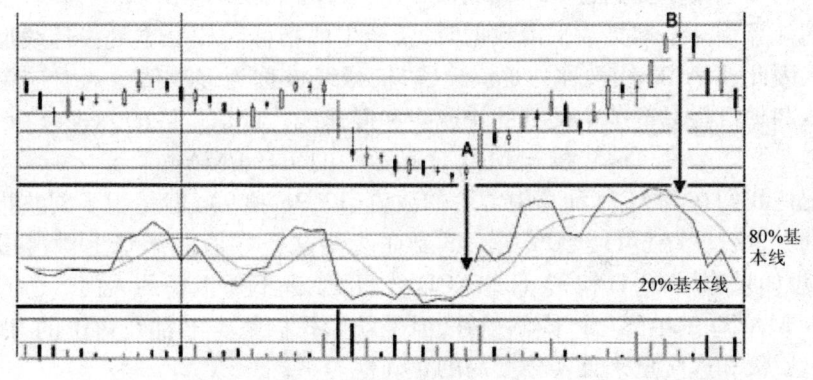

图表4.13 随机指标交叉图示

平滑异同移动平均线(MACD)

简介

平滑异同移动平均线指标(MACD)是一个趋势追随指标,它是由两条指数平均线结合成一条 MACD 线而得出。它与另外一条线结合起来运用,这条线是信号线,是 MACD 线的指数移动平均线。当股价长期动荡且起伏较大时,MACD 线便可发挥最大的作用。在信号线与 MACD 线互相作用的基础上便产生了买卖信号。我们通常用 MACD 柱形图来展示 MACD 线与信号线的区别。许多交易者都发现用 MACD 柱形图比观察 MACD 线和信号线更容易确定交叉点和股价趋势。

计算方法

MACD 指标是由两个指数移动平均值组成的。最常用来组成 MACD 值的指数平均值是 12 日 EMA 和 26 日 EMA。回想一下 EMA 的计算方法，12 日 EMA 有 15%［ESF＝2/(12＋1)＝0.154］的指数平滑系数，26 日 EMA 含有 7%［ESF＝2/(26＋1)＝0.074］指数平滑系数。因此，12 日 EMA 和 26 日 EMA 也被称作 15% EMA 和 7% EMA。MACD 的公式如下：

$$MACD = 12 \text{ 日 } EMA - 26 \text{ 日 } EMA$$

我们在上文中提到过 MACD 指标中另一个信号线是 MACD 移动平均线。当我们计算移动平均指数平滑数据时，新产生的指标线比原本的指标线反应慢一些。因此，MACD 线被称为是快速线，信号线被称为慢速线。这对应了移动平均线和随机指标章节中提到的快速线和慢速线。此信号线的公式为：

$$\text{信号线} = MACD \text{ 指数中的 } 9 \text{ 日 } EMA$$

记住我们在 MACD 计算中常用的数值(12，26 和 9)，但是为了调整指标的敏感程度，这些数值可能会改变。不要在改变这些数值的细节上做过多的研究，想想如果你用 10 日和 33 日 MACD 线，你便进不了市场的大门。适时增加或减少 MACD 的敏感程度固然很好，但是就像我们整本书都在讨论的，你还是要通过股价和成交量来证实你交易的正确性。

MACD 柱形图画出来正是 MACD 线和信号线的不同之处。

$$\text{柱形图数值} = MACD - \text{信号值}$$

柱形图数值既可以是正数也可以是负数，这取决于 MACD 线是在信号线以上还是以下。

运用方法

MACD 指标有两个运用方法。第一个作为交叉指标。还是要找出快速线和慢速线的交叉点。当 MACD 线的趋势在信号线以下变动，并且向上穿过信号线，我们把这个交叉点视为行情看涨的标志。当股价受到强力支撑开始回升并且在此出现交叉点时，行情看涨信号会特别强烈。与之相反的情况则是行情看跌信号强烈。也就是说当 MACD 线向下穿过信号线，刚好股价从强势阻力位下降时,则会出现下跌信号。

图表 4.14 就是看涨交叉点和看跌交叉点的例子。MACD 线从 A 点穿过信号线向上变动。注意柱形图是正的,尽管只有一点。A 点是交叉点,所以你应该在这一点买入股票。图中 B 点是看跌交叉点,柱形图第一次呈现倒立的景象,这表示 MACD 线向下穿过了信号线,行情看跌,你应该在这一点将股票卖出。我们再仔细看看股价,很明显在 MACD 交叉出现卖出信号之前股价已经从最高价下跌了 3 美元左右。虽然我们没有在最高价卖出,但在第二天股价继续下跌之前 MACD 就发出信号让我们卖出股票。

第二个运用 MACD 的方法是将柱形图当做超买或者超卖指标。因为 MACD 值并没有一个特定的范围,不像随机指标,范围在 0 到 1 之间,我们不能给超买或者超卖定一个数值。我们喜欢通过 MACD 来观察柱形图代表的范围,将其与前几日的走势作对比。如果我们在图表中观察到柱形图突然升得比任何时候都高得多,那么这说明 MACD 线渐渐加速穿过信号线。其中的含义就是与前几天的股价相比现在上升趋势太强,应该会向下调整。

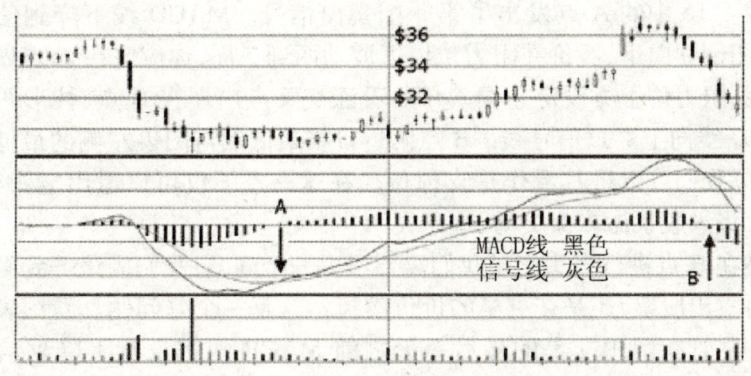

图表 4.14 MACD 线作为交叉指标

图表 4.15 中,柱形图的顶点远高于前面的顶点,这表示 MACD 与信号线的距离比平常大,那么我们也可推断股价会向下调整。要从其中获利,我们应该在柱形图开始下降时做空头交易,并且用追踪止损标来跟踪股价,或者等下一个看涨交叉点出现时再来进行交易。图中柱形图在看跌交叉点出现的前两周就已经发出了卖出信号。多观察图表会让你受益良多。

趋势交易秘诀

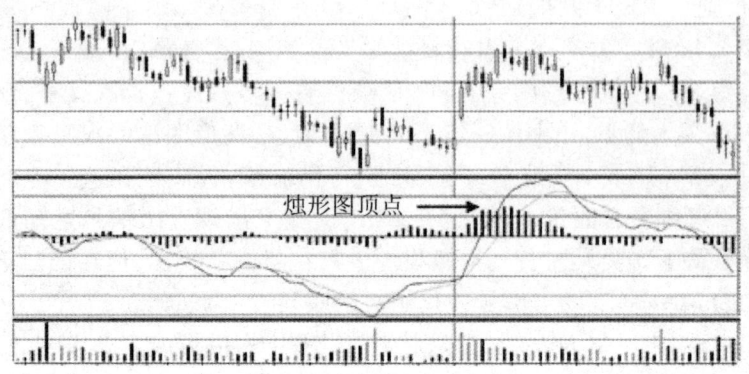

图表4.15　MACD作为超买/超卖指标

案例说明

图表4.16中的A点发出了第一个卖出信号。MACD线下降到信号线以下，柱形图倒立向下，股价在阻力位以下波动两到三周，你应该在A点做空头交易，在图示阻力位上方设定止损卖单。看涨交叉点出现在B点，柱形图直立向上，MACD线向上穿过信号线。B点附近价格最低点与图表左侧的最低点非常接近，所以我们可以将其看作是支撑位。在这一点不仅可以退出空头交易，还可以继续买入股票做多头交易，这不失为一个好主意。

但是在B点进行多头交易我们需要考虑一个问题：我们应该等到看跌交叉点出现再卖出股票，还是在更早的价位卖掉？这是一个好问题。看图表中右侧的股价。尽管在图中交易的最后一天之前MACD线都没有下降到信号线以下，但是有两个标志提醒我们要在看跌交叉点出现以前将股票卖出。第一，柱形图在B点之后的一周上升幅度要比前面的上升幅度大得多。第二，股价趋势渐渐上涨到阻力位，然后烛形图显示了潜在的下跌模式。考虑到我们已经从前两周的趋势中获得不错的利润，我们应该谨慎地将股票卖出，或者至少将追踪止损标的范围缩窄。

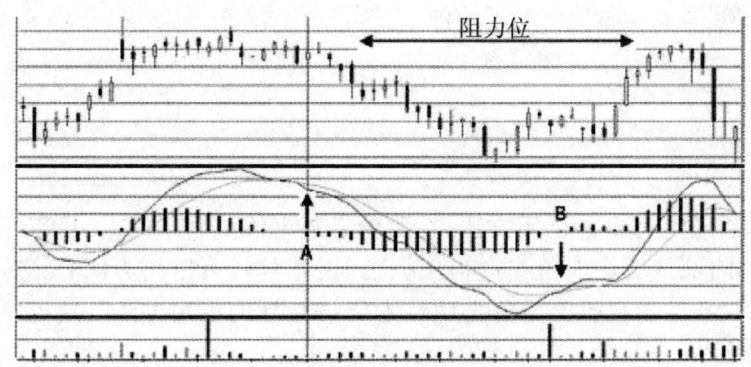

图表 4.16 利用 MACD 作为买卖信号

布林通道指标

简介

布林通道指标将移动平均线和股价都涵盖在内,通道随着股价波动幅度的大小而变化,股价涨跌幅度加大时,通道变宽;涨跌幅度较小时,通道则变窄。布林通道线一共有两条,分别是布林通道上线和布林通道下线。因为通道是随着价格波动而变化的,所以股价一般不会突破通道线,但偶尔也有例外。布林通道线是直接与股价形成对比的,所以它涵盖在价格视窗里,并不会出现在独立的视窗中。

计算方法

虽然布林通道只显示了两条线,实际上第一种计算方法就是计算简单移动平均值。组成布林通道最常用的简单移动平均线就是 20 日均线。画好了 20 日均线之后,就可以分别在它的上方和下方一定距离的地方画出布林通道上线和布林通道下线。通道线与 20 日均线之间的距离是在数据标准差的基础上算出的。标准差是测量股价波动或数据分散的一种数值指标。布林通道线计算中要用到的标准差公式如下:

$$标准差 = 方差(X_i - X_{avg})2/n 的算术平方根$$

其中 $X_i = 1$ 天的收盘价

X_{avg} = n 天收盘价的平均值
n = 天数

运用方法

布林通道线有多种运用方法,在股价靠近上线或者下线时,可以用通道线识别趋势走向,或者当股价在通道中振荡时,布林线可以作为回升指标。我们将集中讨论布林线在股价振荡之后作为突破指标的运用方法。这也是最受欢迎的用法之一。

上文中提到布林通道会随着股价的波动而变宽变窄。但它会偶尔因为前几天股价的表现而变得异常紧缩。这一情况的发生是因为股价并没有被买家控制也没有被卖家掌控。紧缩常常是由成交量的减少造成的。把这种情况想象成高压锅,当盖子盖到买家和卖家头上时,交易者对于哪一方最终会取得胜利的预测会越来越强烈。一旦有一方胜出,交易者们就会涌向胜利的一方。通常紧缩都是跟随着由成交量猛增引起的股价强力突破而来。作为交易者,你的最大问题是:股价会向哪个方向突破?不要试图猜测未来发生的事,因为一旦你选错了方向,亏损便快速、猛烈地向你袭来。所以,我们要等待股价出现一个明确的走向之后再进行交易。通道变得长而狭窄的时候,通常会出现最强烈的股价突破。你可以用任何的话语记住这个情况。我们是这样归纳的:"紧缩维持越久,股价的后劲越强势。"

举例说明

图表4.17清楚地显示了布林通道的紧缩。注意图表中部布林通道明显紧缩。我们要找的并不是稍微变窄的部分,因为它有可能是紧缩也有可能不是。最理想的紧缩是像图表中那样,瞥一眼图表,你就能一眼认出。在这个图例中,当股价开始压向下轨线时,你可能已经傻傻地开始空头交易了。后来股价又回升到通道中,你又没有用追踪止损,所以你很有可能以小部分亏损的代价退出了交易。这并不是什么重大的问题,但这正是我们使用止损的原因。然而,不久之后,真正的价格突破出现了,与其从错误的开头中付出亏损的代价,还不如在价格突破时做多从而获取利润。

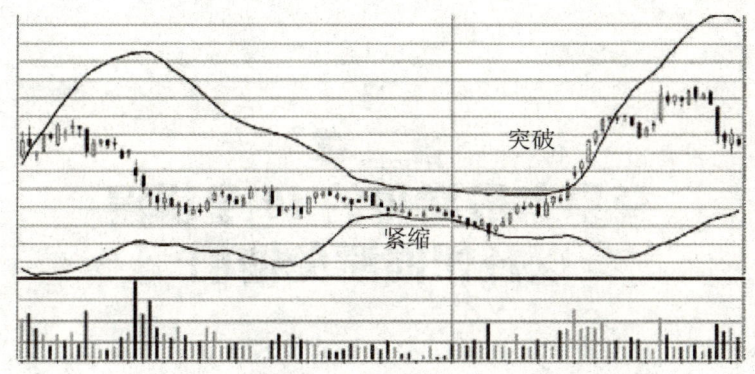

图表4.17 布林通道紧缩中的价格突破

千万别用你的奔驰去开垦田地

希望我们的讲解让你更广泛地了解了交易者使用的多种技术指标。我们用了一些篇幅来介绍这些工具的技术层面，但是我们还想强调两点作为这一章的总结。

第一，做不同的分析一定要选相应的工具。当股市上升或下降时，就不要用振荡指标。就算你再怎么喜欢观察斐式回调线在哪里回调，也不要在还没确定股价和成交量时就单独使用它。我们在整个讲述过程中告诉了你使用这些技术指标的方法和注意事项，但我们并不赞成将这些指标制定成一个列表来做参照。如果你喜欢用某几种指标，可以找一些优秀的技术分析做参考，更多地了解每个指标的优点和缺点。

第二，谨记跟随 The Market Guys 的最简化原则。经过你对技术指标的研究，选择你需要的指标，不要让自己被各种系数所扰乱。当然了，还要了解每个指标的敏感度，找出适应你交易风格的指标。记住，交易是不会出现暗箱操作模式的。也许你想着只用把股市数据输进去，它就显示出能获利的交易，然后你可以躺在沙滩上轻松地赚钱了，这是绝对不可能的。看股市图表是一门语言。找时间好好研究这门语言中的细微差别，你会发现与它对话更有利可图。

第五章
交易者最常犯的10个错误以及如何避免他们

"每个人都有自己的价值。就算是不良示范,也能以儆效尤。"

值得我们注意的是人的行为具有劣根性,在我们生活的各个领域中都会反复发生。在股市中交易也没有例外。我们自己会培养出一些行为,也从别人身上学到了一些。虽然有些是后天养成的,因为我们使用的时间太长了,所以保留下来便养成了习惯。但是我们要认识到有些行为和习惯对于成功交易并没有帮助,但在日常生活中我们仍然自在地使用着他们。托马斯·杰弗逊(Thomas Jefferson)早在1776年起草《美国独立宣言》时,就在其中提到了个人的习性。以下是宣言中的字句:

……过去的一切经验也都说明,任何苦难,只要是尚能忍受,人类都宁愿容忍,而无意为了本身的权益便废除他们久已习惯了的政府。

在接下来的内容中,我们想讨论交易者最常犯的10个错误,这是我们从成千上万的交易者身上观察得来的。我们希望通过帕雷托原理为你们找到优势,但我们绝不会将他制定成一个列表让你们遵守。回想一下高中时期所学的统计学,我们学过帕雷托80/20原则——只要能控制具有重要性的少数因子即能控制全局。如果你了解并避免了这10个错误,那么在你之前成千上万的交易者走过的路都成为了你的经验,你便可以从中获利。

错误1:把股票当做你的另一半以及寻找不可能存在的交易

在交易你最爱的那只股票的同时,千万不要忽略了一个事实,与你一起建

第五章　交易者最常犯的 10 个错误以及如何避免他们

立交易事业的股票其实是一个善变的伙伴。你们一致达成在什么时候进行交易并且获得利润只是时间的问题，但是走势的实际情况又会给你们达成的一致带来冲击。有时候，走势会给你提前的警告；还有些时候，走势会像响尾蛇一样快速变化，给你突然袭击。无论用哪种方式，如果你没有按照步骤来应对风险，你会因为你对他的忠诚付出巨大代价。

交易者会被某一只或一些股票吸引并且反复交易，这其中有很多原因。据我们的观察，最大可能的原因就是交易者在那个企业工作，或者在那个行业工作，他们方便了解一些基本信息。我们经常去位于北方的美丽的加拿大访问，参加不同的研讨会和展览会。加拿大的矿业和能源业非常发达，有很多交易者朋友在这些领域不同的岗位上工作。所以我们在研讨会上演讲时自然而然会拿铀矿开采来举例子。交易者经常会问我们如何处理他们已经建好的仓位，要我们给予意见。我们观察图表中的提示信号之后发现，技术指标显示已经相当弱了。股价已经处于下降趋势中了，各种指标信号都提示需要卖出了。我们开始关注这位交易者认为这是股票还会上升的各种理由。但这些理由无非都是像"我了解这个公司，他们只是长时间调整"，"这个行业只是停滞了一段时间，现在应该会有好消息"，或者是"这个公司从来没有下跌过这么久，马上就会反弹的"。

这些想法都反映了因为你对某个公司或行业的熟悉而对他们的股票产生了信赖感。股价当然不会每次都跟随公司的业绩波动，这种情况我们在股市中见过很多次了。业绩好的公司也会有弱势股，业绩差的公司也会有强势股。如果你试图违背技术指标给出的信息去判断股价走势，那么你的账户最终会破产，被追缴保证金。整个股市和某只股票都不会有规律地波动。据说经济学家约翰·梅纳德·凯恩斯（John Maynard Keynes）曾经提醒过投资者们，虽然在长线交易中股市走向可能会比较有规律性，但是大多数时候股市的波动是不规律的，你根本无法承受。

为什么股价会向你认为正确的方向波动，除了你自己相信的基本原因之外，还应该早早地收集技术参数。我们在前面的篇章中都提到过看走势图是一件非常主观的事。如果它完全是客观的，那么只要花足够的时间和精力，我们完全可以制作一个自动交易系统，只需提供市场数据就能得到获得高额利润交易的分布范围。但是事实却大相径庭，10 个交易者在同一个图表上可能会看到 10 种不同的信号。当这些交易者们确定支撑位和阻力位或者判断哪一个烛形图是主要信号时一定会存在一些差异（除非他们用同样的移动平均线）。

在事例中，我们假设每个交易者都观察同一个图表。但事实上，图表就像交易者的指纹，每个交易者都为自己选择的股票量身制定了一套独一无二的交易方案。有的人喜欢用 20 日均线和 50 日均线来分析每日的烛形图表,有的人喜欢用 50 日均线和 200 日均线来分析每日烛形图,这两种方法都没有对错,但是因为图表的差异会导致我们或多或少都有不同的见解。这就像盲人摸象的故事。一个人摸到了大象的尾巴,就说大象像一根绳子。第二个人摸到大象的鼻子,就说大象像一条大蛇。第三个人摸到大象的腿,就说大象像一棵树。通过这些,我们可以想象如果再多一个人摸象,并且将之前的结论都集结在一起,他会将大象形容成一个巨大的华夫饼烘烤机。

这些忠实的交易者们之所以会犯错是因为图表的变化范围是非常大的,能显示出你想看到的情况。如果你觉得一只股票应该要上涨,你往往能在图表、时间范围、还有技术指标中找到支撑你观点的数据。一个旁观者也许能辨认出你是在为你的观点寻找"有利证据",但你自己却是当局者迷。我们在第一章中就提到过,交易计划能最大限度地帮助你保持客观。如果在没有用过某个趋势波动指标的情况下,你使用它的数据来支撑自己的观点,那么在交易计划中就会显示你这个做法与计划相悖。所以,你应该审视自己到底是在分析图表,还是在为自己已经下的结论找借口。

图表 5.1 中有三段各自独立的趋势。那么这只股票到底处于下降趋势、上升趋势还是横盘调整中呢?其中有一段短期上升趋势到达了阻力位,但是阻力位又是通过下降趋势和横盘判断出来的。不管你先选择分析哪个趋势,你都要想想如何制定出一个好的交易方案。观察图表的目的应该是让图表和数据显示信息。这里你要做的是接受这些信息而不是表达自己的意见。

关于婚姻,人们总是说不要为了一棵树而放弃了一整片森林。当然这是与真实婚姻相悖的。那么为什么你要为了一只股票而放弃外面世界的大好机会呢?简单来说,你不用将自己限制在已经买入的一两只股票中,完全可以更好地享受其他股票带来的更多利润。有时候,最好的股票都会横盘调整或者大幅波动(我们猜想这是因为关于婚姻的那个说法在生活中实现了),那么你最好别管他们。单单在美国股市中就有一万种股票交易,再加上期权市场和国际市场,选择几乎是永无止境的。在跌势中,有股票冲上新高,当然,在涨市中也有股票跌到新低。经验告诉我们,大多数交易者都很难在不买入股票的情况下,长期坐观走势的波动。就算没有这成千上万种的股票交易选择,这些交易者也能在他们喜欢的股票中进行交易。

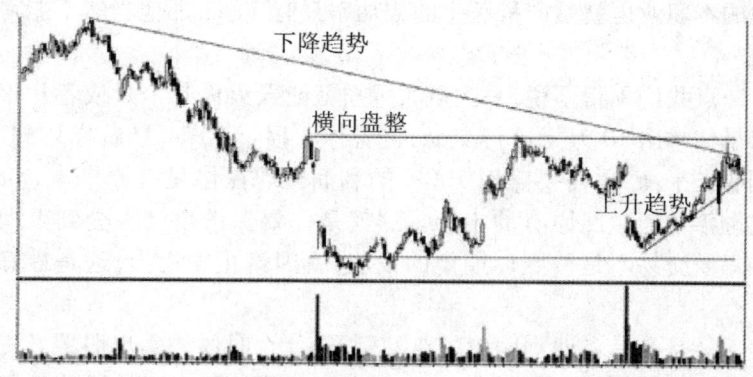

图表5.1 利用图表支持自己的观点

错误2：拒绝接受亏损

经验老到的交易者与新手交易者最关键的区别就在于他们面对亏损的态度。有经验的交易者会在趋势开始背离他们的期望时，毫不犹豫地接受亏损，立刻出场。我们说这么多，实际上是想说，一位成熟交易者的标志是拥有能承受亏损的态度。我们认为如果亏损不算太大，而且在你的风险计划范围之内，这是值得庆祝的。交易者在交易日记里记录一些小规模的亏损，这绝对能证明你的交易计划起到了保护交易的作用。承受少量亏损要比承受风险要好得多，何况这个风险让你蒙受巨大亏损。为了避免亏损，出现了其他行业的人转到交易行业的趋势，这并没有什么令人惊奇的。由于金融市场技术性强，又面临着与各种高智慧型人才和一些重要交易者竞争的挑战，所以交易行业格外吸引一些工程和科学领域的成功人士。我们来看看一个妇产科医生的例子。在医生的整个教育、实习以及实践过程中，他们都被告知在这个职业范围内要达到不出错的水准。这超过了我们对接受"亏损"的定义。交易者们从来没有想过在承受了一个可接受范围内的亏损之后，可以通过获利来弥补这一亏损达到收支平衡。而且，医生们持续地学习和练习只会让他的专业知识有增无减，让"亏损"的几率几乎减低到零。现在，这位行医多年的医生决定将他的积蓄拿去开个人账户，进行交易。他的工作经验告诉他亏损是不被接受的，现在他把这个逻辑运用到了交易中。不久他就意识到了自己定的零亏损策略就是导致他失败的关键原因。当他意识到10笔交易中即使有7笔都处于亏损中，他仍然有可能成为成功的交易者，他只有调整好心态，才能开始向成功迈近第一步。但是如果他的本职业也就是产科医生的成功率只有30%,那他当然不能在产房里立足!

还有一点我们不得不说,一次重大亏损就能毁灭你几个月或者几年的获利交易。如果你拿出10万元进行交易,接着你亏损了50%,最后你只剩下5万。为了达到收支平衡,你需要赚回100%的利润!现在你只有原来本金的50%,只有让它翻倍才能赚回原有的本金。这就是你要保护自己不受到重大亏损的原因了。只要交易不是按照你期望的发展,就因该止损退出,这是最好的解决方法。

图表5.2是交易者遇到困境的典型例子,什么时候该卖出股票。图中的移动均线是下降趋势,实际上,股价也没有出现上涨的新高了。股价看起来已经在某个价格范围内波动了,所以那些拒绝接受亏损的交易者们自然而然开始长期持仓了。问题是如果你买入股票,只有在股价上涨时才能赚钱。但是不下跌与不上涨是不一样的。我们不可能用水晶球来预测图中右侧黑色部分的走势是如何,我们假设交易者继续持有股票。

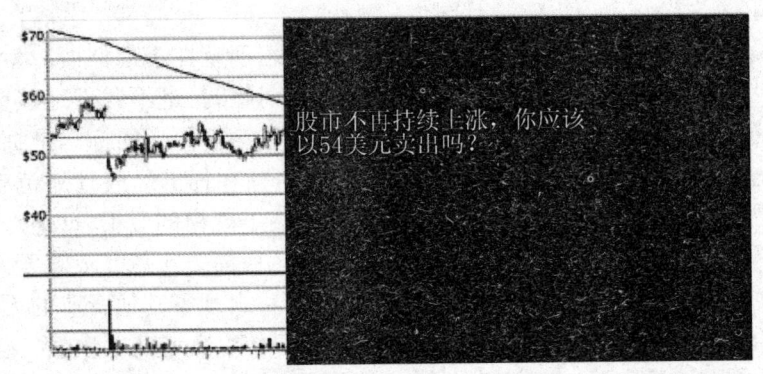

图表5.2　什么时候应该止损——视图1

尽管股价并没有出现新高,但我们仍然决定持仓观望,现在我们又获得了这只股票更多的信息,见图表5.3。股价短期大幅度下跌到了45美元以下,这波下跌之后,股价又慢慢回升到了51美元。这位交易者本应该在54美元时就卖出的,但是现在51美元似乎更糟糕,比几个星期前还低了6元。现在交易者开始肯定他自己的做法了,并对自己说:"幸亏我没有卖掉,现在股价开始回升了,不久就可以赚到利润了。"

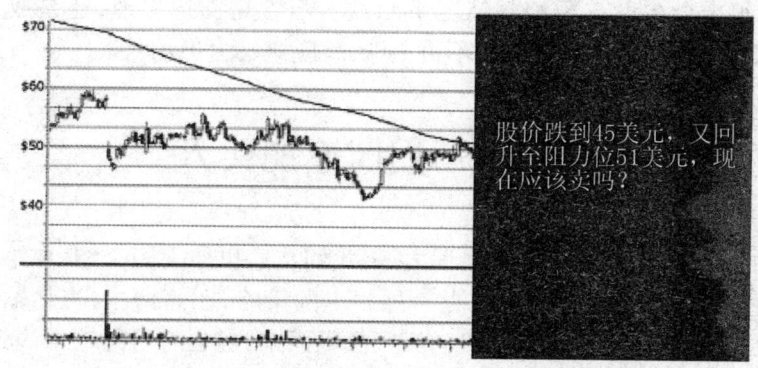

图表5.3 什么时候应该止损——视图2

当然了,因为股价还处于下降趋势中,这样的表现让人觉得是好势头是很合理的。但更糟糕的是,这一波回升升到了移动平均阻力线上,这个价位原本是我们极力推荐卖家们做空头交易的价位,但是交易者不肯接受亏损而持有观望。现在他们只能希望股价受到支撑上涨了。

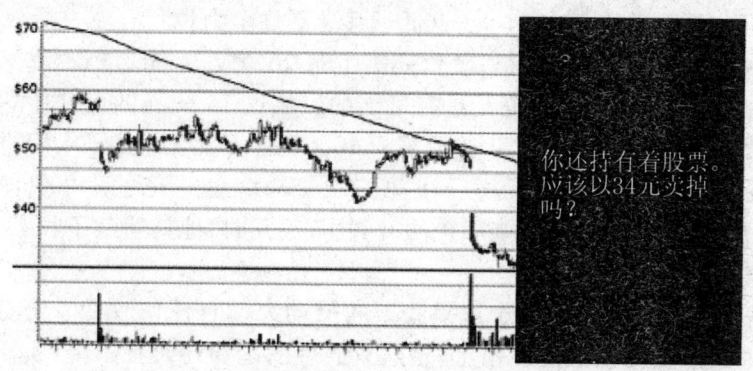

图表5.4 什么时候应该止损——视图3

图表5.4便是痛苦真正开始的例子。交易者在54元的时候没有卖出,便错过了以最小损失结束交易的机会,现在他只能在成交量极高时以巨大差价抛售股票。这位交易者只希望等到以50元卖出股票的机会,但是现在却暴跌到34元。在这个事例当中,我们要明白股价并不是没有预料地下跌,其中有大量的信号提示,举几个例子:处于下降趋势的移动平均线,趋势不再出现新高,爬升到阻力位然后暴跌。有些交易者遇到像这样的情况,就来问我们股价像这样暴跌的时候应该如何保护自己的账户。我们会首先问他们一个问题:"你们到底为什么还处在这样的交易中?!"

股市很少会在没有预警的情况下暴跌。不管是支撑失败，还是成交量改变，或是上升趋势停止，只要股价不再上涨，就应该马上出场！

错误3：亏损时追加买入

这是交易者最常犯的10个错误之一，我们在这里作简短介绍，在第七章中会详细讨论这个话题。追加买入是一种回本的策略，在赌博中，当你输了钱时你可以双倍下注，这也许能将赌输的钱一次赢回来，但也有可能输得一无所有。股市中的追加买入无非是将这种赌博的行为稍加改动。交易者们通常在犯了第一个错误之后就会紧接着犯这个错误。我们回到图表5.4中，接着上文中的讲，现在股价跌到34美元了。假设这位交易者当初以60美元买入1000股，那么现在他每股亏了26美元。如果只是想要赚回本金，那么股价必须上涨26美元才行。但是我们从图表上可以看出股价根本没有出现任何能上涨26美元的迹象。所以交易者就开始思考"股价不能上涨26元，但是有可能上涨13元。加上13元之后股价也只有47元，这低于移动平均阻力位"。

如果交易者继续持有股票，股价还需上涨26美元才能达到收支平衡。但是他开始推断股价上涨13美元是有可能的。从这13美元的反弹中达到收支平衡目的的唯一方法是再以34美元买入1000股。瞧瞧，他花了6万进行了第一次交易，又花了34000美元进行了第二次交易。总共花了84000美元买了2000股，每股47美元。所以当股价回升到47美元时，他就达到了收支平衡，不亏也不赚。

但是这个策略的问题在于这只股票的推动力没有任何改变。交易者想以47美元赚回本金的想法是没错，但是这只股票的趋势还是在下降，卖家仍然掌控着股价。这个方法最可能产生的结果就是股价持续下跌，交易者亏损的钱达到原来的两倍。有时候，交易者还会将这个策略运用一次，还是希望股市反弹能将他们从自己的自毁行为中解救出来。时间越久，承受的痛苦越大，交易者持有的股票到最后可能到达4千股甚至是更多，但是全部都处于亏损之中。

图表5.5中的这只股票是从800元每股开始波动的。很难想象这么强势的一只股票会跌到这个程度。在这个价位买入的交易者不会想到它的跌幅竟达到90%。要你相信这只股票会跌到700元并不难，因为它最近都在800元附近波动。但是如果你自己没有亲身经历过这样大幅的下跌，也一定要吸取别人的经验。每只股票只有一个支撑价位不让股价跌到零元，支撑位以上的价位都是卖家一步步将价位向下压的结果。

第五章 交易者最常犯的10个错误以及如何避免他们

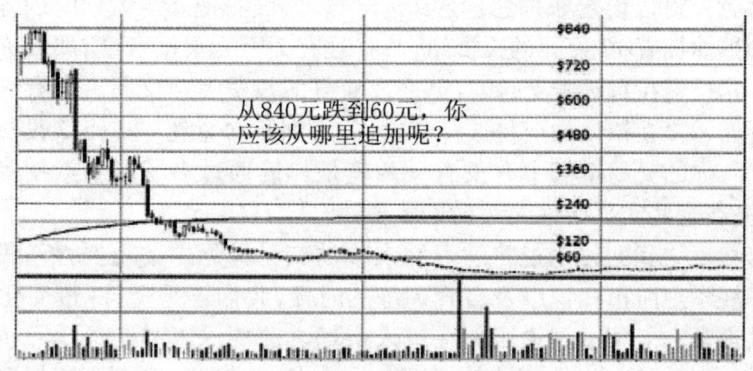

图表5.5 你应该在哪里追加买入呢？

错误4：缺乏训练和准备

想一想共有基金吧。你是将钱投入到与其他投资者共有的一个基金中去，管理团队按照共有基金的招股说明书来替投资者做买入或卖出的决定。为了能获得专业管理团队的优待，投资者每年还得付出一定的基金管理费用。有些基金收费不到5‰，或者更少，但是其他的可能收费2%或3%，甚至更多。重点是你将自己的选择权让给了基金管理团队，显然他们是受投资者之托运用他们的技巧和判断力让投资者最大限度地获利。如果你的总资产价值增加了10%，他们就能收取管理费用。如果你的总资产价值只增长了2%，他们也会收取管理费用。如果他们投资错误让你的总资产缩水了，但他们还是会收取管理费用。明白我们想要表达什么了吗？大多数交易者和投资者对管理费不加以考虑就持有一些共有基金或其他基金。我们怀疑你们不考虑的原因是因为你们从来就没有真正检查过管理费——它其实减少了你的资产价值。这就像直接提取收入所得税一样。如果你在获得了全额工资之后又将其中一部分退给政府完成你的纳税义务，这样更令人痛苦。

你阅读这本书的最大原因可能是你想要自己做买入或者卖出的决定，至少自己决定投资组合中的一部分。另外一个原因是虽然你对交易完全没有兴趣，但是你还是会因为之前的交易策略没有达到自己的标准而失眠。针对第一个原因，我们建议你自己做投资决定。与其付钱雇佣别人来管理你的账户，还不如建立自己的教育账户。你可以通过这个账户用自己的钱让自己变成一个更好的交易者。可以设定账户总额的 1% 给自己管理,把那当做你的训练和准备账户。如果你拥有 10 万元的投资组合,并且有 2 万元灵活资金,那么你可以每年花 200 元投资在自己身上,让自己变成更好的投资者或交易者。有许多人宁愿将上万元亏损在错误的交易选择和操作上,都不愿意花一点点钱投资在自身的学习上。你的交易记录中有没有一两笔是你能通过多了解一点技术分析而避免掉的,在这些交易中你又亏损了多少钱?

在第一章中我们讨论过将学习纳入你的交易计划中的重要性。我们想再强调一下在学习股市知识以及自我训练的时候,我们还是坚持"最简化原则"。有很多培训师和老师总是说服你在进入市场之前要深入和广泛学习技术分析的各方面知识。就在昨晚,我们收到了一封邮件,标题是"利润不断疯涨!!!"内容是做市商形容某位期权专家如何利用不知名的一种六项期权差幅策略获得巨额利润。为什么你投资的股市不赚钱?是因为你不知道如何去建立这种多项的复杂期权交易,有这样的想法是多么容易啊。

事实上,想要交易或投资取得成功的必要条件是非常简单的。就像学习一门语言,你一次花一点时间学习一点东西,但是花大量的时间去练习,那么你一定可以打下最坚实的基础。但是如果你想一次将所学的所有东西都付诸实践,那样太强人所难了。有一个更好的方法,首先学习如何看单一的烛形图。然后再通过学习看多种烛形图判断其发展模式。但有些东西并不是单一的,可能你还要判断某些反转模式。所以你还要学习另外的东西,阅读另一本书,或者参加其他的研讨会,学习更多的知识。渐渐的,你会积累一些判断的技巧,让你更迅速、更容易地找出其变动模式。

在生活中的每个领域你都不能停止学习。交易与投资也不例外。那么掌握基础知识到底要花多长时间呢?我们 The Market Guys 诚恳地告诉你们,直到现在我们都坚持每天学习。有时候我们会忘记了将自己知道的注意事项或者策略在对的时候加以运用。有的时候坚持关注瞬息万变的股市走向是必要的。市场运作的转变以及每年技术上的改变都是相当重要的。如果股市 24 小时都进行交易,那么这将会给你的交易带来什么样的影响?如果你依赖于差价交易策略,那么当股市不再出现差价时,你会如何应对呢?

你绝对不能不关注股市中其他交易者,即使你是一个人在家里独自进行交易。其他交易者都在为股市中每一个优势努力着。你是不是真的很想在没有足够的训练和准备的情况下进入股市中?我们可以向你保证,有很多交易者跟你交易同样的股票,但他们已经做好了周全的准备,整装待发。

想象你自己是 NFL 联盟的橄榄球队的一员,并且已经准备好走入比赛场地。你要面对的是对手的防守队伍。他们整个季前赛都在重量训练室中练肌肉，将它练得更强大。他们在球场上训练过无数次，最大强度地锻炼他们的心肺功能和耐力。他们耐着性子看几小时的录影带，就是想要明白在不同情况下应该运用什么策略。最后，他们贴好绷带，穿上护具，戴上头盔，准备出赛。现在该是你走入场地的时候了，你唯一的目标就是将球最终送到得分线内。你穿着舒适的球鞋与卡其色球裤，护具也不会让你行动笨拙，轻盈的纽扣衬衫也正好合身。你在舒适的空调房里，大口吃着薯片度过了整个季前赛。你听说过防守队员会如何防守你，但是你从来没有学过如何去判断以及突破防守队员的动作。我们有理由希望你会运用策略破除防守最后得分吗？如此多的交易者和投资者以相同水平的训练和相同程度的准备进入市场交易，但为什么无论如何他们还是希望能得分？股市偶尔会眷顾个别幸运的交易者，但是只有受过良好的训练并且准备充分的投资者或交易者才能进入市场并且走得更长远。

错误 5：对亏损的交易有心理阴影

犯了第二个错误（拒绝接受亏损）或第四个错误（缺乏培训和准备）就会直接导致第五个错误的发生。在陷入糟糕的交易之后，在交易中你就会对亏损感到恐慌，心里产生了阴影，就好像内心恐惧猎枪的猎狗一样。从某种程度上来说，这就好像是被废旧的包装纸打到一样，只是意外。有的时候只是因为一声巨响，都会让小狗内心产生恐惧。因为小狗内心有了阴影，所以他们不能胜任跟在猎人身边的任务，而是经常跑到看不见猎枪的地方。但是可以通过耐心的训练让猎狗恢复到以前的状态，不再恐惧与焦虑，除非它天生就对枪支有阴影。你必须从一点一滴做起，逐渐让小狗重拾信心。

一位有心理阴影的交易者是一样的。起先，交易是按照你的期望发展的，所以你松懈了，放松了对风险的管理。也许你取消了止损单对交易的保护，接下来的几天甚至对交易不闻不问。毕竟交易是朝着获利的方向前进，你觉得好像没有必要做风险管理。但当你回来关注交易的时候，由于此公司获得不义之财的消息不胫而走，股票跌了 40 个百分点。你每天都像行尸走肉一样来回踱步，不相信自己的资产缩水。当你意识清醒后，止损出场，但是却承受了灾难性的亏损。如果你还有资金可以支持你继续交易，进行下一次交易时你当然不会跟之前一样信心满满了。就好像对枪声有阴影的猎狗一样，只要股价出现一点点下跌的趋势，你就会感到焦虑害怕，然后就结束交易出场。

还有另外一种有心理阴影的交易者，他们并不了解技术分析和交易策略，但还是进入市场进行交易。这种交易者就好像我们在错误 4 中提到的橄榄球员一样。对方防守队员显然要将他盯死，但他还是大摇大摆地入场。比赛哨声一响，球员们你推我撞，我们这位穿着卡其色休闲裤的交易者却被踩在草皮上。他的好机会在比赛的下一场到来了，为了避免被再次踩到草皮上，他会直接朝着得分线跑去。

由于对亏损的恐慌，交易者将会出现两种行为。第一，交易者试图通过赌博的方式弥补他的错误。这一类的交易者拒绝接受亏损，他认为在一笔交易中亏损了40个百分点，这说明下一次交易他该双倍下注，买入更多的股票。

这类交易者被自己对亏损的恐慌心理所控制，任由自己变成狂野的西部赌徒。他们初次进行的交易可能是合理的，以50美元每股的价钱买入某股票800股。然而，他们对亏损感到恐慌从而做出的交易就是以3美元买入5000股。交易者希望股价能反弹到10美元，他可以在获得35000美元的利益之后就抽身。但是很多时候，股价由3美元变成1美元，交易者就彻底赌输了。你可以回顾一下第一章中我们讨论交易者与赌徒的特点的部分，让自己对这一点印象更深刻。

对亏损存在心理阴影的交易者做出的第二种行为更为普遍。很多交易者认为与其孤掷一注或是一次性弥补亏损还不如谨慎地持仓观望，以免遭受更大的亏损。在这种情况下，交易者以50元买入，一般都会立刻以49.99元设置止损卖单。就算亏损也只是亏了几分钱，他完全可以进行下一笔交易。然后他发现某上升趋势的股票，并以44美元买入，然后又立刻以43.99元设置了止损卖单。你发现了吗？这位交易者因为之前的亏损而产生了恐惧感，所以他害怕承受亏损，哪怕只有一点点。他知道不能指望通过单笔交易来弥补之前的亏损，但他没有自信面对股市的调整。虽然他试图避免亏损，但每笔交易都被较小的亏损所阻碍，尽管速度很慢，但亏损确实在形成。

交易者认为将止损范围缩小可以减少亏损，这是一个普遍的错误想法。如果每笔交易中的亏损越小，那么亏损的频率会越多，止损的优势也就被抵消了。记住，你应该通过观察图表来得出支撑位和阻力位，再来设定在哪里止损。如果在进行交易之前你已经在脑中设定好一个可以接受的亏损范围，你这是在试图让股价朝着你期望的方向波动。但不幸的是，股市并不在乎你的期望。

错误6：购买便宜的期权

当我们在这本书提到了期权这个主题时，我们的目的不是给你们提供期权交易的综合指导。话虽如此，既然我们谈论到交易者最常犯的10个错误，我们

第五章　交易者最常犯的 10 个错误以及如何避免他们

就不想打折扣少说一个错误,只列出 9 个交易者常犯的错误。在期权交易中,你付出的一般都能得到回报。价格低廉的期权基本上只在时间上是有价值的,它在获利方面是没有任何固有价值的。这里的重点是期权的价值是基于股票波动下的投机价值。也就是说,期权获利是基于对未来价格发展的预测,而不是现阶段的固有价值。

有趣的是,这种规则也可以运用到低价股的买卖中。正如我们将这个错误命名为"购买低价股票"。你当然有可能找出价值型的股票,而这种价值股都是公司的固有价值通过股价打了折扣的。计算一个公司的潜在价值一般有几种方法,计算股息率、股价净值比或其他各种计算值。但是一只股票的价格低廉并不代表这个公司的价值打了折扣。股价有很多种操作方式。当某支股票下跌幅度太大的时候,公司通常都会宣布并股。这样的手法也许会让股价三合一,从而从 5 美元每股升至 15 美元每股。还是这个公司,但股价却更新了。这有什么变化吗?当然没有,只是我们对低廉和昂贵的理解发生了改变。

交易者成群结队地购买低价股和低价期权的众多原因之一是他们的购买数量可以形成一定额度的购买力。如果你拥有 5 万美金,你可以选择 1000 股 50 美元的股票,或是 25000 股 2 元的股票。交易者们会想象,如果 2 元的股票能赚 2 元,那么总共就可以赚 5 万美元。如果 50 元的股票上涨 2 元,他们总共只能赚 2 千美元的利润。那么 2 元的股票能翻倍吗?是可以的,但是他们同样能跌到 1 元,那么这支低价股就让你的账户缩水了 25000 美元。

你要把图表 5.6 的情形深深地印在脑海里。注意图中纵坐标上的价格范围,在图表左侧,股价在 3 美元左右波动。不看图表右侧股价未来的走势能否获利,我们会很轻易地合理预测出股价会涨到 10 美元。如果最近股价是从那个价位跌下来的,我们很容易就想如果只是仅仅 6 个月前股价还在 10 美元或 20 美元的价位波动,那么现在也能回升至 8 美元或 10 美元甚至更多!但事实却是相反的,股价持续螺旋式下跌,最终跌到 1 美元。低价股一般不会上涨,有时候他们还会跌到破产。

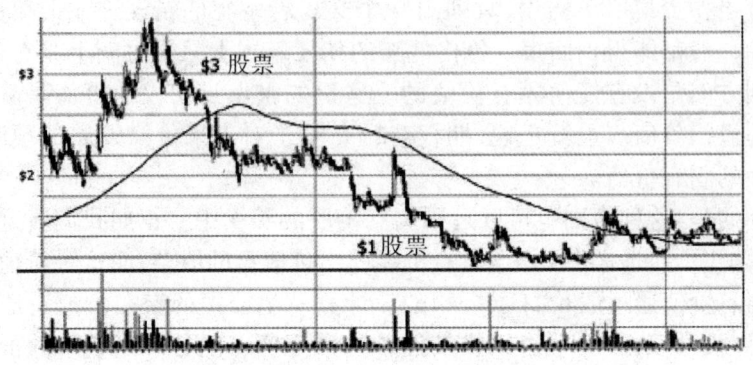

图表5.6　低价股价格越来越低

错误7：将分析复杂化

　　如果你觉得斐波那契是一位钢琴家，那么你肯定不会犯这个错。对于你们，我想给的建议是："放松一点！"我们会在这本书中不断重复我们的哲理——"最简化原则"。我们能发觉这个观点是因为我们每次都按照市场显示的信息来操作，这些信息让我们相信只要不停地学习还不了解的知识，总有一天我们会在股市中取得成功。这种感觉就好像一个人被问到要多少钱才能让他快乐，他的回答是"再多一点"一样。但是如果这些知识让你陷入了无用信息的洞里，那么这再多一点的知识就不一定是好的。当我们写这一个部分的时候，我们看着一本大众交易杂志的广告封面。某个软件提供商（不透露名称）宣称他们提供超过100种免费的专有技术分析研究。哎哟，拜托！如果要在确定进行交易的机会之前，你需要在100中专有分析中选出最好的一个，那么我们强烈地建议你换脱因咖啡吧，因为这有得你看了。

　　在工程学中，有一个概念叫信噪比。实质上，这是有用信息（或信号）与无用或不相关信息（或信号）的一个比例。它的目的是在最小化噪音功效的同时，将信号最大化。只有明白这个概念才有资格成为职业工程师，但当大多数工程师在股市中交易的时候，却异乎寻常地违反这个概念，这真是讽刺。那些拥有更丰富技术背景的交易者在他们的职业生涯中一直在学习用更先进的方法去解决问题。这种工程事业或科学事业与股票市场之间的不同在于，前者大都是已经被确定的，但后者却是不确定的。我们要向那些让我们辨识不出量子物理学概率性的纯化论者提出申述。别以为这些偏离了这本书的主题，你以后会感

第五章 交易者最常犯的10个错误以及如何避免他们

激我们现在讨论过这些内容。

不过,科学已经对我们周围的世界做了严格的规定。一个运动物体的能量或者动能等于物体质量与速度平方乘积的一半。这个公式一直以来都是这样,以后也会是这样。不管你在世界的哪个角落,这个公式都是这样。但是股市却是不确定的,它不会在柱形图出现在上升趋势顶端的那一瞬间告诉我们股价下跌的价格。交易者明白这些是很重要的,因为这就是你不能建立一个自动操作系统的原因。据我们所知,没有一个人能等着他的交易系统自动为他赢得利润,而他却坐在加勒比海滩上收赚来的支票。

既然我们认识到最小化噪音的同时使信号最大化这个道理的重要性,那么我们必须确认没有将扫描仪、行情跑马灯、电脑屏幕、图表和股票清单都放在一起来增加噪音。在股市中取得成功并不是单单依靠某个你还未掌握的技术指标。当我们遇到陷入这种陷阱的交易者,我们通常会带领他们将基本程序理一遍。首先,将图表上的技术指标都清除,只保留股价和成交量。股价可以以你喜欢的方式保留:柱形图、线形、柱形等等。第二,确定出不断互换角色的支撑位和阻力位。接下来的一章中我们会对此进行详细的解说。第三,加入一些适合市场且可信度大的技术指标。也就是说,如果你要利用趋势的差价赚钱,那么就需要使用移动平均线。如果你的股票处于通道内,那么可以考虑用布林通道线或者其他振荡指标。在这个阶段不管你使用何种技术指标,都在运用过程中具有良好的判断力。如果在这个阶段选择了10种技术指标,那么你完全没有达到练习的目的。你应该立刻停止,并且问问自己,图表5.7是否真的是能帮助你找到交易机会的最佳设计。

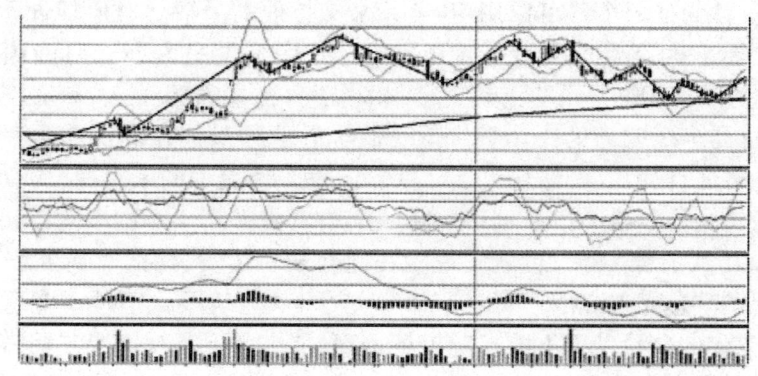

图表5.7 技术指标过多

最后,那些对交易布置做过多分析的交易者往往都是最后一个采取实际行动进行交易的人。这种行为我们认为是没有能力的表现,并不是在进行分析。

等到他自认为找到了一个好的交易机会时,其实他已经错过了行动的最佳时机。我们完全可以"不用大脑思考"这个词来形容这种行为。最完美的交易总是偶尔才会出现,这是千真万确的。出现频率相当高的一般都是不完美的交易,这就需要你结合技术分析,通过之前的交易累积的经验来判断。

错误8:不切实际的期望

用你的想像力跟随我们想象一下你去沃尔玛超市购买许多12英寸的尺,将他一个接一个地放在赤道上。没错,你刚刚用直尺连成了一条24900英里的线。你在其中一个尺子的反面点了一个红点,然后你将尺子翻过来放好。你的好友走过来并且从这赤道上的任意一点开始走。他的目的是找一个点停下来,然后弯腰将尺子翻过来。如果我们期望他沿着尺子铺成的道路走1英里、100英里、1000英里或者10000英里时突然停下来,然后找到你画红点的那个尺子,这是不是太不切实际了?这听起来是不是很荒谬?那么为什么每天有成千上万的人都在买彩票呢?亿万彩乐透在美国12个州售卖,中头奖的几率比我们找出红点尺子的几率还小。

在交易的世界里,不切实际的期望并不是投资1美元赚来1亿美元。对于我们来说这个可信度太低了。但是我们觉得每个月获得700%的利润是有可能的。我们曾经遇过一位交易者,他以2000美元开户,他想知道有什么策略可以让他靠交易过生活。我们首先问他过生活需要多少钱。在他的账户金额的基础上,我们认为他每个月可以用50美元来支持他的生活。但他却告诉我们他每个月需要5000美元来支付生活开支。实际上,他想的是每个月能从那2000交易本金中赚5000美元的流动资金,相当于每年赚6万美金,获利率要达到3000%,这是多么庞大的一个数字。我们告诉他如果他能找出获利率保持在3000%的方法,他可以立刻开一个对冲基金,我们将是他的第一批投资者。

在股市交易中第一个最不切实际的期望便是超越市场的表现。如果道·琼斯工业指数上涨10%,也就是说除去佣金和手续费,你的交易要涨10%以上。如果纳斯达克100指下跌5%,你的交易要么上涨要么下跌不能超过5%。总之,如果你的交易表现不能超越市场表现,那么就要退出交易!将钱投入到活跃的交易所上市基金(DIA,SPY,QQQQ)或指数共同基金中,操作更简单,而且也能获利。至少这些基金能自己跟踪市场情况,不用你决定何时买入,何时卖出。

记住这条原则:如果你想快速致富,用别的方法吧,股市不适合你。如果你想快速成为穷光蛋,就用你认为能快速致富的原则进行交易吧。古代的所罗门王写过:"殷勤人的筹划必使他获利;行事急躁的必致贫穷。"(《箴言》第二十一章第五节)他都发现了这个致富的事实。

错误9:过于依赖交易软件

　　交易软件是个不错的工具,但其实它也会浪费你相当多的时间。我们见过无数交易者摆弄着他们的交易软件,但他们处理一个普通交易的速度并没有快到哪里去。市场的活跃程度并不能和其效率混为一谈。交易者们如果把交易软件当做自己的拐杖,那么当有一天他们拿到打印出来的图表数据时,他们会感到手足无措。他们不能添加自己最常用的指标,他们不能自由切换时间范围,也不能收到股票的最新消息。交易者现在可用的交易软件数不胜数,但就像我们在错误7(将分析复杂化)当中警告过的一样,你没有必要使用所有的工具。

　　当交易者停下来去学习技术分析所表达的内容时,与其让他们发展自己的交易系统,还不如利用交易软件这根拐杖来协助他们。改善一个交易系统,输入数据进行事后测试都需要花无数的时间。这样,交易者既学不到任何有用的交易技巧,又将时间浪费在了研究自动交易系统上,况且这样的系统根本不存在。从他身上我们可以看出,研究交易系统变成了他的最终目标。他将自己的积极性和精力都投入到如何掌握交易软件中去了,他实际的交易操作少之又少。

　　使用交易软件绝对不能代替你学习交易知识。但不幸的是,现在交易平台上的技术分析太快太简易。我们很容易就让自己陷入了我们在股市中有优势的这个想法中,因为我们拥有最新最好的图表分析、交易规划、股票观测软件。如果所有的交易都可以依靠软件,那么我们就不需要股市图表、技术指标、电脑屏幕等等这些工具了。只要打开电脑,启动交易软件,在屏幕上显示的"买入股票"或"卖出股票获利"的按钮中选择一个就可以了。更先进的交易平台上也只装有两个按钮——"买入股票"和"卖出股票获利"。那全世界的交易都简单无比。

错误10：不制订计划就进行交易

我们在第一章中详细阐述了交易计划的重要性,但现在我们想在这点中加入几个观点。不管是成功的交易还是失败的交易,你都要从中吸取经验。如果你在交易计划中记录了这两种经验,你就可以有效地对你的交易行动与策略做两次调整。记住,偶尔问自己这个问题:"为什么我要进行交易?"你制定的交易计划就是对这个基本问题的回答。对于大多数交易者来说,这个问题的答案是不断发展或者不停变化的,它是跟随你的目标以及生活中发生的事情而改变的。一定要保证你与交易计划同在。交易计划是为你的交易目标服务的,不能让交易计划牵着你的鼻子走。有时候走曲折的道路并不是最好的选择。要从前人们的错误中吸取教训,在通往成功交易的旅程中让自己成长起来。

秘诀二

建立明确的支撑位：精确支撑位

第六章
角色互换：运用支撑阻力互换线

在第三章中，我们讲过在股价图表中绘制支撑线的步骤，也讲述了其中的原理，这无非是将买家们展示他们购买记录的区域确立出来。我们在这里将讨论买家买入股票的原因。如果你继续磨练技术分析的技巧，你会发现有些股价形式会跳出图表显示在你面前。

其中有一种形式是支撑线的角色变换。实际上，我们可以从你每天看的股市图表中看到这种形式。日交易者可以从即日图表中看到这种形式，这种即日图表是用来衡量几分钟之内的盈亏的，而波段交易者一整年都可以在每日图表中看到这种形式。即使是长线投资者也可以在每周图表中看到，这种每周图表包含了多年的数据。所以不管你的时间范围是什么，你都会看到这种形式。

在例子中，我们会用简单的线形图表来追踪某支股票每日的收盘价。我们使用线形图表的原因有很多。第一，线形图表一目了然，当你浏览图表时线形看起来更容易。第二，我们放在收盘价上的注意力比其他任何一个价位点都多。要弄清如此之多的分析师在众多数据点中最喜欢用收盘价这一项指标的原因，我们要从一个职业投资者的角度来思考。有句俗话说，业余交易者每天开启市场交易，而职业交易者每天结束市场交易。在每天结束交易的时候，基金公司都会完成他们的例行公事，整理他们的仓位，计算他们管理的每一笔基金的资产净值（NAV）。这个过程需要几组人来完成，他们要去核查每一个公司的基金价格，确保没有出现误差或错误，这会影响 NAV 值的准确度；另一方面，这对于基金管理公司也是巨大的损耗。每当关于一个或多个公司的基金消息发布时，不管是好消息还是坏消息，基金管理人都必须在咨询过风险管理人之后，对这个消息是否会给基金增加风险作出判断，而且如果基金管理人认为继续持有会冒更大的风险，那么他们就会卖出一部分甚至是全部基金来降低风险。如果你接受我们举的关于这一家基金公司的例子，并且将这个例子与每天成千上万的基金交易结合起来,你就会明白为什么交易快结束的前几个小时成交量会激增了。

市场机制

风险管理人最擅长的事就是让他效力的公司承担风险的几率降到最低。基金公司,做市商和对冲基金管理人都会对收盘时的成交量做出贡献,因为他们要对自己的仓位进行评估,判断他们是否适合将好仓或者空仓持有到第二天。

在美国证券委员会(SEC)1997年实行他们特有的委托单执行规则之前,做市商们为他们效力的公司赚取利润更为轻松。他们是这样操作的:如果你,也就是广大的投资民众,设定了某个证券的买单或者卖单之后,将其转给你的股票经纪人,然后通常会由经纪人再转交到做市商手上,他们再帮你正式办理。做市商通常拥有特权帮你处理订单——意思是如果你买入了某股票,但他们有权利用自己的库存股票来应付你的买单——或者将你的买单给其他做市商看,让他们将自己的库存股票卖给你。还有一件事你是不知道的,如果你在那段时间做投资,做市商也能为自己买入股票,而买入的价位要比你的买入价低。你要明白那个时候的股票交易价格还不到一美元,下面我们举个例子:

也许你会对市场中这样的股票感兴趣,买方出价24美元每股,但卖家出价只有24元的1/2,也就是12元,你应该在什么价位买入,是12元,还是24元的1/4——6元呢?做市商没有义务帮你挂出买单,大部分时间他们是不会帮你在股市中挂单的。那他们会做些什么呢?他们会用极讯(Instinet)系统为他们自己的股票出价,这种交易系统主要是为做市商和一些机构服务的。如果做市商将价格出到24元的1/8,他们就有机会以比你的买入价低1/8元的价格买入股票,这当然比你的买入价低。如果你试图以24元的1/4买入1000股,那么他们就能用极讯系统以24元的1/8为他们自己买入股票,然后快速地将自己的股票以24元的1/4卖给你,这样他们不但不用承担任何风险,又为自己的账户增添了125美元的利润。紧接着你还必须为这一切付上不少手续费,最后你很有可能还会以为股票经纪人帮你做了一笔不错的买卖。

举例说明:
1. 买家出价24元购买ABC股,但卖家出价24元的1/2。
2. 你设定买单,以24元的1/4价钱买入ABC1000股。
3. 做市商用极讯系统以24元的1/8价格买入1000股。

4. 做市商以 24 元的 1/4 价钱将股票卖给你。

5. 做市商赚到利润为：$1/8 \times 1,000 = 125$ 美元。

这件事每天都会发生无数次,但是多亏了证券交易委员会(SEC),这些滥用职权的行为已经大部分被杜绝。SEC 委托单执行规则促使做市商们让自己的账户承担风险。这意味着现在做市商想要获取利润就要光明正大地在市场中交易,这些都让他们承担了更大的风险。

这对你们这样的个人交易者来说又意味着什么？如果你想减小自己承担的风险,你不用再被这些做市商利用,买入他们的库存股票了。他们比你更会看订单的流量,拥有的资金也比你雄厚得多。换句话说,尽管 SEC 委托单执行规则将大部分小订单的操作透明化,但并不代表所有的订单都会被挂出来。一般都是大型订单,特别是用极讯买入的订单就不会展示在公众面前,他们喜欢这样。如果你也是极讯系统的交易者,准备用一大笔钱来做交易,你考虑买入某只股票,那么你会想让全世界的人都知道你的意图是什么吗？你当然不想了。如果你下了一个数目庞大的买单,那么买家的购买力也由此形成,如果每个人都知道有个大买家要入市了,那你想想股价会怎么发展？首先,会把一些小的卖家吓跑。其次,这会导致任何一个大卖家提高他们的卖出价格,看看买家们的价格能追随他们到哪里。最后,那些动量交易者也会扑到这波趋势中来,为了满足这些买家买入股票的需求,股价一定会反弹,动量交易者们就趁这个机会在大户买家买入之前进入股市,停留片刻便出场,这样他们就快速地赚到了利润。如果股市出现大户卖家,也用同样的方法赚取利润。如果某个交易所决定将大型卖单在股市中公开,那么买家就会大幅抛售,那么价格下跌的速度就会像石头落地一样快。

大多数时候,做市商完成几天甚至几周之内的委托单都有固定方向。这促使他们一点一点地完成委托单,那么就没有精力去注意他们自己的交易了。如果他们通过极讯接了一个大型买单,他们就只能把注意力集中在卖家的出价上;如果他们正在处理一个大型的卖单,那么他们就只能把精力集中在买家的出价上。当做市商们没有接到任何大型委托单时,他们会将一天中大部分时间花在观察委托单的流量上。如果他们发现某个股票有好消息,那么他们在那一天之中接到的委托单大部分都是买单。这是因为一般大众的行为就像绵羊一样,在新闻发布的当天就买入股票,这就是他们对这种好消息的反应。在这种情况下,做市商是支持买入股票的,因为新闻的效应造成了股票的短期需求,导致了股价被支撑。而且在那一天中不会出现意外的价格下跌,他们可以快速地将股票卖给下一个买家,他们已经将这些最新的买单收入到了自己的文件夹内,这样他们就能有效地处理自己账户中的亏损了。他们这种所作所为是将公众的订单流量作为止损的工具。如果他们感觉到委托买单的流动速度变慢,那么他们只用点击一下鼠标,就能快速地将所有股票卖出。这是作为做市商最大的益处,也是你作为个人交易者所享受不到的权益。

下面是做市商如何在股市中利用订单流量获取利润的例子:

买家给某只股票出价24元,但卖家出价24.02元。做市商的委托单手册中拥有大量买入委托单,这些买家都排队等候出价。这些买入委托单的买入总数为10000股,出价都是每股24元。所以做市商以24.02元买入10000股到自己的账户,如果股价上涨,做市商就能获利。如果股价并没有上涨,那么他就可以把自己账户中的股票卖给那些想以24元买入的买家们。

由此可见,如果做市商做错了选择,他也只亏了200美元。但是如果他做了正确的选择,那他就不只是赚200美元了,因为随着股价的上涨,他手中那些买家肯定会追随股价买入。这个时候买家们就会将原本24元的买入价向上调,因为股价下跌时他们就不会买入了。你自己也会这样做。做市商指望大众交易者追随股价买入,这有一个术语专门形容这个行为,叫做追涨。股市中的职业交易者在限价委托单的价格基础上追涨的这种行为,让企业爱不释手,而他们也毫不费劲地获得了可观的利润。

如果你决定要靠日交易的利润来过生活,那么一定要记住你的机会不会跟做市商一样好,他可是靠股市交易让自己过上好生活了。我们想再强调一下在股市中有规则、有步骤地调整风险的重要性。当你自己在股市中进行交易时,了解做市商如何从股市中获得利润可以帮助你增加获利的机会。

从上文提供给你的例子中,我们可以看出职业交易者是如何应对股市中的风险的,他们作为做市商都是跟随委托单的流量来操作的。如果委托单流量都是在买方这一边,那么做市商也会成为买方。如果委托单流量是在卖方这一边,这就属于坏消息了,那么做市商就会做空头交易了。如果做市商非常强势地做多头交易,那么你可以确定他们注意到了价格下跌的风险,而且如果他们手中的委托买单开始减少,那么他们很快就会亏损了。对于分内的事他们都很擅长,他们能通过这些赚钱是因为他们拥有精准的眼光和一套严格的交易规则,这让他们在股市中游刃有余。

你的意见并不会推动市场

那么为什么那些在家里用自己账户进行交易的人们会亏钱呢?这第一个原因就是他们对于股票有自己的看法,这些看法让他们忽略了股价图表上表现

第六章　角色互换：运用支撑阻力互换线

出来的一些明显信号。在交易策略中加入自己主观的想法从一开始就注定了这个策略的失败。

在访问旅途中，我们发现想要在某股票年度最低价买入的交易者大有人在，他们觉得找到了最低价位。他们做充足的研究是为了能够判断某个价位是否值得交易，这个想法刚开始看起来还比较明智。但是只在短短的一周之后，这只股票跌到另一个新低，那么这种抄底策略就令人失望了。接下来他们所做的事就是透彻地研究企业财务报告，为他们在这个新低继续持有股票的行为找理由。然后他们搜寻分析报告，然后他们又实行了一项不错的古老策略——"继续持有，会涨起来的"。从那时候开始，策略就演化成为"一直持有，直到能达到收支平衡我才能卖出"。在人们追寻收支平衡这个令人惊讶的目标时，有时候股价会到达他们所期望的价位，我们将它称为反转点。

我们写这一章的目的是要让你意识到图标中的支撑线是掌握你财政命脉的关键。如果你能跟随这几个简单的步骤来找出一条适合的支撑线，你会发现就算因为决定错误而导致了亏损，那也是在你接受范围之内的，同时还可以让你继续进入市场，保持你的购买力。这就给了你更多做出正确决定的机会，换句话说就是在这个过程中你可以获得更多的利润。我们也鼓励你在接近支撑位而不是阻力位的地方买入股票。如果你做到了这些，那么你获得利润的机会又增加了。

支撑线与阻力线角色互换的定义

为了让你了解这两条线角色互换的原理，我们需要了解那些一直处于亏钱状态的交易者的想法。人们有一种最普遍的错误思想，他们认为想要在股市中赚钱就需要低买高卖。我们之前都听说过这个说法，但是这到底意味着什么？对于大多数人来说，这意味着你并不能以股票当前的价位买入，而是要在更低的价位买入，然后等价格上涨之后再将其卖出以获得利润。如果你深入研究这个策略，你会发现为了让你以更低的价格买入，股价就必须下降到你想要买入的价位。你很快就会发现你与机会失之交臂。记住，这个时候做市商会很开心地将他们手中的股票卖给你，因为你正在帮助他们减小损失。发展到这样的情况，只要业余交易者们意识到他们不可能那么幸运地判断出股价的最低点，他们就会实行这个政策的下一个阶段。买入这只低迷股票的交易者会经历股市的一段衰退时期，然后他们又对企业的基本信息做更深入的研究，然后再判断能否继续持有。经过又一轮的分析，他们又一头扎进另外一个普遍的策略中，叫做下降平均成本。

成本平均与下降平均成本

你也许听说过一种投资策略叫做成本平均法。此策略是投资者每月将一小部分的资金投入到某个账户中,这个账户是用来自动购买某个基金份额的,这就像去银行存款一样,其目的是在退休投资组合中积累份额,并且让它免受市场波动引起的价格巨幅波动的侵害。此策略最吸引人的地方在于价格下跌时,我们仍然可以累积更多的基金份额,长此以往,我们发现就算是在低价位积累的基金份额,随着价格的上涨在投资组合中也有不错的表现。但是有一点很重要,只有基金价格上涨,这个策略才会起作用。否则,我们就在自己的退休账户中储存了一堆没有价值的基金份额,但这个账户是为了我们退休而设的一个长远计划。

所以成本平均法能确保你投入到基金中的钱是在一个稳定而并不是一个上涨幅度大的环境中运行。图表 6.1 是每月向基金中投入 250 美元从而将股价平均下来的例子,图中还显示了每月累积份额的平均法。

月份	每股价位	购买份额
1	$16.00	15.63
2	$18.00	13.89
3	$14.00	17.86
4	$17.00	14.71
5	$22.00	11.36
6	$21.00	11.90
7	$25.00	10.00
8	$20.00	12.50
9	$16.00	15.63
10	$23.00	10.87
11	$27.00	9.26
12	$28.00	8.93
Average	$20.58	12.71

图表 6.1　250 元每月的成本平均法

好计划运用不当也会适得其反

成本平均法对于那些将钱补充到现有的养老计划或个人退休账户（IRA）的人来说是一个好计划。虽然这个计划很好，但是你不应该依靠这种投资，把它当做你的退休之后的经济来源，除非你每个月都将大量的钱投入其中（这里的大量指的是超过你年收入的15%）。成本平均法是一项投资策略，虽然很多理财咨询师都推荐它，但是你不能将此策略作为短期股票交易策略。

如果你将此策略运用到股票交易中去，那就会适得其反。这个让他们兴奋的普通策略叫做下降平均成本，是指交易者们买入更多股价下跌的某只股票，从而降低股票的平均成本价，以免受到亏损。这无非是摆脱亏损处境的最后挣扎。到最后，他们陷入了糟糕的处境之中，以亏损一大笔钱告终。令人惊奇的是，无数人把它当做好策略带入了股票市场。

一位叫做鲍勃（Bob）的交易者，以每股30美元的价格买入ABC股票1000股。买入这些股票之后，股价立刻下跌到29美元，当鲍勃意识到他做了一个错误的决定时，他已经烦到胃痛了。那他有没有做任何事去解决这件事呢？不，他没有。他反而决定继续持有这只股票，因为他相信股价最终会反弹。接下来的一天，股价又跌到了26美元，他不仅没有止损出场，而且还决定以26美元的价格再买1000股，将他的成本价平均到28美元每股。现在他持有的股票是原来的两倍，但是股价又一次下跌了，让他的亏损也变成原来的两倍。

这个故事被世界上的人讲过无数次，但是每天还是有成千上万的交易者这么做。

追求收支平衡

我们努力地赚钱，但是如果将它浪费在股市的赌博中就没有意义了。

如果你打算为你的退休生活而投资，那么一定要制定一个良好而坚实的计划，然后按照计划去做，这算是帮了你自己和你的家人一个大忙。如果你计划持续每个月在退休账户中投资一笔钱，那么成本平均法是你可以采纳的好计划之一。但是一定要确定你买入的共同基金、交易所买卖基金（ETFs），或者指数基金是处于上升趋势中。如果你计划通过在股市中交易获利，那么降低平均成本法是一个非常糟糕的方法。只有弄清楚这之间的差别，你才能避免亏损、痛苦以及压力。

我们曾无数次从成千上万的交易者身上听过同一个故事，他们买入同一只股票的更多份额能帮助他们战胜市场，但受到伤害的却是他们自己。只有赌徒才会让自己处于这样的情境中，我们希望你从那些犯错误的交易者身上吸取教训，他们在陷入了无望的交易中之后还继续将钱投入其中。图表 6.2 呈现的就是那些将成本平均法当做交易策略的交易者的想法。

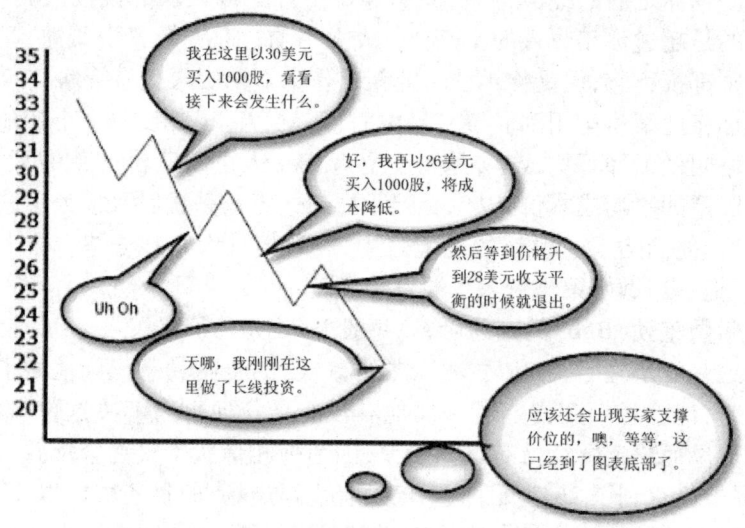

图表 6.2　成本平均法交易策略

角色互换趋势的构成

在图表中被看成是支撑线的某个价位被突破，并且转变成了阻力线，这时就会出现角色的互换了。当价格从阻力区域变成支撑区域也是角色的互换，我们先看看下降趋势中典型的角色互换模式。在图表 6.3 中，你可以看到烛形图中的阻力线和支撑线的角色互换。在这个例子中，图中 A 点是支撑位，股价在 40 美元左右徘徊。投资者和交易者们都认为在这一点是有价值的一点。所以，买家们在这一点买入股票，导致了市场的供不应求。正因为这一股新的资金加入股市，所以股价上涨了。这个区域就是之前提到过的支撑区域。要牢牢记住在这里进入市场的交易者的目的是通过短期交易赚取利润，只要股价上涨到 40 美元以上，他们就获利了。几周之后，股价反弹到 75 美元每股，比原来的价格上涨了87%。这样的上涨幅度足以让波段交易者们赚取利润。在股价达到75元短暂的时间之后,又不上涨了,这个徘徊时期我们称之为获利回吐,在价格大幅反弹之后,这是每个交易者乐意见到的情况。

在获利回吐完成之后,你可以看到股价又回落到60美元。股价又一次反弹至90美元,紧接着在一系列振荡之后,股价又回到了40美元,也就是图表中的B点。我们再往前看,股价跌破支撑位40美元之后,出现了最后一波反弹,然后就完全呈下跌趋势了。在那之后,股价持续碰撞新的阻力位。

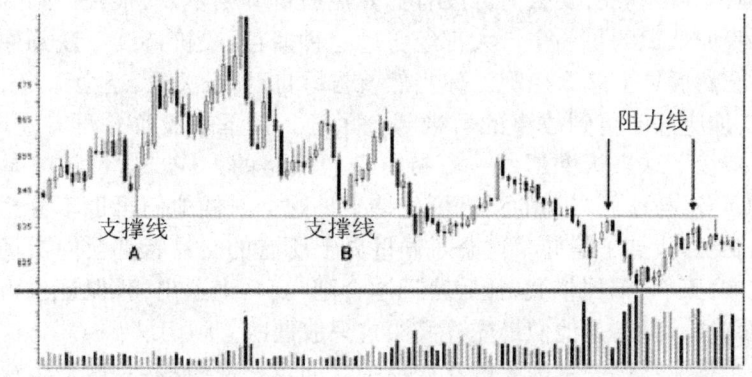

图表6.3　支撑线与阻力线的角色互换

行动背后的动力

如果你想研究为什么股价变化如此频繁的原因,你会发现那只是因为大多数人都用相同的方法去处理风险。股市中的基本教义派在技术分析有效性的讨论中认为,这只是为了实现自己的预言而已,他们的从众心理驱使他们在某个价位买入或卖出。我们The Market Guys对于这个问题有一个好答案:"如果你只是为了实现自己的预言,那谁会在意?"如果我们是因为透彻地了解这种从众心理而赚到钱,那就太好了!因为我们只是跟随资金的流动方向交易。如果我们发现有一大批人在某个价位点出场,而且我们也知道这是个好机会,因为不久后股价就会达到阻力位,那么我们要做的就是不要在这个新的阻力位买入股票。

为了透彻地了解支撑线和阻力线互换是可以预计的原因,你必须站在其他交易者的立场上考虑问题,他刚刚在股价到达支撑位时以41美元买入,但当股价涨到75美元时,他却没有卖出。实际上,你有可能遇到这样的情况,你刚买入股票,股价就正好上涨了。想象一下,你一买入就上涨了,而且让你惊喜的是,它还在持续上涨,这样的事情让人心里觉得甜滋滋的。

在这样的情况下,我们有必要讨论一下一种名为"贪婪"的动力。就是这股力量推动人们在应该卖出获利的情况下继续持有股票。如果你在现实生活中经历过这样的事,那么现在你一定非常了解我们所说的事情。贪念使得我们一直持有股票,哪怕我们大脑中有个声音在尖叫:"现在卖出就能获利!而且是获得87%的利润!卖吧!"但是你大脑中还有另外一个声音说着:"我们赌一把吧,要么赢得双倍利润,要么一分没有!"然后股价开始下跌,很快便跌到你买入的价位。我们认识的每一个人大都经历过这种痛苦,股价持续下跌到你的买入价位以下。然后你会怎么想呢?你当然就告诉自己,没关系,还会涨起来的。

现在,你应该能猜到故事的后半部分了吧。接下来股价并没有立即上涨,反而是用持续下跌来折磨那些一直持有希望策略的人们。这种策略是指人们希望股价回升,与他们当初的买入价位持平。这个时候他们再也不会想赚钱的事了,他们突然找到了信仰。这个时候世界上所有的交易者都会向市场中的上帝祷告:"噢,天啊,请保佑我,让我赚回本金吧,我马上退出,我保证也再也不听我姐夫、妹夫的话了,是他们最先让我买这只股票的。阿门。"

我们希望你不仅仅是为了能从交易中拿回本金而祈祷,应该为生活中更美好的事情祈祷。事实上,这背后的原因完全就是之前的支撑线转变为阻力线了。所有的人都试图在收支平衡的时候出场。当阻力线变为支撑线的时候,事情就会相反了。要了解这些,你需要站在空头交易者的角度去思考。

空头交易中阻力线与支撑线的角色互换

对于交易者来说,比起在股市中做多头交易,他们更适合做空头交易。在你认为股价即将出现下跌趋势时就可以运用空头交易策略。你从股票经纪人手中借来一些份额然后再卖到市场中去。只要你一卖出这些股票份额,你的账户中就会收到一笔现金贷款,这将用于稍后股价下跌时买入股票份额。如果股市按照预料中的那样发展,股价的确下降了,那么你将再买回那些份额并还给原本持有这些股票的人,也就是你的股票经纪人。最后剩下来的就是你获得的利润,也就是卖出价与买入价之间的差价。

下面举一个空头交易的例子。

1. 交易者从股票经纪人手里借来1000股XYZ股票份额。
2. 然后交易者将这1000股以24美元的价格卖出,并且收到24000美元的贷款。

3.股价下跌到22元每股,然后交易者买回1000股,这个过程交易者付出了22000元。

4.最后他获利2万元,在整个交易过程中他花费了较少的佣金,每股需要的贷款利息也比较少。

这是个令人激动又获利高的策略,因为有很多次你都会看到股价下跌的幅度是它之前上升幅度的两倍。当然了,在你刚刚卖出股票没多久之后,如果股价就开始上涨,那么你还是要将借来的股票还给经纪人,也就是说你会在更高的价位买入股票,这就会导致亏损了。所以空头交易者要时刻注意着任何上涨所带来的风险,这是非常重要的。

将卖出的空头股票买回来的行为叫做空头补进。空头交易者必须通过买入已经卖出的股票才能平仓,才能实现他们获利的目的。通常空头交易会在交易者们认为股价达到了阻力位,并且股价出现下降的趋势时发生。如果股价不但没有下跌反而突破阻力位,说明空头交易者被日交易者压倒,日交易者通常会购买突然暴涨的股票。

波段买入者的加入以及空头补进的行为导致的股价暴涨,我们称之为夹仓。股市夹仓之后,我们通常会看到股价下跌。这是因为空头交易者们将他们之前卖出的股票再买回来了,开始获取他们的利润了。这一波新的抛售浪潮向股价施加压力,我们可以看到,股价又回到暴涨之前的价位,所以,就发生了支撑线和阻力线的角色互换。

图表6.4就呈现了股价如何从阻力模式转变为支撑模式的过程。这就是推动角色互换发生的顺序,我们建议你从现在开始在你看的每一个图表中都找出这种角色互换的现象。令人惊讶的是,股价趋势在新的支撑线上是如何进行角色的转换,而且股价很多次都只是在突破点的基础上变化了几美分。

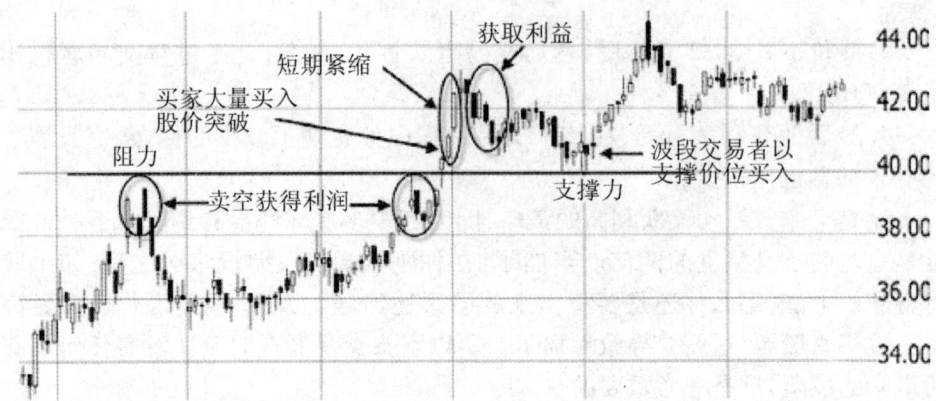

图表6.4　阻力转换成支撑力

在上文提到的两个例子中，我们用烛形图呈现每一天的价格变化，其实你还可以用线形图表找出转换点。许多交易者喜欢用线形图表是因为它很简单，如果你选择用线形图表，那么一定要确定你是用它去追踪收盘价而不是开盘价。还记得吗？在上文中我们已经强调过关注收盘价的原因了。

图表6.5就是如何使用线形图表来确认转换点的例子。你会发现有很多股票都处于稳定的上升趋势中，所以这种价格模式最适合你去寻找长线投资的买入点与卖出点了。短线波段交易者也许会使用每日图表回顾过去6—12个月的股市情况，但是长线投资者会使用每周图表来回顾过去2—5年的股市情况。一旦你熟悉了这种价格模式，随着时间的推移，你会发现你可以毫不费力地一眼看出转换点。

在接下来的章节中，我们将为你展示如何正确地运用此模式，还有更重要的，就是如何在交易中正确使用支撑线降低风险。

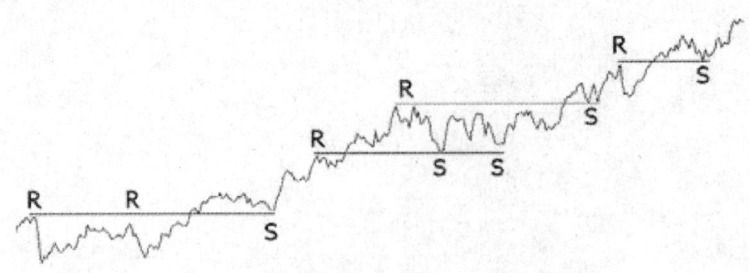

图表6.5　利用线形图表来确定角色的互换

更多的交易者将角色互换线画出来

随着时间的推移,你会发现越来越多的人谈论股价趋势的角色互换,还有他们的对于利益最大化的相关理论。多亏了像市场技术分析师协会和国际技术分析师联盟这样的组织,他们致力于运用技术和扩大技术分析领域,全世界的人们学习到了如何更好地处理风险的技术。

比起以前,现在更多人开始谈论到线形图表了。因此,更多的机构和股票经纪人开始教授他们的客户如何使用图表降低损失。这一股浪潮越来越大。交易者们会继续坚持将线形图表当作可行的工具,用于选择一项有前景的投资,但最后绝大多数人至少会通过这只股票的价格走势记录来决定买入还是卖出。你对于这些指标了解得越多,他们就会变得越可靠。

很多年以前,The Market Guys 就与业内最受欢迎的股票经纪人开始谈论技术分析了。起初,我们遇到了严重的阻碍,但是终于有一天,当他们早上醒来,闻着咖啡的香味,意识到某种分析方法能帮助客户的投资更长久。对于股票经纪人来说,他们能获得更高的利润,因为客户们能在不亏损太多钱的情况下,长时间进行交易。对于交易者来说,这些新的知识让他们兴奋不已,而且又能获得高额利润,让他们的自信心增加了一大截。我们希望你也可以这样。只要付出时间,放轻松,不久你就会看到结果了。

第七章
中场休息：处理好股市带给你的压力

早上6:45分闹钟响了,断断续续的声音将交易者艾利克斯(Alex)从睡眠中吵醒。(尽管他辗转反侧地度过了一个失眠的夜晚,也断断续续地睡着又醒来)其实最近并没有什么特别的事情让艾利克斯心烦意乱,如果他不翻身也不思考就无法入睡。他通常都在想前一天的交易情况和接下来一个礼拜会发布的一些新闻。这些想法在他的脑子里翻来覆去,然后他就朦胧地睡去了,好像几分钟之前被闹钟惊醒一样。

当早上起床刷牙洗脸时,他试图用他最常用的方式让自己清醒过来。镜子中的自己提醒了他,压力大,体重增加,这都对身体健康有害。艾利克斯洗过澡,刮过胡子,穿好衣服,然后走到露台的房间中,打开电脑浏览今天的新闻。他对自己交易的设置非常骄傲,没有忽略任何一个让他在市场中得到每一个优势的细节。如果艾利克斯错失了一笔交易,肯定不会是因为缺乏技术分析和信息。

当他下载交易软件和新种子的时候,电脑屏幕才闪现了它的生命。越接近开市的时间,每分钟信息出现的速率就越快。颜色、标题、图表以及各种指标都陆续出现在画面上,这要求艾利克斯用他的经验和清醒的头脑去考虑今天要执行的交易。他一直花精力在研究交易前的这些准备工作,直到第一笔交易开始。当他饿得肚子直叫唤的时候,早就过了吃早餐的时间,不过谁又有时间吃早饭?他知道等开市第一小时行情稳定和中午的股市衰退期之间,他有一点时间快速地吃点东西。

一个半小时内艾利克斯做了两笔交易,那之后他发现股市开始降温,他觉得不能再虐待他的胃了——特别是他的第二笔交易已经破产了。他怎么能忘记这个公司早上才对世界宣布他们的盈利公告,艾利克斯心不甘情不愿地承认他对于重要的信息忘记得更快了。他快速冲进餐厅,拿了最后一个樱桃奶酪馅

第七章 中场休息：处理好股市带给你的压力

饼,然后将加了两勺糖的速溶咖啡放进微波炉里加热,这就是他的上午茶。虽然胃部的不适加剧了,但他还是明显有饱腹感。这时他已经对股价冲不破上午的局面感到非常不耐烦了。他明知道他想要的股价不会出现,但他至少开始警觉了——就算是他发神经。他把责任怪在咖啡和这疲软的市场上,他决定不再等待和观望了,然后他在原油市场进行了多头交易。当他怀疑的时候,他会找理由安慰自己,跟着大的上升趋势,油价会涨起来的。

说到原油,艾利克斯就觉得昨晚吃的油炸鱼和薯条没有剩下让他很失望。很明显,现在去吃午餐太晚了,所以他决定去外面快速吃点东西。当他在咖啡馆排队等待的时候,他看着手机上滚动的新闻标题。就算远离他的办公室,艾利克斯也能确保他在股市中的优势。OPEC发表的公告引起了他的注意,上涨的原油价格促使了原油日产量的增加,从而帮助稳定了市场。艾利克斯忽然意识到这条新闻对于他的仓位意味着什么。他也知道不能悠闲地吃午餐了,要快速吃完。他走到柜台前,点了寿司卷(这是即食的),一包咸饼干和一杯24盎司的可乐。

艾利克斯快速地回到自己的办公室,在路上就把午餐解决了。当他看着自己的仓位,令他惊讶的是尽管处在下跌趋势中,但价格只下跌了一点点。经过午休期间的能量补充之后,艾利克斯决定重新投入工作,积极地处理他的仓位。如果经历过刚才的消息之后股价还没有崩溃,他觉得今天之内肯定会反弹。

直到中午1点半,艾利克斯感觉到睡意越来越浓,吃完午饭后能量还很充足,他想知道现在这是怎么了。当他准备去进行一些良好的交易时,他大声地说:"我要摆脱现在这种状态。"然后跑回餐厅,拿了一包咸饼干、两个曲奇饼干和一听可乐来增加能量,让注意力集中。但不幸的是,艾利克斯瞬间能量爆发,但是却被接踵而来的焦虑感弄得烟消云散。渐渐的,他又感觉到睡意开始侵蚀他的整个身体。"变老的感觉可不好玩!"艾利克斯抱怨道。

艾利克斯盯着电脑屏幕好几个小时了,股市也越来越临近收盘了,原油价格还是处于下跌趋势中,今天并没有出现反弹。现在走势下跌缓慢、平稳,但是他现在唯一的问题是,他已经没有钱了,不能平仓。他选择持有到第二天,等待明早的行情,所以他就这么做了。今天的交易结束了之后,他知道今晚的心情肯定超不爽。

艾利克斯逛到了他最爱的意大利餐厅吃晚饭。他不确定他到底想不想点双层芝士香肠披萨或意大利面,他只知道今晚可能又是一个不眠夜。晚上,他一边看着电视,一边吃着他最喜欢的垃圾食品——薯片和可乐,以此来让自己放松。

分析艾利克斯的行为

让我们来回顾一下艾利克斯这不幸的一天，找出影响他交易效率的一些健康与饮食方面的潜在问题。

我们从他彻夜未眠说起。他的大脑需要休息，缺乏睡眠会导致身体能量的降低，让你一整天都在犯错。艾利克斯一直被镜子中的自己提醒着，他的压力很大，他的体重又增加了。艾利克斯并没有意识到这种叫做皮质醇的压力荷尔蒙是在大脑受到很大压力的情况（战斗还是逃避的反应）下发出来的。这是大脑中一种重要的化学反应，当早期的人类遇到野生动物攻击，或是遭逢战乱时，他们唯一的选择便是为生存而战斗，或者为保命而逃跑。但是，我们不会一直处于释放皮质醇的状态中。皮质醇是一种强大的荷尔蒙，它能关闭免疫系统，让我们更容易受到疾病的攻击。大量的皮质醇还能减缓我们的新陈代谢，抑制蛋白质的吸收，从而导致脂肪的增加。但这只是艾利克斯体内变化的开始。

艾利克斯不吃早餐的行为会让他的身体长时间处于不进食的状态，这会导致他的新陈代谢更加缓慢。消耗掉樱桃奶酪馅饼和咖啡中的糖分之后，他的胰岛素含量飞涨并保持在很高的水平，然后将这些糖分转化成脂肪储存在他的身体的各个部位。在20分钟之内，艾利克斯体力充沛，但之后他便昏昏欲睡。长时间不吃饭，然后吸收高卡路里、高糖量的食物，这种不健康的循环导致了艾利克斯体重增加，也干扰了他清晰地思考，阻碍了他记住关键企业的重要细节信息或是交易策略。

艾利克斯将即食寿司卷和可乐当做午餐，这里面饱和脂肪和饱和糖的含量很高，这让他暂时精力充沛，但随之而来的却是更浓的疲倦感和睡意。艾利克斯试图摆脱这种神志不清的状态，于是他开始吃咸饼干和曲奇饼干，还喝了一罐可乐。这下午茶又让他暂时精力充沛，但同样的又让他感到睡意来袭，再一次陷入了食物昏迷中。

晚餐时，艾利克斯吃了双层奶酪肉披萨，这里面的饱和脂肪、饱和糖和单一碳水化合物超过了1600卡，这些都会让他的体重增加，思想混乱，失眠，最后甚至导致抑郁。晚上，艾利克斯又吃了薯片，喝了可乐，堆积了更多的没有营养价值的热量和脂肪。这一系列循环并没有产生能量，而是导致了血压升高、胆固醇增加，促使心脏病、癌症、肥胖、过度疲劳以及早衰综合征的发病几率。

艾利克斯的行动计划

要逆转这毁灭性的趋势,艾利克斯需要做些什么呢?下面是让他回到正常轨道高效率行动的五个提示。

1. 清理厨房。将垃圾食物全部清除,像无营养卡路里零食、奶油酱、已加工过或包装好的熟食以及含糖饮料。要把自己的家当成一个绿洲来维护,不让它受到有毒食物的侵害。如果不给你机会吃垃圾食物,那么你只会有一个选择——吃有营养的食物。

2. 减少去速食店的次数,或者不去速食店。把瓶装纯净水、水果、蔬菜、吞拿鱼全麦面包、低碳水化合物蛋白食物和其他一些高质量食物放进冰箱,这些食物的蛋白质和营养含量很高。每天还要摄取各种维生素和矿物质。

3. 多喝水。我们大脑的85%都是水,所以保持充足的水分是必要的。测试你身体最基本需水量的最有效方法就是通过体重来计算,1千克体重需要大概1盎司的水。如果一个人体重80千克,相当于大概176英镑,他必须喝大概80盎司的水,差不多2.5升。

多喝水的好处包括:
- 调节身体的温度。
- 排除身体中的垃圾和毒素。
- 运输营养。
- 维持血容量。
- 抵抗疲劳。
- 抑制饥饿感。
- 让我们身体中的主要系统正常运作。
- 精神更加集中,反应速度加快。
- 水不含有任何的热量,可以让你有饱腹感。

4. 进行重量训练。每天需要适当地锻炼来释放大脑中的化学元素,比如:发出警觉信号的肾上腺素、降肾上腺素。常规的锻炼会增加体内的血清素,这是一种化学神经,用来振奋心情。每天锻炼自然可以降低压力荷尔蒙中的血液量,还有皮质醇。

体温升高是因为激烈的运动对身体产生了安神作用,就像洗热水澡一样。锻炼是治疗抑郁症最好的方法之一,很多时候效果都比药物和心理咨询还要好。

运动的好处：
- 激发身体活力。
- 让意识更敏锐。
- 加快肌肉与大脑中的血流速度。
- 加快氧和营养运输到各个组织的速度。
- 加速排除毒素和细胞碎屑。
- 减轻身体上所有的压力。

研究表明，运动的人比久坐的人思维更清晰，精神更集中，记忆力更佳，反应更快。研究还表明，一个人参与锻炼之后赚的钱以及应对多项工作的能力，都要比参与锻炼之前提高了20%。

5. 吃补脑的食物，多做运动。研究表明，饮食中含有的丰富抗氧化剂（包括维生素B、C、E和β-胡萝卜素）能提高记忆力与认知能力。鱼肉中丰富的脂肪酸能加强大脑运作能力。如果你早上有一个很重要的会要开，含有高蛋白的早餐能提高你大脑中的血清素含量，这可以产生更多让你谨慎的荷尔蒙。"加强脑力的早餐"的餐单是这样的：鸡蛋、鲑鱼、浆果、1杯水（至少16盎司）。

通过了解新的讯息来挑战你的大脑，刺激血流，加强大脑中神经元的联系。通过记忆数据同样可以提高大脑的工作效率，也可以抗击随年龄增长的记忆力衰退。

食物配料中不含糖——那只是写在包装上

如果你抽时间看一看你吃的大多数食物的商标，你会惊奇地发现你每一天要吸收很多糖分。例如，一罐普通的20盎司装的可乐含有28克糖，你用勺子可以装满满7勺。你再看看所谓的"健康"麦片粥包装上的配料说明，肯定也会让你吓一跳。有一个牌子的麦片粥很出名，那个牌子是一个红色的字母。（提示：字母表中第11个）它的食用分量是3/4杯，每3/4杯的这种麦片就含有11克糖。但有趣的是大多数麦片粥的包装盒上都会说明食用分量是一整杯或28克。你上次坐下喝东西，只喝3/4杯是什么时候的事呢？为了一探究竟，你可以把你经常吃的以为是麦片粥的东西倒到碗里，然后看看可以占到碗的几分之几。你现在可以看看你每天早上吃的食物的分量到底是多少了，你会发现至少有一杯半。这意味着你吃的这种特别"健康"的麦片每天早晨将22克或者5勺糖输入了你的血液中。

你可以找时间将你每天吃的食物中含有的糖分记录下来，想想你在交易日中哪些时候会像艾利克斯那样。表格7.1是大多数人吃的一些东西每份额中糖的含量。

表格7.1　普通食物的含糖量

食物	食用分量	含糖量
可乐	12盎司	40克
果汁	12盎司	25克
巧克力	1盎司	15克
冰激凌	半杯	25克
水果沙冰	半杯	28克
甜甜圈	1个	24克
白面包	1片	12克
蜂蜜	1大勺	12克
葡萄干	半杯	16克

多年前，奥托·瓦布博士发现，就算在没有氧的情况下，癌细胞也能存活和生长：癌细胞只有一个主要的发展过程。癌细胞用无氧呼吸代替一般正常细胞的有氧呼吸。（奥托·瓦布博士1931年被授予诺贝尔生理学或医学奖）

那么，瓦布博士的发现还告诉我们什么？它告诉我们，癌细胞的新陈代谢与普通细胞完全不同。普通细胞需要氧，而癌细胞不需要。实际上，世界各地的诊所都喜欢用氧疗法治疗癌症。那么你如何让自己更健康，如何缓解压力，如何让自己远离癌症呢？答案是：通过有氧运动来增加你血液里的含氧量。

我们怎么突然变成了不起的饮食和营养专家了。其实在股市中是一样的，我们观察股市行情，找寻我们进行交易的模式和信号，当这些与饮食、营养和运动有关的时候，我们就变成观察人的行为举止了。而且我们的观察是以一些研究为基础的，这些研究令每个人都感兴趣，它告诉我们在股市中获得成功比找到正确的买入价位要重要得多。希望大笔交易只是你整个成功生活的一部分。

健康的身体是交易的本钱

如果我们只把精力放在食物上，那么我们会把一半的配方都忽略掉。我们需要锻炼来保持健康，我们的大脑也需要被注入新的血液，让我们保持警觉。含有大量氧的血液流过你的静脉是对你非常有益的。你的身体运作的效率比你想象中还要有效率，当你改变了饮食习惯和运动习惯的时候，它会变得更有效率。比方说，如果你正在考虑通过节食这种方法来减肥，实际上就是通过长时间停止热量的摄取以达到减重的目的。在这样的压力之下，你的身体会通过某种方法让你不经历饥饿的痛苦。也就是说，没有食物可以给你的身体消化吸收，所以它就会减缓新陈代谢的速率（你的身体消耗能量的速率）。在这个基础上，你的身体同样会很有效率地储存脂肪。这是为什么呢？因为你的身体不想停止运转。如果你继续长时间节食减肥，你会死掉。你的身体需要食物才能继续运转，当你减掉一些赘肉时你也许会感觉很好，但从某种意义上来说，你这是更好地训练了身体储存热量的能力。下一次吃饭时，你会发现身体储存的热量比节食之前储存的更多。也许你遇过有这样经历的人，他们在短期内减掉的体重让人吃惊，但是一年之后你却发现他们比之前更胖了。那些饮食有规律，生活方式统一并且定期运动的人才能减肥成功。

如果你整天坐在电脑前进行交易，像艾利克斯那样吃东西，那么你正在走向悲剧的路上。其实，你可以试试从细小的地方开始你的健身计划。稍作变化不会影响你的交易，也不会阻碍你经营事业的道路。比如说，下次接电话的时候试着站着接而不是坐在桌子旁边。就算你身在一个拥挤的办公室，这也不会让别人感觉到碍眼。下面这条建议怎么样：如果你自己一个人在办公室或者在家里，你可以在接电话的时候做锻炼小腿肚的运动：两脚分开稳稳地站在地上，这时你的体重均匀地分布在身体的每个部分，然后脚跟慢慢地离地，尽量将脚跟抬高，身体重心放在脚尖上。试着每组做100个这个动作，第二天你会发现小腿肌肉非常酸痛。你肯定听过这样一句老话："没有付出就没有回报。"这是千真万确的。

当你锻炼肌肉的时候，肌肉组织中会产生一点点泪水。你的身体会通过这些小泪水自愈，然后重新塑造肌肉线条，这就是你锻炼过后肌肉会疼痛的原因。这也被称之为"延迟性肌肉酸痛"。当你重复这个过程，身体就会运转得一次比一次快，肌肉也会越来越发达。所以，当你休息的时候，身体就会燃烧更多的脂肪，那么新陈代谢就会加快。研究表明，大多数脂肪（大约70%—80%）都是在休息的时候燃烧掉的。那么你想象一下每天锻炼小腿肚能为你贡献什么。不需要额外的时候——从你下次接电话的时候就开始运动吧。如果你觉得在办公室里做这些很尴尬，那么你可以在刷牙的时候做。

我们是正常人，总有经不住诱惑的时候，我们想要吃KKD的甜甜圈，虽然它里面全是糖分和热量。在你们之中肯定有人因为甜甜圈的香甜美味而去支持它的股票，以50元每股买入多头交易。（股票代码：KKD）

所以，为了鼓励你减肥，我们将一些会让你在日常生活中变苗条的活动列举出来，表格7.2中是一个重170磅（77公斤）的人做一小时各种运动所消耗的脂肪对照表,这些运动都可以让我们在不用去健身房的情况下变得健康苗条。

表格 7.2　　运动燃烧脂肪对照表

运动	每小时消耗热量
洗车	346 卡
走楼梯	622 卡
与小孩子玩	306 卡
弹吉他	244 卡
乒乓球	306 卡
划独木舟	346 卡
除草	326 卡
整理花园	418 卡
伸展操	300 卡

小步骤,大改变

大部分人都希望他们在节食、摄取营养、运动各方面都做得更好,如果你是其中一员,要继续抱有希望。我们想鼓励你改变,去享受你的劳动果实,与你的家人、朋友分享。你不必为了享受激进的利益而去彻底改变。想想将1%原则(第十二章中讨论)做小小改变,然后运用到自己的生活中去。比方说,每个月减少1%的糖摄取量,每周将运动时间增加1%,每个星期多喝1%的水。你发现这些微小的改变每次都在叠加吗?

chatter Box—里克

这一章中所包含的关键点和信息都是由我们 The Market Guys 的好朋友,迪安·罗森(Dean Rosson)提供的。迪安是饮食、营养、健康方面的专业顾问。

迪安告诉我们他的一个亚特兰大朋友的真实故事。他的朋友在他的领域中是佼佼者,他在做生意方面取得了巨大的成就,似乎能点石成金。事实上,他打电话给迪安说,他在呼吸困难的时候,刚刚完成了11000平方英尺的房子。迪安劝他尽快去看医生。第二周的周一他接受了压力测试,下午,医生打电话通知他第二天一早第一时间再来接受检查。最后,迪安的朋友被检查出70%至90%的血管都阻塞了,而且从理论上来说,他随时都会有生命危险。他只有40岁而已。

趋势交易秘诀

　　想想这个情况，这个男人在财富方面取得了巨大成功，但是他的生活方式却在摧毁他的身体健康。他创造了财富，但他可能就快要享受不到了。迪安的朋友因为这一次身体发出的警告，有了改变饮食习惯和运动习惯的机会。如果他忽略这个警告，他的家人就会独享他的成功果实。现在我们很高兴地告诉大家，这位先生还是家庭中活跃的一分子，而且正在康复中。

　　风险管理以及你的最高水平的发挥并不只是以你多会看图表为基础的，处理信息和采取行动——交易中的本质——都是高度依赖于你如何照顾自己的身体。当注意力集中在交易上时，也不要忽略了交易者本身，这样你也许会发现你的生活是随着你赚取的利润一起提高的！

第八章
合众为一：排除众多股票，只选其一

我尝试了解的世界是人们认为他们想要某一个东西，然后就去得到它，但是却灰心地发现他们并不是想象中的那么想得到它，或者他们发现自己根本不想得到它，又或者发现了其他的一些事物，他们几乎意识不到自己到底想要什么。

阿尔伯特·赫希曼（Albert Hirschman）
选自《改弦易辙：个人私利与公共行动》
(Shifting Involvements: Private Interest and Public Action)
普林斯顿大学出版社，1982

以上摘自阿尔伯特·赫希曼的文字中体现了每个人面临很多选择时的挣扎心理，我们或多或少都经历过这样的情况。你坐在餐厅内，想着各种可口的牛排，思考着你想点哪一种。但是当你翻开目录，看了 10 页的内容，从沙拉到三明治、牛排到意大利面。几分钟之后，你开始考虑点蒜蓉大虾意大利面还是蓝干酪菲力牛排。当服务生来为你点餐的时候，你又因为要点哪一种餐不会让你感到后悔而陷入混乱中，你总会觉得别人点的食物看起来总比自己的好吃，而且似乎你的点餐经验降了好几个等级。亨利·福特对 T 型福特有名的评论中体现出一些古老的智慧，他说："只要车是黑色的，顾客们就能拥有他们想要的任何颜色。"因此他建立了装配线生产，这种做法太以自我为中心了。但是这种只有一种颜色供选择的做法，毫无疑问避免了顾客花长时间在展览厅中选择什么颜色的问题。

"这件事的结论是自主是一件好事，而且选择是自主中不可缺少的要素。"巴里·施瓦茨如此写到，他是《无从选择：为何多即是少》的作者。（纽约：Harper Perennial，2005）"但是有一点，这不仅会使这些选择变为徒劳，还会起到反效果——引起痛苦、后悔、担心、错失机会以及不切实际的高期望。"

chatter Box——里克

我总是时不时就带着我的电脑到咖啡店里做我的工作,顺便品尝一杯热腾腾的咖啡。A.J.认为我实际上对烘焙黑咖啡上瘾了。当我埋头于多部电脑前工作时,A.J.买入星巴克期权(股票代码:SBUX)的看涨行情来支持这种假设。在任何事情中,没有选择是多到让我吃惊的地步,除了站在咖啡店柜台前的时候。这让我想起来汤姆·汉克斯在《电子情书》中的台词:"所有像星巴克这样的地方,是为了那些没有选择能力的人们无论如何都要在买一杯咖啡的过程中做六次选择。"

星巴克承认他们的菜单选项太多,并在其官方网站上提供如何点咖啡的教程。首先,你要设定好自己的饮品的分量。在你做决定之前,你就面临这两个选择题:是一倍浓缩咖啡,还是两倍、三倍或者四倍?脱因、半脱因还是超级浓缩咖啡?教程中说,最后一个选项是指浓缩咖啡前面的一部分,是从机器里流出的最甜的那部分——就好像要暗示酒杯里很苦的那一加仑酒是从酒瓶里挤出来的最后几滴。然后,你得选择糖浆添加剂。无糖的有两种选择,仅高果糖谷物糖浆就有九种不同的口味。第三步,你必须选择牛奶。牛奶的目录中有六项选择,有一种选择经历了整个生产加工过程,但甚至连奶牛都没见着。最后,你看到的这个菜单就叫做"自定义选项",你可以从温度的"湿"和"干"来设定这里面的每一件事。我猜咖啡调配员肯定接受了某种训练,可以让第一次光顾的顾客在面对如此复杂的选择时,从盯着菜单看的窘境中回过神来,况且她身后还有人在排队。

已取得哲学博士学位的社会心理学家雪娜·易嘉(Sheena Iyengar)是哥伦比亚商学院的管理学教授,马克·莱普是斯坦福大学心理学教授,同样也取得哲学博士学位,是他们最先用自己的亲身经验证明选择太多的负面影响。他们的研究小组在《人格与社会心理学杂志(The Journal of Personality and Social Psychology)》里发表过一篇文章(2000年第6期,第79页),他们在文章中表明,在买各种不同的果酱时,如果让购物者从品种少和品种多的果酱中选择,他们更愿意从品种多的果酱中选择,但当他们只能购买其中一种的时候,通常他们在6种口味中挑选的次数比在24种口味中挑选的次数大概多了10次。从表面上看他们会在更多的口味中选择,但实际上却是在较少的口味中选择。事实上,在后者的情况中有更多的选择,但是如果要真正进行选择,选择太多会让人不知从何下手。

当有许多选项(大于四个)供我们选择时,我们的直觉还是告诉我们这并不

第八章 合众为一：排除众多股票，只选其一

太难。《经理人员的职能(The Functions of the Executive)》(哈佛大学出版社)对于这个问题进行了探讨，此书是美国管理文献中的经典著作之一，是由切斯特·巴纳德于1938年撰写的。书中有这样的结论："看来自由意志也是有限制的，因为如果选项数量太多，那么这种选择的能力会让人们感觉麻木。这是从经验中总结而来的。例如，一个人坐在漂泊在大海上的小船中，在雾蒙蒙的早晨醒来，他可以自由地向任何一个方向走去，但他却不能立刻就选择某个方向。选择必定是有限制的可能性。"

当市场让我们的选择变得非常复杂时，有时候它真的是一个最坏的罪人。我们一次就要从上千种股票中选择一种，现在我们又有各种股票的衍生产品加入到这个大市场中。随着世界的交流越来越频繁，我们还可以选择世界各地交易所的股票。我们需要时间整理所有的这些选择，然后找出哪一种交易能为我们效力。

股票领域也许很小，但市场却很大

纽约证券交易所(NYSE)拥有大概3000种上市证券，纳斯达克交易所也差不多有这么多上市证券。在北美，还有美国证券交易所(大概有1000种)和多伦多证券交易所(大概有1800种)。在国际舞台上，有数不清的各种交易所，主要包括伦敦证券交易所、法兰克福证券交易所以及香港证券交易所。

每个交易所都有一个指数，主要用来追踪此交易所股票的主体表现。在美国，交易者们都不假思索地选择道·琼斯工业平均指数，也叫道琼斯30。其中的代表为交易所买卖基金(ETF)，叫做钻石，是以其股票代码"DIA"命名的。表格8.1是其他一些主要指数以及他们所代表证券的列表。

表格8.1 主流证券和指数

地点	交易所	指数
美国	纽约	道·琼斯工业平均指数(DIA)
美国	纳斯达克	纳斯达克100 (QQQQ)
英国	伦敦	金融时报指数 (FTSE)
德国	法兰克福	DAX 30
香港	香港	恒生指数
新加坡	新加坡	海峡时报指数
法国	巴黎	CAC 40
韩国	韩国	KOSPI 200
日本	东京	日经225指数

到现在为止,我们讨论的都是有关股票的问题,下一个阶段我们要讨论有关期权的问题。期权有三个额外因素是你决定交易什么之前必须考量的:执行价格、行使时限、购买哪种期权(看涨或看跌)。现在我们用纳斯达克100指数追踪 QQQQ 股票来做例子,向你解释这复杂的因素是如何起作用的。如果我们决定直接交易 ETF,我们可以买入 QQQQ 或卖出 QQQQ。但是如果我们选择 QQQQ 的期权交易,我们必须先决定是买入看涨还是看跌期权,然后将期限选在一个月内。我们在写这本书的时候,QQQQ 有 7 个不同的交易期限,包括长期期权(LEAPS)。执行价格开始波动,我们有 7 个不同的价位可以挑选,这些价格在一美元和当前交易价格之间。总之,我们总共拥有 98($2 \times 7 \times 7$)个独立期权,是从某种单一的证券中选出来的。当你看到所有的股票都在进行期权交易的时候(不是所有的股票都能进行期权交易),你会发现交易能力贫乏的人成倍增加。

顺便说一下,我们甚至还没开始谈期货,它只通过单一的某种股票、指数、商品等等来交易。再加上各种交易所买卖基金、共同基金、货币、CFD(差价合约)以及各种期权,选择什么进行交易的任务开始看起来过于复杂。

简单万岁!

chatter Box—A.J.蒙特

我承认在跟里奇去他最喜欢的咖啡店喝一杯热腾腾的摩卡之前,我买入星巴克期权看涨行情的策略已经获利了。不管怎么样,坐在瑞士达沃斯布勒兹酒店的酒吧中,没有什么事情比点一杯双倍特浓咖啡(不加糖)和一瓶圣培露矿泉水更容易的了。就算在世界上最美丽的山顶上,我还是能用电脑通过无线上网来进行交易。因特网万岁! 简单万岁!

我们筛选股市行情的目的是将股票数量减少到一个合理的范围,然后再从里面选一个或更多的股票进行交易。简单是我们的游戏规则。筛选的过程就像技术分析的过程,会直截了当地让你浏览最难以理解的细节。当你将这个方法运用到市场中时,你可以筛选两到三个符合你条件的股票。就算你已经把范围缩小到少数几只股票,但也不能一定保证你选到的是最佳股票。简单来说,就是你太吹毛求疵了。

同样的,我们提倡运用更稳健、简单的工具进行技术分析,我们还建议你用简单的方法进行筛选。我们天生就相信某个决定的程度就跟实现这个决定的难度是一样的。当我们并不是完全了解某件事情的时候,有人为我们解释了一下,虽然他看起来其实也不懂,我们会驳回自己的想法,而接受他们的想法。同样地,很多交易者会走进像嘉年华般的交易演讲厅,并且理解各种筛选方法,学习分析软件和周期分析仪器的操作方法。尽管他们并没有完全弄懂他们所使用的东西,但是因为有许多交易者似乎用这些工具获得不少利润这样的事实,他们也在自己的交易中使用这些工具。

我们接下来会大概地讲一下这四种筛选方法,希望能给你一些你还未想到的想法。但在接下来一段中,我们也并没有完整地讲述这些筛选方法,因为我们并不能确定可以将所有的筛选方法列出来。关于这一点,我们也不知道为什么有人想要尝试这样的挑战。打个比喻,我们只是将小麦与谷壳分开,并不是找出最完美的那一粒谷子。

回到基础信息上

对于筛选的第一组条件,我们要求用一些基础条件。这些是衡量某只股票或者企业最简单的方法,避免了我们陷入企业的技术或基本信息研究范畴中,虽然他们有些并不是在同一个分类之中,但是在这里来说他们并没有任何区别。我们这样分类是为了形成我们的标准,并且使最后的结果不受到影响。

* 价格
* 交易所
* 板块或行业
* 市值
* 期权交易
* 最近首次公开集资(IPO) vs 已上市
* 包含在主要指标中

我们会简短地讲述把这几个条件列为基础条件的原因。我们解释这些原因的目的是想激发你关于其他条件的想法,也许这些条件是你会用到的,更重要的是,你运用他们的原因。

价格

列表中的第一条便是价格。我们将价格放在第一位是有原因的,它是唯一一个能直接并且立刻影响你利润的条件。大多数交易者会建立一个最低价位,有时候也会是最高价位。比如,从价格上进行筛选,股价必须至少有10美元或20美元每股。这里的用意在于排除价格太低的股票。所谓的低价股会吸引一些想要买入上千股的投机者,这总是能驱使股价波动,而且股价会毫无原因地出现巨幅波动。大部分机构都会避免买入低价股。许多这样的股票都是因为其企业营业额低下的新闻被爆出后,股价一泻千里,从此就在比较低的价位波动了。

交易者看到价格如此低下,很容易就开始想象股价从1美元涨到50美元的那一天。我们几乎能看到当股价剧烈反弹时我们所获得的大量利润了。但是不要忘了,股价的涨跌是根据其周边所有的信息来决定的。如果一只股票去年夏天还是40美元每股,现在却跌到1美元,最大的原因是,其企业的各项基本信息都恶化得如此之快,导致了股价跌到现在这么低的价位。不幸的是,我们遇到的人都宣称要买入5倍、10倍、20倍,甚至购买更多。你也许经历过这样的情况。我们并不是说这不可能发生,我们只是要指出在这种基础薄弱的股票上建立实行你的交易政策是不可靠的。如果你想通过这一次的投机行为赚一笔钱,那很好。但是不要试图说服我们你的眼光总能那么好,帮你选出赚钱的股票,就像中彩票一样。

我们总是筛选高价股票并不是因为它有感知价值的任何迹象,而是因为其购买力有所限制。如果一个交易者的购买力是5万美元,她可以选择买入1000股每股50美元的股票,也可以买入400股125美元每股的股票。因为大多数交易者都认为股价波动是通过美元表示,而不是百分比。如果两种股票都上涨1美元,那么前一只股票上涨的百分比是2%,但是后者却是0.8%。换一种方法来看,对于50元每股,一共1000股的股票,上涨1美元,那么它的利润便是1000美元。但是如果你用那5万元买了400股125美元的股票,利润就只有400美元。当然了,交易者们都期望高价股的涨幅更大一些。不过,这就是股价有上限的原因了。

交易所

我们列表中的下一个基本筛选条件为交易所。我们的意思是选择哪个交易所的股票,老交易者倾向于选择纽约证券交易所的股票,我们猜想这是因为纽约交易所有一个实体的交易大厅。交易者有可能坐飞机去纽约,然后坐出租车到华尔街,走进纽约交易所的大楼,如果你有通行证,你就能在楼上俯瞰交易大厅了。但是纳斯达克只存在于电脑网络的范围里,它没有实体的交易大厅,交易都是以电子的形式进行的。纽约交易所更像是一个拍卖市场,两位交易者在商议之后能互相接受对方的价格,并且自行交易。而纳斯达克则像交易商市场,交易者必须通过中间人才能进行交易,我们将他称为做市商。不管是在纽

第八章 合众为一：排除众多股票，只选其一

约交易所大厅进行交易的工作人员还是纳斯达克的做市商，都有责任维持公平、有序的市场，尽管他们各自的职能不同。

交易的执行速度和差价是在筛选股票过程中另外要考虑的两个因素。在电子交易的早期，大多数交易者都希望通过纳斯达克的全电子交易系统更快速地下单。如果要在纽约交易市场下单，必须通过工作人员，这就存在着潜在的时间后延，这对于日交易者来说是不能接受的。2007年我们写这本书的时候，纳斯达克公布了他们执行委托单的速度仍然大约是纽约交易所的两倍。纳斯达克还公布了他们的平均有效差价比纽约交易所低1/3。有效差价是衡量投资者或交易者的某只股票的实际收入或支出与其卖出与买入平均价格之间的差价。有效差价越低，对交易者越有利。

而且，这两个交易所对上市的要求也不一样。从历史上来看，纳斯达克是一个更具技术性的成长型市场。更低的上市费用以及上市条件是让纳斯达克成为这种类型市场的部分原因。资金有限的公司更乐意在纳斯达克上市以及进行交易，而非纽约交易所。一个公司股票的上市能力是依赖于这些因素的：最低的买入价格、股票市值以及其流动性。流动性的基础就是股价的波动——能让公众进行交易的份额数量，而他们进行交易的目的在于反对一些掌管者、董事或者具有控制权的一些投资者。而纽约交易所的要求更为直接一些，它被认为是一些发展成型的一流公司的股票和工业股票的大本营。这些公司往往在当今的交易者出生之前就存在了。同样地，他们股票的安全性也得到了交易公司的一致认可。

板块或行业

选择某个市场板块或行业对于很多交易者来说再普通不过了。几乎没有交易者会像小学生一样举手告诉全班同学，他们长大之后要进行股票和期权交易。如果他真的这样说，那么周围的同学一定都会眨着天真的大眼睛，他也一定会被强制带到心理辅导室进行辅导。事实上，我们大部分人会进入交易领域是因为我们在其他某个或某些非交易领域中的利润很微薄。以前的职业领域给我们提供了一个舒适的环境。我们在第五章中提到过我们很多加拿大的朋友会被矿业和能源业板块所吸引，这些产业在加拿大都是非常繁荣的，而且有很多交易者在矿产和能源公司工作了多年。只要你不犯错误1（把股票当作你的另一半以及寻找不可能存在的交易，见第五章），选择你熟悉的板块或产业中的股票也并没有什么错。

除了你个人对某板块或产业熟悉之外，这些板块或者产业会集体波动。比

方说，当原油的价格随着消费者和工业需求上涨时，那么能源板块内的公司都会获得利润。价格上涨，需求增多，都可以理解为盈利增多，所以我们自然希望股价也应该随之上涨。这个板块中的获利策略是筛选能源板块之内的股票，然后进行一个或更多的多头交易。那么还有另外一个选择，你可以买入能源板块的交易所买卖型基金，把此板块当做一个整体，追踪其价格波动趋势，然后做单笔交易。接下来我们看看主要板块中的两个例子，这两只股票紧紧跟随各自板块的交易所买卖型基金的价格波动。第一个例子，我们将 Oil HOLDR（股票代码：OIH）与另一个龙头石油服务股票——越洋公司（Transocean Inc）（股票代码：RIG）做对比。见图表 8.1。在图表 8.2 中，我们将生物科技公司（Biotech HOLDR）（股票代码：BBH）与另一只龙头生物科技股——安进公司（Amgen）（股票代码：AMGN）进行交叉对比。在上面的两个例子中，两只龙头股价格波动都跟紧整个板块的价格趋势。当我们选择某个板块中的股票进行交易时，我们还要对板块进行筛选的原因已经非常明显了。

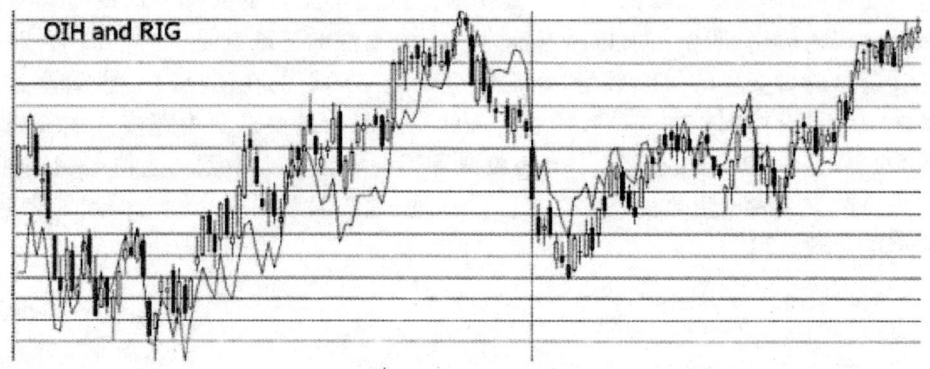

图表 8.1　OIH 与 RIG 的对比

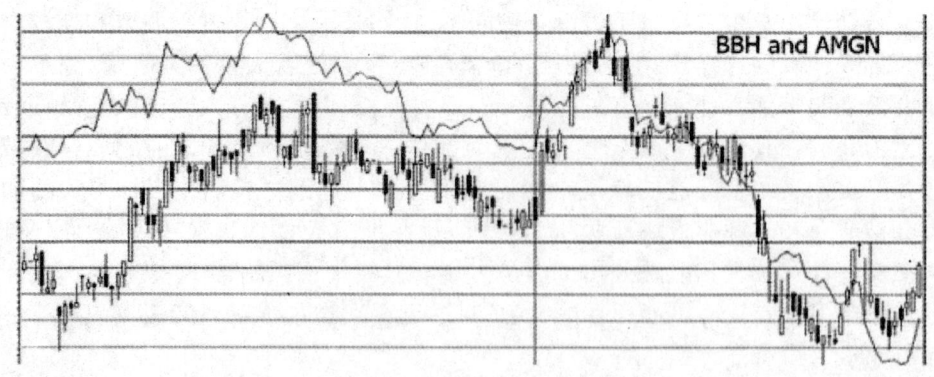

图表 8.2　BBH 与 AMGN 的对比

第八章 合众为一：排除众多股票，只选其一

股票市值

我们的下一个基本条件是股票市值，或者叫做市场价值。市场价值是将流通股的份额总数与价格相乘得来的，那么很容易就可以得出股价越高，公司越大的结论。但实际上市场价值是更好地测量一个公司规模大小的工具，我们用两个公司的例子来证明。A公司拥有5亿份额的流通股票，每股25美元。B公司拥有3亿份额的流通股票，每股40美元。从股价上来看，会让人误以为B公司规模更大。但是A公司的市值是125亿美元，B公司的市值只有12亿美元。通过比较公司的市值，我们得出的结论是：A公司的规模更大，尽管B公司的股价比A公司股价高出了60%。

我们是通过市值大小来将公司分类的。超级大型公司或巨型公司的市值都超过了2000亿美元。这些都是典型的龙头公司或龙头企业集团，在他们的板块中占主导地位。比这低一个级别的是大型公司，他们的市值从100亿美元到200亿美元不等。许多著名的蓝筹股公司都在这一类中。接下来就是中型企业了，他们的市值范围是20亿至100亿。中盘股是典型的成长型股票，它可能不是板块的龙头老大，但是他们也许能非常接近那个地位，因为他们在成长。比中型企业低一级的是小型企业，这类企业的市值在3亿美元到20亿美元之间。小型企业一般都是刚建立不久的新兴企业，其中包括了成长力坚强、升职潜力巨大的公司，但是这类型的公司缺乏各种业绩记录，所以他们承载了比较高的风险。级别再低一点的是微型企业，一般市值在5000万美元到3亿美元之间。微型股代表了风险与盈利之间的平衡，出现下降趋势与上升趋势的几率几乎是一样的。那市值低于5000万的公司是什么类型呢？他们的规模太小了，并不能在交易所进行交易，所以，他们的股价会在每日的电子出版刊物上登出来，叫做粉单市场。如果你想交易粉单市场中的股票，一定要记得：谨慎入市。

期权交易

通过看股票有没有期权交易是筛选股票的另一个方法。有些股票并没有与其相关联的期权交易，而交易者想要排除这类股票的主要原因，是它的风险管理灵活性不够。大多数交易者学到的风险管理的第一个步骤，就是在买入股票之后设定止损卖单。然而，为了避免风险，购买有保障的看跌交易这种做法在交易者之中越来越普及。原因很简单，止损单能避免让你受到股票差价或者

大幅波动时期中股价快速波动的伤害。如果你买入了50元每股的股票,你可以在48元的价位设置止损卖单,但是由于对此股票不利消息的发布,导致股价一夜之间崩溃,你发现你只能以20元的价格卖出。但是如果你是以45元做相同股票的看跌交易,那么你就可以相当自豪了,因为就算股价跌到一分钱,你也能以45美元卖出。因此,在筛选股票的时候,有许多交易者都会选择能通过期权交易来避免风险的股票。

除了管理风险之外,能用于期权交易的股票有机会让你运用股票替换策略。使用期权代替股票的策略必须先选定候选股票。假设你找到一只正处于强劲上升趋势中的股票,你见到的一切事物都告诉你这就是你想要的股票。那么,你当然可以买入这只股票了,但还有另外一种方法,买入看涨期权并且迅速用更少的现金买入此股票并短期持有。这就是股票的替换策略,因为支付期权交易的钱比本来你要支付给股票交易的钱少一些,于是你的利润就增多了。

最近IPO vs 已上市

你有没有去过游乐场,有没有玩过过山车?等你在座位上坐好,安全杆就会扣住你的膝盖,过山车就会沿着长长的轨道开始向上爬行。当你到达了轨道的最顶端,车子快速向下冲,你一边举起手一边尖叫,好像要被甩出车子一样。前一分钟你还在上坡,下一分钟你就在下落了。

你可以在脑子里想象一下,IPO交易就像在市场中坐过山车一样。IPO是指没有交易记录,没有行情图表可以分析的股票。这些股票具有相当大的获利机会,同样也具有相当大的风险。从技术的立场来看,你并不能真正通过我们五大原则在这种交易中取得成功,因为我们并不能确定它的上升趋势、支撑线或止损价位。这意味着你不应该交易IPO吗?其实并不一定,但是你需要了解IPO的特性。但并不是所有的IPO股票的表现都像个四岁的孩子把一包游戏棒摔到地上,它们大部分都还是有波动性的,以此来测试交易者的决心。图表8.3是Xtent公司(股票代码:XTNT)从2007年2月1号以来的交易情况。在两周之内,该股票从高价位17.24美元跌到13.75美元的低价位。图表上标明了某一天的股价波动范围是1.93美元。但是股市突然进入了萎靡期,股价波动范围缩小到了0.08美元,成交量翻了三倍!想象一下——交易突然多了三倍,然后价格波动就成了一条直线。我不知道你是如何应对这种情况的,但是如果是我遇到了这样的交易,交易量猛增,但股价却没有任何波动,我会接受每一个最低价格变动,等待股价突破。

第八章 合众为一：排除众多股票，只选其一

包含在主要指标中

现在我们介绍最后一种筛选股票的方法，看看这只股票是否包含在某些主要的指数之中，详细可以参照表格 8.1（在第 128 页）。如果某只股票在道·琼斯这样的主要指数中，那么在这个指数中进行交易的所有基金和交易所卖买型基金都能持有这只股票。几乎所有的共同基金都包含一个适合这个主要指数的指数基金。如果股价下跌，那些持有股票的大型机构保证不会将他们的股票全部卖出。只要这只股票还在这个指数下运行，这些大股东就会继续持有。

做股票交易还要考虑另外一个因素，上文中提到的主要指数要能代表整个市场或者整个经济的情况，就如同你不想找那些基本信息很薄弱的、未来发展不确定的公司。这在某些程度上让交易者和投资者更放心地买入股票。但是，如果股票被指数除名了，那么你回想一下前几段我们提到的坐过山车的画面。

寻求技术指标

筛选股票的技术指标条件包括技术分析中的任何一个技术指标。下面列表中的内容会让你明白如何使用技术指标缩小备选股票的范围，以及使用这些技术指标的原因。

- 成交量的变化
- 最高价/最低价
- 移动平均趋势
- 表现最活跃的股票
- 获利者和亏损者
- 布林通道
- 随机指标

成交量的变化

在筛选股票的技术指标中，我们最先谈谈成交量。我们将股价与成交量这两个因素看成是一个动态组合。如果交易中有"警察"，并对我们进行干预，告诉我们交易过程中只是使用两个指标，那么我们就会选择股价和成交量。如果将其中任何一个指标拿走，那么我们写的这本书的内容只能是如何准备婚礼派

对。如果这两个指标都没有，我们是不能进行交易的。

对于交易者来说，交易量看起来像一些绿色和红色的小柱子，分布在股市图表的底部。我们换一个内容来解释这个词，大多数读者都有一项自己喜欢的运动赛事，比如，奥林匹克运动会、足球赛或是大学篮球季后赛。现在有两支队伍在赛场上，主队（我们取名为公牛队）和客队（我们取名为熊队）。当公牛队状态不佳，表现疲软的时候，观众会有什么反应？开始可能会集体大声喊出对公牛队表现的不满。但是过一会儿之后，观众们就会渐渐地安静下来。然后公牛队的表现让观众更不满意，公众们更不会支持他们了。这样便导致了球馆中的加油声减到很低的音量。在比赛中的某一刻，有两个队员跟随里克到了休息区，喝了一杯1/4浓度的特浓咖啡。这些新加了油的球员们回到比赛中之后，表现开始像刚燃烧的火把。他们将球推进到前场，球迷们从来没有见过他们的精力如此充沛。然后观众们也开始热闹起来，公牛队每一次拿到球权，他们的加油声都比前一次大，最后，整个球馆中都回响着他们的加油声。

我们将这个例子与交易作类比，你们能明白吗？图表底部的柱形的成交量不仅仅代表能供我们分析的一条线，他还提示我们对于现阶段的价格波动的支持量是多少。如果交易者开始推动股价，但是成交量却很低，那么我们一定要小心，因为这就表示其他人并没有加入推动股价的行列。当成交量阻碍了价格波动的时候，我们至少能肯定交易者都涌向推动价格的行列之中。通过成交量衡量的流通量也是交易者的好朋友。有两个原因：第一，更多的交易者意味着处理委托单速度更快。第二，流通量的增加通常导致了差价降低——买家报价与卖家报价之间的差距。下单更快速，差价更小实际上是为降低风险服务的。

从筛选股票的角度来说，成交量作为筛选工具有两个主要的方法。第一，通过平均日成交量设定最小阈值。最常用的便是五日平均成交量。我们可以把筛选条件设置成这样，将五日平均成交量低于50万股的股票排除在外。这种筛选方法得出的结果表示，剩下的这些股票在过去的五天内平均成交量至少都是50万股。有一点要注意：在买入经过筛选的股票之前，一定要再看一看他的成交量图形。以下这种成交记录是有可能出现的。

第一天	20,000 股
第二天	10,000 股
第三天	26,000,000 股
第四天	35,000 股
第五天	15,000 股

这只股票的五日平均成交量达到了536000股，这完全符合我们设定的筛选条件。但是，你可以从成交记录中看到，平均成交量是被某一天的成交量拉

到 50 万股以上的,实际上它的平均成交量只接近 15000 股。在进行交易之前,浏览一下股票的成交量图形可以发现任何需要进一步考虑的反常的情况。

运用成交量筛选法的第二个方法是找出成交量上升的股票。举个例子,我们可以设置一个筛选条件,筛选 10 日平均成交量比 90 日平均成交量至少高出 25% 的股票。在这种情况下,我们要找的股票好比之前在球馆中沉默后来加油声越来越大的球迷。如果我们走过 10 个球馆,我们会去加油声最大的那间,然后进去观看比赛。这个筛选法让我们找出成交量越来越多的股票,所以,他正在吸引越来越多的交易者加入。作为交易者,你一定要记住,成交量推动价格波动,在流通量越大的情况下,它还可以帮助降低风险。

最高价/最低价

接下来我们要讲的筛选股票的技术指标是最高价或最低价。这是一个简单但使用价值高的工具,它可以列出价格创新高的股票和价格创新低的股票。图表 8.4 是最高价与最低价作为筛选工具的例子。图表左边是价格创新低的股票,第一栏是股票的代码,第二栏是股价新低的交易价格,第三栏滚动统计了一天之中该股票出现新低的次数。在此清单中的第一个便是宣威公司(Sherwin Williams)(股票代码:SHW)最新交易低价——42.10 美元,这是当天出现的第 37 次新低。图表右边列出的是当天股价创新高的股票清单。注意列表中间的铁山公司(Iron Mountain Inc.)(股票代码:IRM)。这只股票被整行的黑线突显出来,它的交易价格不仅仅是当天的最高价,还是一整年的最高价。43.21 美元的交易价是当天出现的第 133 次新高,同时也是过去 52 周的最高交易价格。

筛选出股价的新高与新低的原因是我们想要将钱投入到资金流动的大方向中去。当交易者和投资者买入时,股票价格就达到了新高。我们想要买入上涨的股票,找出这种股票的最好的方法就是找到股价的新高。另一方面,当交易者和投资者卖出股票时,股价就会出现新低。我们也想在资金流出某股票的时候将其卖出,那么找出下跌股票的最好方法就是找出他们价格的新低。这并不非常复杂,我们说过很多次,交易并不容易,但是也不复杂。这是一件平凡的事,但是却需要遵守不平凡的规则。

股票名称	新低 价格	统计次数	股票名称	新高 价格	统计次数
SHW	42.1	37	AXA	28.29	29
MHX	8.41	11	AU	39.27	104
TMG	6.14	18	FHR	36.82	56
MHX	8.42	10	CLX	54.22	35
RIOp	38.41	37	SFI	35.4	46
THO	31.86	7	KSE	34.25	61
LQD	106.74	17	MHS	50.4	29
SAX	9.39	9	MDC	67.53	34
IJJ	68.44	22	ARG	28.77	55
MRO	59.16	67	MWD	52.6	73
ROP	37.58	3	PEG	62.55	20
PRX	25.71	31	RMD	39.1	30
PLD	40.95	16	IRM	43.21	133
IJS	63.1	21	PGN	43.4	49
MNT	55.19	34	IAG	6.74	14
SBL	10.12	28	TE	17.46	17
BR	69.41	100	PGN	43.36	48
IJJ	68.45	21	GTK	31.45	30
KFN	22.37	9	NCI	20.85	14
RDK	19.66	14	MTN	34.5	29
FDG	35.2	42	PEG	62.54	19
SKO	28.67	15	IT	12.62	42
DD	42.59	57	MAS	29.01	35

图表8.4 最高价与最低价的筛选作用

移动平均趋势

我们运用移动平均趋势来筛选股票,是因为这个方法可以简单清楚地确认上涨趋势。我们最常用的筛选方法有三种:

1. 20日移动平均线(SMA)以上的价格。
2. 20日均线在50日均线上的股票。
3. 20日均线与50日均线都上扬的股票。

很明显,你可以调整移动平均线的时限,然后再设定不同程度的筛选条件,将20日均线和50日均线与短期趋势和中期趋势作比较。另外,你还可以用指数移动平均线(EMA),而不是简单移动平均线(SMA)。这样的调整并不是运用正确和错误的问题,而是每个指标作用不同。也就是说,我们想用简单的技术指标来筛选处于上升趋势中的备选股票。当股价在移动平均线上方波动的时候,移动平均线的作用是支撑线。当股价在上升趋势中加速上涨的时候,短期均线只会在中期均线上方波动。图表8.5正是我们所讲的这种筛选方法的例子。

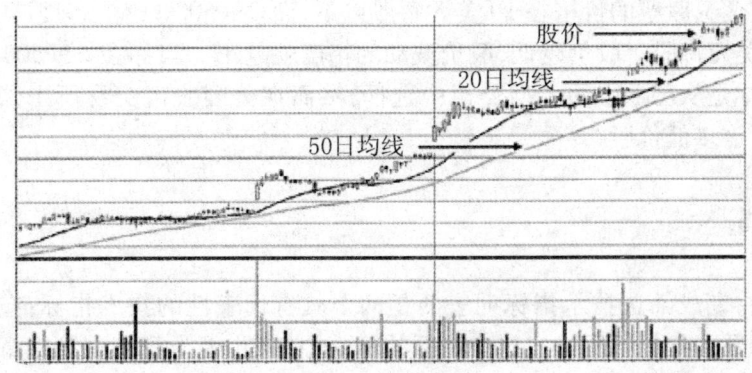

图表 8.5　股价 > 20 日均线 > 50 日均线

表现最活跃的股票

将接下来的两个技术指标放入列表中是为了让你知道如何找出其他正在热交易的股票。这些股票并不是最符合技术指标条件和基本条件的备选股票。但是，我们在这里要说的是要在成交量或价格波动的基础上找出最吸引人注意的股票。表现最活跃的股票在任何一个评估股市表现的报告中都找得到。一般是由交易所来评估哪些股票表现最活跃，所以我们总是看到纽约交易所表现最活跃的股票，以及纳斯达克表现最活跃的股票，等等。但要注意，一只股票可以因为任何原因，不管是好是坏，成为表现最活跃股票的第一名。想要成为表现最活跃的股票之一并不需要重大新闻的发生。很多表现活跃的股票几乎被每个拥有大量资金的投资者和大型机构持有，他们将其作为投资组合的一部分进行交易。但有时候被评为表现最活跃的股票，是因为企业宣布他们在营业额方面得到了惊喜，或是他们正处于一个诉讼之中。像这样的例子，对于股价大幅波动而带来的成交量增加要非常小心。在激流中游泳没什么不对，但一定要小心瀑布。

获利者和亏损者

从绝对和相对两种形式来看看那些靠股票赚了最多钱和赔了最多钱的人吧，通过获利者和亏损者的经验来筛选股票是个好办法。运用这个方法的时候，知道这只股票来源于哪个交易者或指标很重要。图表 8.6 中的股票是美国股票交易所（Amex）的股票，图表 8.7 中的股票来自于 S&P500。但是，美国交易所只有两只股票的价格在 10 美元每股以下，而 S&P500 只有一只股票的价格低于 10 美元每股。股价越低，股价波动的幅度就越小。当你在 S&P500 中筛选股票时，你是从已上市的大型公司中选择，然而在美国股市交易所中筛选范围也包括了许多低价股。

布林通道

最后，完成筛选技术指标列表的是两个具有代表性的技术指标：布林通道和随机指数。我们不用讲述这个指标的每一个细节，因为我们在第四章中都详细地讲过了。将这些技术指标放到列表中，是为了告诉你任何一个技术指标都能用来筛选股票。当股价在通道中振荡时，布林通道有时候可以作为股价反弹的标志。布林通道作为筛选工具的用法之一，是找寻在通道内一定价位的股票。比如，我们可以设定我们要找最近股价比布林通道低 10% 的股票，这样可以找出一系列股价靠近布林通道下线的股票，那么我们就能浏览这些股票的图表，看看它的价格是比通道下线低还是高，然后将价格低于通道下线的股票排除，找寻股价在通道内波动的股票。这个例子中理想的筛选条件是靠近布林通道下线，有准备反弹回通道内趋势的股票。

随机指标

同样地，我们也讲述随机振荡指标的一个用法，用它来确定超卖和超买的情况。总的来说，当一只股票的随机振荡值等于 20% 左右，我们就认为这只股票超卖了。如果我们发现股价有调整随机指数方向的趋势，那么这一定有做多头交易的可能。把随机指数当做筛选工具，我们可以用快速随机值（K 线）低于 20% 这个条件来筛选。再次强调，我们可以通过调整这些数值来增加或减少通过筛选的股票数量。很明显，随机指数越小，筛选出来的股票数量越小。

第八章 合众为一：排除众多股票，只选其一

Top Gaining Stocks - Amex

BPI Energy Holdings... BPG	1.05	+0.16	(+17.98%)
MPC Corp MPZ	1.09	+0.15	(+15.96%)
Peace Arch Entertai... PAE	1.54	+0.20	(+14.93%)
American Mortgage A... AMC	9.20	+1.19	(+14.86%)
Amcon Distributing ... DIT	27.00	+3.49	(+14.84%)
IGI Inc IG	0.90	+0.11	(+13.92%)
US Dataworks Inc UDW	0.61	+0.07	(+12.96%)
IA Global Inc IAO	0.35	+0.04	(+12.90%)
Hyperdynamics Corp HDY	2.07	+0.23	(+12.50%)
Oilsands Quest Inc BQI	3.63	+0.40	(+12.38%)
Eagle Broadband Inc EAG	0.20	+0.019	(+10.50%)
Anooraq Resources C... ANO	1.87	+0.17	(+10.00%)
CVD Equipment Corp CVV	6.75	+0.61	(+9.93%)
Metalico Inc MEA	5.22	+0.47	(+9.89%)
Titan Pharmaceutica... TTP	2.62	+0.22	(+9.17%)
Isolagen Inc ILE	4.03	+0.33	(+8.92%)
Virexx Medical Corp REX	0.75	+0.06	(+8.70%)
Simulations Plus In... SLP	14.20	+1.13	(+8.65%)
Birch Mountain Reso... BMD	3.79	+0.30	(+8.60%)
Conversion Services... CVN	0.301	+0.021	(+7.50%)

图表8.6　美国股市交易所获利股票百分比排名

```
Top Gaining Stocks - S&P 500

NVIDIA Corp NVDA              30.90    +2.32    (+8.12%)
Celgene Corp CELG             58.03    +2.53    (+4.56%)
Janus Capital Group... JNS    22.54    +0.82    (+3.78%)
Constellation Brand... STZ    21.49    +0.67    (+3.22%)
PMC-Sierra Inc PMCS            7.23    +0.22    (+3.14%)
Amgen Inc AMGN                58.33    +1.65    (+2.91%)
General Motors Corp GM        31.90    +0.87    (+2.80%)
Kraft Foods Inc KFT           31.58    +0.86    (+2.80%)
Medimmune Inc MEDI            36.38    +0.94    (+2.65%)
RadioShack Corp RSH           27.61    +0.71    (+2.64%)
QLogic Corp QLGC              17.13    +0.42    (+2.51%)
Forest Laboratories... FRX    54.30    +1.33    (+2.51%)
Thermo Fisher Scien... TMO    48.63    +1.18    (+2.49%)
Peabody Energy Corp BTU       43.74    +0.95    (+2.22%)
Analog Devices Inc ADI        36.13    +0.76    (+2.15%)
International Game ... IGT    40.61    +0.84    (+2.11%)
Time Warner Inc TWX           21.04    +0.43    (+2.09%)
Mattel Inc MAT                29.65    +0.60    (+2.07%)
Applied Biosystems ... ABI    30.04    +0.60    (+2.04%)
Corning Inc GLW               23.59    +0.47    (+2.03%)
```

图表 8.7　S&P500 获利股票百分比排名

在企业基本信息中加点乐趣

　　我们知道有很多交易者会略过这一节，因为他们看重股票本身的基本信息和技术指标条件，那么他们自然会对企业会计师和分析师的报告持怀疑态度。当投资者们经历过安然公司（Enron）、朗讯公司（Lucent）以及世通公司（World-Com）这类公司的股价猛烈下跌的时候，想要责备他们是很困难的。肯定有很多投资者忽略了股票基本行情和技术分析这些环节，忽略这些的原因正是因为他们试图预测市场的走向。他们直接通过分析企业的基本信息选择股票，这是他们的必杀技。我们想要把这两点平衡一下，利用企业基本信息来确定买入或卖出什么股票,运用股票基本行情和技术分析确定什么时候买入或卖出。
* 收益
* 市盈率（P/E）
* 股价净值比
* 分析师的评估
* 税收
* 每人营收
* 板块或行业内的排名

收益

在企业基本信息列表中,我们首先从密切相关的两个条件说起。第一个是收益,第二个是市盈率。收益就是指由企业在某个特定时期内营运所获得的利润,此期限通常是一个季度。收益是衡量与分析一个企业表现的最佳工具,其中一个原因是他们秉持了最简单原则。也许我们可以用更多隐晦的统计指标让交易者们眼花缭乱,但是我们大多数人都希望获得这个问题的答案：这个公司会让我们获利还是亏损？在20世纪90年代科技发达、淘金热潮兴起的时期,许多发展迅速的公司将能利用的每一元钱都投入到扩大生意规模以及占领市场份额这些事中。考虑到这些公司没有收益,所以他们总能自由扩大生意规模和占有市场份额。现在有一种新的方法来取代对企业收益的关注。在企业扩大市场的情况下,这种方法就是试图确认亏损的多少,因为只关注收益并不能买入股票。当你看着企业解释着他们可能正在亏损,但他们的成交量却鬼使神差地在增加。换句话说,他们以前是小型公司,亏损也是小规模的,但是现在他们是大型公司,亏损也是大规模的。

市盈率和股价净值比

我们通常用每股市场价格除以每股盈利这个方法来衡量盈利高低。这两个数字相除得出的是市盈率,或简称P/E。不同的产业对于市盈率值有不同的标准。比如说,科技公司的市盈率就应该比公共事业公司的高。股价一般都反映了公司的预期增长,股价也反映了它所代表产业的情况。上文中我们提到过那些没有收益的公司,那么我们在不知道股价或者收益的情况下如何估计一个公司的价值呢？创新的会计师和分析师就会再一次强调另外一些方法,比如计算营收比或股价净值比。如果所有公司的资产都是流动的,那么公司的股价净值比是一个理论值。我们推测就算利润是零,占主导地位的科技公司也可以在易趣网上卖他们的产品。

这些方法中的任何一个都可以用来筛选可交易的股票。运用企业收益来筛选股票可以明确哪只股票的收益大于零,这个筛选条件可以排除任何一个没有收益报告的公司。交易者们运用市盈率来判断你感兴趣行业的平均市盈率,然后将此平均市盈率看做是筛选股票的标准,这已经越来越普遍。快速判断某个行业的平均市盈率的方法,是通过看这个行业的交易所买卖型基金的行情。交易所买卖型基金的市盈率是此基金中成分股的加权平均数。

分析师的评估

接下来我们讲下一个基本信息——分析师的评估。我们会尽最大的努力公正、客观地讨论这个问题,但是我们的确知道一些分析师的评估给交易者带来了巨大的失败。最近,华尔街一家大公司的分析师写了一份乐观的报告,这篇报告是关于一家专门贷款给个人交易者的抵押公司。这家公司正是新世纪金融公司(New Century Financial),上个月它的亏损达到了其市场价值的一半,股价只有15美元每股。就在第二天,公司宣布他们要停止新的贷款,而且需要紧急的资金投入才能让公司继续经营下去。自从他们申请了破产保护,其股价就暴跌到3美元每股。这肯定会让你很想知道,分析师是否在无意之间选错了公司写文章进行表扬,直到你进行深入了解并且发现这家华尔街的公司与新世纪金融公司在融资方面有长期合作的关系。关于审查分析师推荐的股票,我们建议最好看看哪些分析师是完全独立工作,哪些是与银行业有关系或在某个部门工作。分析师独立工作的最佳例子是标准普尔公司(Standard & Poors),他们提供投资研究、等级评定以及风险评估。S&P用一到五颗星来为公司分级,五颗星是最高级别。在S&P星级评定的基础上筛选股票就相当容易了。那么,那些从事银行或金融业的分析师的评定又有多少价值呢?可以借用里克爸爸的一句话来形容:"分析师的评定就好比用3.5美元买一杯咖啡。"

税收、每人营收以及板块或行业内的排名

最后三个条件是税收、每人营收以及板块或行业内的排名,这三个条件主要用来进行股票对比。我们在上文中提过,这个清单中你不用所有条件都选择。你可以从多方面来评估公司的实力、业绩和排名,任何一个评估条件都可以当做筛选股票的条件。再加上企业基本信息和技术指标筛选,我们要谨慎地

避免一次运用太多筛选条件,最后采用的条件清单一定要让你的投资或交易有价值。你的交易计划中应该对交易的每一步过程进行详细的叙述,而不应该详细叙述筛选股票的过程。

因为传闻买入,因为新闻卖出?

在筛选条件中我们加入最后一条,是因为普遍存在这样一种说法:"因为传闻买入,因为新闻卖出。"有时候,这句话代表了交易者的机会;有的时候,企业有新闻或炒作出现时,这又是交易者退出交易的最佳原因。通过新闻来筛选股票需要搜寻一些关键字。比如,如果你想通过企业盈利的新闻来筛选股票,那么你就需要运用盈利、业绩预测或战胜市场这样的关键字。下面的筛选条件清单就着重拟出了一些需要进一步考虑的普通新闻条目。

- 法律新闻
- 加入指数,或被指数除名
- 收益盈亏
- 分股公告
- 内幕交易
- 合作或同盟公司
- 扩展新市场

法律新闻

法律新闻通常是价格波动的推动者。在你搜某个有争议公司的法律新闻之前,关注此公司接下来的发展是很重要的。举个例子,也许你正在关注一个陷入专利侵权纷争的公司,有用的筛选条件应该是"纷争"或"损失"这样的关键词。要运用你的判断力和经验来选择哪一个关键字最有可能出现在给你的交易带来影响的新闻报告中。药业公司和生物技术公司特别容易受到法律新闻的攻击,特别是当他们的生产线被美国食品和医药管理局这种组织批准时。这种类型的公司会因为取得批准公告导致他们的股价翻倍,也会因为遭受到拒绝公告而令他们的股价减半。

加入指数，或被指数除名

当某股票要加入某个主要指数的新闻发布之后，成交量一定会上升，而且股价表现通常会更不稳定。当某只股票被指数除名后，成交量也会短时间上升。这是因为所有持有此股票的指数基金现在必须清仓，让他们能继续追踪这个指数。当清仓完毕之后，某些处于下降趋势的股票的成交量会开始上升，因为那些被遗弃的股票的交易者都被转移过来。

收益盈亏

这一章中我们多次提到了收益这个问题。有关收益的新闻是我们见过的所有新闻事件中最能吸引那些依靠传闻和新闻进行买卖的交易者的注意。交易者都希望企业能提供一些信息作为投资的指导，比如收益公告日快到了。这样做是因为一句老话"华尔街讨厌惊喜"。只要不是收到惊喜的那一个，华尔街其实还是喜欢惊喜的。还有预测统计公司收益，虽不是官方数字，然而分析师和投资者一致用这个收益数字。股价通常会因为预测数字而波动，然后在官方收益统计数字发布之后进行调整。预测数字有趣的地方在于如果市场报告网页和博客分析过多，会造成一些自创性预测数字。事实上，发布预测数字的机构也会宣传他们运用预测数字，你肯定还在想为什么它要叫预测数字。这个预测是说给谁听的？

分股公告

当股价达到了企业认为对投资者起反作用的价位时，分股公告就是你应该小心的消息。有趣的是，分股有可能是因为价位太高，也有可能是因为价位太低。在大多数案例中，企业会发布分股公告是因为股价太高阻碍了交易和投资，也导致了其投资者变得越来越少。一只每股300美元的股票经历分股后会一分为三。比如说，一位投资者持有100股此股票，每股300美元，分股之后就变成每股100美元，一共300股。投资者持有股票总价值与公司的总市值都不变。但是，市场中的分股其实标志了公司认为股价还有持续上涨的能力，所以会吸引更多的交易者买入，从而推动股价继续上涨。股价因为传闻而反弹这样的事也是时常发生，如果在分股的时候存在投机行为，也只有等分股消息发布之后才能卖出。这是跟随传闻而买入，跟随新闻而卖出的典型案例。另一方面，如果某只股票的股价跌到极低的价位，那么企业就有可能实行并股。比如，当股价为3美元每股时，企业发布了三合而一的并股公告，如果你持有股票300股，每股3元，并股之后你便拥有100股每股9元的股票。当企业认为股价太低以至于并不能吸引投资者和交易者的时候，他们就会宣布并股。

内幕交易

对于内幕交易这个词大多数投资者都听过，通常会涉及一些违法行为。当违法交易被媒体曝光后，我们发现内幕交易实际上既涉及了违法交易，也涉及了合法交易。合法的部分是指与内部人员合作——行政人员、经理以及其员工进行买卖自己公司股票的交易。当与内部人员合作交易他们自己证券的时候，他们必须向证券交易委员会报告他们的交易情况。任何人都能简单地从公司的财务网站上看到这些交易，并且随手就能拿来用。比起卖出的内幕，我们更关心买入的内幕。为了让投资组合多样化，内部人员通常会卖出其公司的股票。公司的行政人员及其他人通常会从自己公司的股票中得到很大一部分报酬。如果他们继续累积公司的股票，很快他们就会发现将太多公司的股票集中在其投资组合中。就算他们坚信自己公司的实力，但是他们会谨慎地将大部分自己公司的股票卖掉，因为要分散他们的投资风险。内部人员买入股票的时候是对我们的重要提示。特别是当内部人员在开市时买入股票而不是行使股票期权许可时，这对于我们来说就是重要的消息了。当内部人员愿意去你我去的同一个市场购买他们自己公司股票的时候，我们把这看做是他为他们公司的实力投出有信心的一票。

合作关系与新市场

最后加上两项不同的条件就完成了这个筛选条件清单，这两项条件又可以用于新的关键字搜索。一些能推动股价波动的新闻事件包括了新的合作伙伴或同盟公司，宣布生产新产品，或是公司将业务扩展到其他国家或新的市场中。重点是你要把你的手放在公司的脉搏上，然后用你的关键字搜寻，也许你能得到一些关于即将发生什么事的线索。

当你面对交叉路时,做个选择吧

我们认为并不是所有的选择都像尤吉·贝拉的名言说得那么直接和明显。但是如果你有方法过滤掉很多股票,或将其他交易产品的数量缩小到有用范围之内,你会像雾中迷失的船员,这种感觉在本章开头就描述过了。这是让你试试交易中水有多深的区域。试试用筛选条件,然后看看得出什么结果。如果你不喜欢筛选出的股票,你可以调整,或排除它,再从头开始。看看一些交易网站和软件交易平台上预先设置好的筛选条件,用这些固定的筛选条件当做你的基础,然后再加入更多进行调整。如果选择太多让你感觉麻木,那么千万别匆匆开始交易。

顺便说一下,希望你们筛选股票的时候也觉得有乐趣。

秘诀三

等待枢轴点：与买家一同买入

第九章
跟随大流：不要太早入市

艾里奥·格雷西(Helio Gracie)是格雷西夫妇年纪最小的儿子。艾里奥从小就是个身材瘦小的孩子，他总是跑楼梯跑到快昏倒。当他的哥哥卡洛斯(Carlos Gracie)开班教授他自己发展出的一套柔道技术时，艾里奥在场边足足看了两年。在他16岁里的某一天，有个学生来上课，但是卡洛斯不在。艾里奥记得他哥哥所有的步伐和语言，所以他就开始给学生上课。当下课时，卡洛斯才赶来并且对他的迟到感到抱歉。学生并没有介意，事实上，那位学生后来的课都交给艾里奥来上了。卡洛斯也同意了，后来艾里奥也成为了一位教员。

不久后他意识到，在他印象里看到卡洛斯教的一些技术对于他来说并不是那么容易执行，毕竟他也只有140磅并且不是特别强壮。后来他结合自身的特点将这些步伐做了一些调整，将这些技术的执行方式做了修改。他沿袭了哥哥所学的传统日本柔道技术，然后继续研究如何巧妙地运用他化解对手带给他的冲击。从那时起，巴西柔术就诞生了。

1951年，艾里奥与木村政彦进行了一场柔道比赛，观众数以万计。木村政彦一直以来都被誉为柔道战斗机，而且他的体重比艾里奥重50多磅。这场比赛并不公平，木村在比赛之前宣布如果艾里奥能在场地的圈圈中待3分钟就算艾里奥赢了。艾里奥技术娴熟并且利用对手的体重和力量上的冲击进行反击。在那次的争霸赛中，他完善的技巧让他发挥得很好，坚持了13分钟才被木村用手臂锁住。后来在1994年，艾里奥在一次采访中承认，在那次比赛中他曾窒息并没有了意识，但是苏醒之后继续进行比赛。这次比赛是巧妙运用施力方式和技巧与原始力气的最终对决。

柔道式交易——知道什么时候该进入交易

在市场中进行交易与上文中提到的比赛模式是有些相像的。当我们进入市场交易时,我们就是那 140 磅瘦小的人,而市场就是比我们强大得多的对手。因此,重要的是我们要跟随着市场行动,并且让它成为我们的优势,否则我们只能在一次失败的战斗中挣扎。如果你试图买入一只下跌的股票,那么这就像你要把一个靠在你胸口的 400 磅的柔道冠军推开一样。在与木村比赛的过程中,艾里奥觉得木村要施展他的绝技过肩摔了。艾里奥知道他没有办法反抗如此强大的对手,所以他不再施力,只是跟随对手的过肩摔运动,好让他能继续比赛。当你正在交易的股票形成了一股强大的力量来对抗你,如果你跟它对着干,那么这对于你的交易完全是徒劳——甚至是鲁莽的。其实,你应该跟随着它的动作。

尽管你经过训练,有交易的经验,但是有时候你还是让自己陷入一个无法恢复的境地。聪明的柔道选手就会拍垫退出。拍垫退出意味着:选手轻轻拍打他的对手,暗示他在比赛中认输。退出能避免你受到伤害,停止你的痛苦,并且允许你择日再战。如果你固执地拒绝退出,那么你得继续忍受疼痛和伤害,也许会导致你伤得不能再比赛。

如果你有机会看看柔道比赛,新选手与老道的选手之间最大的区别就在于经验丰富的选手更有耐心。新选手会不停地摆动身体、叫嚣、推搡,就好像要发动攻击一样。他集中精力促使一些事情发生,而错失了自己的机会。新手认为只要到了柔道场地的圆圈中就意味着一定要动起来。但通常他将进攻中的破绽暴露给了有经验的选手,给了对手反攻的机会。你看看,当新手展示他们那如旋风般的动作时,老道的选手都会耐心地防守,一直等到反击的机会出现。你也许会说他一直都在管理风险,直到他准备好向前迈进。老手们每次几乎什么都不做,只是坐在那里并且给自己定位。尽管他节省了很多体力,但他其实已经准备好随时用这些力量对付他的对手来取得优势。老手们知道这个活动的乐趣,他们通过观察对手的一举一动,然后寻找对的时机下手,并且取得相当大的优势。最后,他赢得了比赛,同时,他消耗的体力与资源也比较少。

你能想象到我们所描绘的画面吗?你并不能通过叫嚣、推搡这些行动在市场中取得胜利。你能做的就是跟随市场,将它的势头和影响力变为你的优势。但是你还是会发现自己陷入一个无法恢复的境地中,这个时候最聪明的做法就是退出,保护将来为你做交易的资本。平仓、限制亏损然后寻找下一次进入交易的机会。

确定枢轴点

枢轴点的概念是关于我们如何跟随市场波动来行动。它是提早显示出市场将如何运作的信号,那么我们就要跟随市场的波动来运作。但要注意在枢轴点出现之前我们并不能预测市场如何波动,那样通常会让我们陷入与实力更强大的对手的斗争中。我们的目标是尽快判断出市场如何波动,然后跟随波动的方向进行交易。简单来说,当股价开始反弹,我们判断出这是上升趋势时,便跟随其他买家买入。

枢轴点在上升趋势上呈现的是"V"字形,在下降趋势中呈现倒"V"字形。在第六章中我们讲过将枢轴点与支撑线和阻力线互相转换结合起来运用。图表9.1呈现了上升趋势中支撑线与阻力线在互相转换过程中出现的枢轴点。这整个过程中的第一部分发生在"R"线上,这里是股价遇到阻力的价位。这样的情况经常出现,这个价位也不止出现了一次,这表明卖家能将买家击退的实力不容忽视。图中的曲线是200日移动平均线(SMA),当股价在它下方波动时,200日均线就会充当一个强力阻力位。股价向上反弹穿过200日均线,而他们两个的交叉点正好在阻力位转换为支撑位的那条线上。换句话说,"R"上的阻力位就是股价反弹穿过200日均线的价位。当两个强大的阻力位都被股价突破时,那么很大程度上来说,股市是看涨的。股价突破阻力位之后,紧接着而来的是一个短期的反弹。然后股价又回落了,原来的阻力位转换成了支撑位,在图中"S"点上。我们可以看到枢轴点在这里就形成了。在阻力位转换成支撑位的这条线上出现了两个不同的枢轴点,我们将它放大来看,股价在支撑阻力互换线上方波动,形成了两个"V"字形。

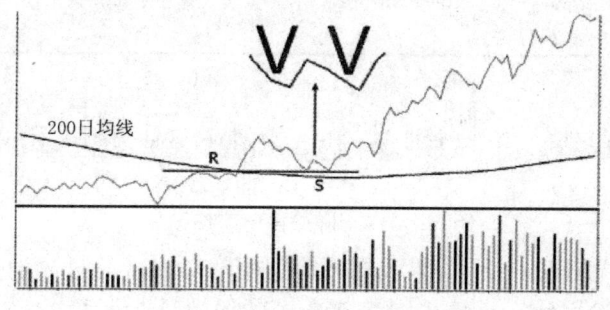

图表9.1 上升趋势中的枢轴点

尽管我们估计股价从支撑线开始反弹,但是也不能在股价处于"V"字形的左半部分的时候买入。在买家们完成"V"字形的右半部分之前,不要急于进入交易,否则你就会像柔道中迫切想要取得优势的选手,但你面对的是一个比你强大的对手。也许你的急切会让你得到一个满意的结果,但是聪明的选手会展现他的耐性,等待对手开始展露他的作战意图。图表9.1中需要注意的地方是第一个枢轴点出现的时候,股价并没有开始反弹,而导致了第二个枢轴点的形成。这是可以的。你可以在阻力支撑互换线的下方设置止损卖单来保护自己的股票。在这个事例中,股价并没有跌破阻力支撑互换线,你可以继续持仓等待接下来股价的大反弹。

同样的事情也会发生在下降趋势中。在图表9.2中,我们还是先确定支撑阻力互换线。这个例子中,必须先找出支撑位。我们用三个"S"来标记支撑位,以示强调。支撑阻力互换线的前3/4还是支撑线,从这之后股价开始下跌并跌破了支撑线。持续下跌不久之后,股价又小幅度反弹回到了之前的支撑位。这就形成了支撑线与阻力线的转换,现在我们来看看枢轴点的形成。在这个例子中,我们清楚地标记出了枢轴点的倒"V"字形记号。现在我们来看看股价是如何跌破支撑阻力互换线以及200日移动平均线的。在股价彻底下跌之前,它还经过了几天的振荡来测试200日移动平均线的支撑力。一旦股价跌破了200日均线,在跌到一个短期的稳定价格之前,它一定会加速下跌。在我们制作这张图表的同时,这个股价又在200日均线以下形成了另一个清晰的枢轴点。在继续写这一章之前我们买入了这只股票的空头交易。

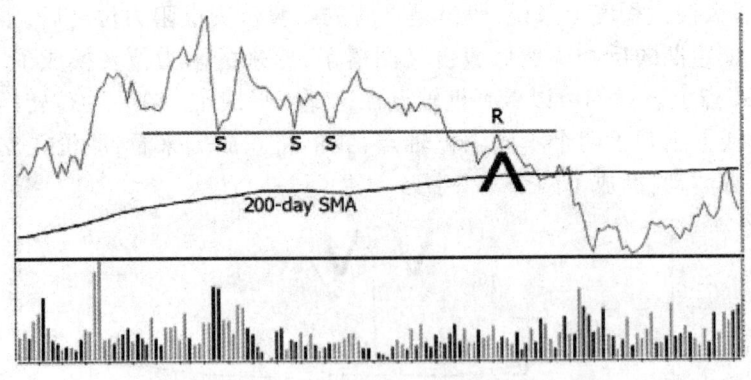

图表9.2 下降趋势中的枢轴点

我们来简单分析一下,如果我们不等到枢轴点出现而过早地进入交易这种情况最有可能发生什么事情。图表9.3中的股价处在平稳的趋势中。我们很

第九章 跟随大流:不要太早入市

容易将上升趋势中所有的最低点连接成一条清晰的支撑线。这只股票的交易记录显示它正好下跌到了支撑位上,然后顺利地从支撑位开始上升。如果我们看到这样的趋势,我们肯定会很容易就认为可以降低等到枢轴点出现的这个要求。那么我们为什么要将钱放在一边,而不在股价正好在支撑位的时候买入,然后赚取利润呢?我们的理由就是图表右边的部分,股价并没有在达到支撑位的时候形成枢轴点。那个长形的黑色图形显示股价下跌到离支撑线有一定距离的地方,然后马上上涨试图超过支撑线,但是因为成交量太大而失败。根据枢轴点形成之后在上升趋势中买入交易这个原则,我们并不会买入这只股票。在图表中的股价大跌之前的最后三个图形全部都是黑死的,这就表示卖家完全掌握了市场动向。这只股票的资金一直在向外流,除非我们找到资金重新注入这只股票的证据,否则我们不会买入这只股票。

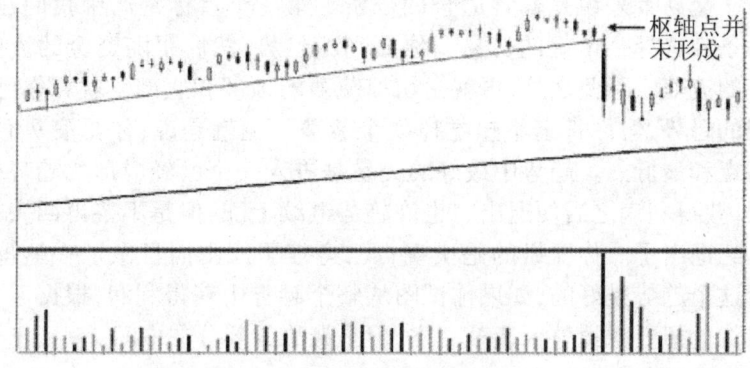

图表9.3 上升趋势中的股价没有形成枢轴点

菠萝原则

一直以来都有这样的说法,想要在股市中赚钱就应该低价买入高价卖出。这种方法唯一的问题就在于我们必须要在脑中想象:我们需要找出一个趋势的最低点,还要选出其最高点。以我们与世界各地交易者工作多年的计划来看,至今还没有出现一直能找出股价最低点和最高点的第一个人。也就是说,我们强烈反对你尝试去做这第一个人。在交易中有一个更好的口号:"高买高卖。"你能想象到这其中的变化吗?这并不是说服你在上升趋势中买入股票然后期待最低点在图表中出现,而是让你执行这一章的重点——也就是跟随资金的方向交易。

当你在等待交易中的枢轴点出现的时候,你就不会在低价买入。枢轴点不会在低价位中出现。而且,你也不会在最高价位卖出。在中间价位交易是不错的。你的目标是找出可信度高的交易,然后买入,在中间价位的时候卖出并获得利润。

我们想鼓励你将自己的交易想象成一个菠萝,我们把这叫做菠萝原则。(我们大概搜索了一下这个术语,并没有发现这个术语有广泛的用法,把这个术语引进到金融界让我们得到了好评,我们非常开心。我们猜这些赞扬并不是来自于某些重要的金钱奖赏。)这个概念很简单,但很实用。但你要处理一个新鲜的菠萝时,首先有两个步骤:

1. 选一个好菠萝。
2. 把菠萝的顶部和底部都切掉。

这对于交易者来说是非常适合的分析。第一个目标是运用我们在书中列举的各种条件选择一个好的交易。你要判断趋势,然后跟随资金的流向,那就是一个好的菠萝。除此之外,再就是切掉菠萝的顶部和底部。就算你已经找出了一个好的趋势,但你肯定不想吃掉整个菠萝。也就是说,你要浪费时间去找它的最高点和最低点。趋势中最好的交易是进入一个已经成形的趋势中,持仓一段时间,获得利润之后便退出。也许趋势继续上涨,但是不要再回头去看,去后悔你已经退出了。你要做的是庆祝自己遵守了原则而且做了一笔盈利的交易。尽管这个趋势是好的,如果你试图从整个趋势中获得利润,根据菠萝原则,这就有点像你想要吃掉整个菠萝一样,但是最甜的部分在中间。

枢轴点模式

就像你看到的,枢轴点的概念并不难。你要在图表中找出枢轴点其实也并不难。当交易者认为枢轴点已经形成的时候,正是枢轴点会引起最多问题的时候,这就是利用枢轴点交易的特点之一。换句话说,在你认为"V"字形的右半部分已经完成到你可以买入的价位的时候,股价需要从支撑线反弹多少呢?

The Market Guys 喜欢用简单的原则,尽可能不要在交易中进行猜测。因此,接下来我们花点时间回顾一下我们最常用的烛形图模式,当我们等待枢轴点形成的时候可以看看烛形图。第一部分包括多头枢轴点模式。这种模式会在股价短暂回落之后的长期上升趋势中出现。第二部分包括看跌枢轴点模式。这是与空头枢轴点模式相对的,这种模式会在股价短暂反弹之后的下跌趋势中出现。

第九章 跟随大流:不要太早入市

多头枢轴点模式

大多数的交易书籍和文章讲的都是关于各种不同的图表。有些相当简单,而其他的则需要一些特别的技术才能识别。我们列表中的内容并不广泛,但是它代表了交易者们可以更信赖的一些模式和信号。

* 多头吞噬模式
* 锤形模式
* 十字线
* 刺穿线

多头吞噬模式

多头吞噬模式是我们最喜欢的模式之一,因为它能提供一些可信的提示,比如在短暂的抛售之后,买家回归市场,它都会出现种种迹象。这种模式发出的讯息不需要再进行验证,在多头吞噬模式出现的时候买入交易是可以的,接下来的日子不用等着看上涨趋势是否能持续。以下是这个模式中的几个重点:

- 股票必须处在长期上升趋势中的短期下降趋势中。记住,我们不能买入大体趋势是下降趋势的股票。大体趋势应该是上升的,只是存在暂时的股价回落。
- 这种模式出现的第一天,股价是下跌的,烛形图是红色或黑色的。黑色的蜡烛表示暂时的下降趋势仍然掌握在卖家手中,他们正在将股价压向更低的价位。
- 第二天的烛形图应该是绿色或白色,表示那一天买家掌控市场。
- 多头吞噬模式的关键在于:第二天的蜡烛正身部分要能吞噬掉第一天的蜡烛正身部分。第二天的开盘价格要与第一天的收盘价格相当,尽管第二天的开盘价格比第一天的收盘价格低才是最理想的。同样地,第二天的收盘价也许与第一天的开盘价相当,但是如果第二天的收盘价比第一天的开盘价要高会比较好。最后一点,虽然不是必要的,但是如果第二天的蜡烛正身部分完全能吞噬掉第一天的蜡烛正身和阴影部分就显示出了其强大的力量。

图表9.4显示了多头吞噬模式中枢轴点如何形成。图表中大体的趋势是上升的。当股价越升越高,它开始做短暂的休息,记录在那三个黑色蜡烛的波动中,他们下降到了阻力支撑互换线上。我们已经将多头吞噬模式展开来讨

论,解释第二天的开盘价如何稍低于第一天的收盘价。然后,这只股票的收盘价比前一天的最高价还要高。事实上,它比前两天的交易价位都高。当你发现股价开始形成这种模式的时候,在当天交易结束前的最后10到15分钟再进入交易是比较合理的,或者你可以等到下一个交易期再进行交易。

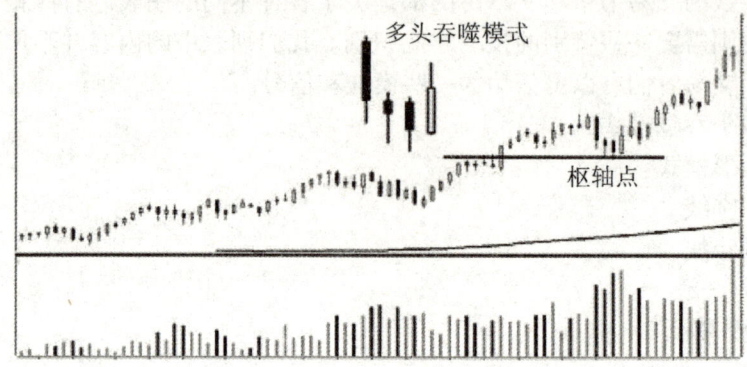

图表9.4　多头吞噬模式

锤形模式

卖家在交易日继续抛售股票掌控市场,但是收盘的时候却失守,在这个时候下降趋势的底部就会出现锤形模式。蜡烛正身下面的阴影表示在买家打败卖家掌控市场之前,卖家将股价降低了多少。锤形模式显示的股市讯息也不需要你去验证,你只需要等到锤形模式出现证实买家有实力继续将股价抬高。锤形模式中也不存在枢轴点,但是它能显示"V"字形的顶点。枢轴点随着证实蜡烛的出现形成,而证实蜡烛是跟随锤形模式出现的。以下是锤形模式的重点:

• 股票处在一个短暂的下降趋势中,可以通过观察黑色的烛形图中一系列越来越低的最高价和最低价来判断。

• 图表中的锤子形状相对于前几天的烛形图中蜡烛的正身要小一些。但蜡烛的颜色对于锤形模式并不重要。

• 蜡烛阴影部分至少是正身长度的两到三倍。但是如果蜡烛的阴影特别长,那我们就应该小心了。比如说,如果阴影是蜡烛正身长的十倍,那就表明卖家们有能力渗透到市场的更深处,占领新的领地。就算在交易期的最后买家们还是将股价抬高了,我们还是更愿意看到交易者们做一些适中的测试性的交易,而不是一次性抛售。

• 蜡烛上方的阴影绝对不能比正身长。蜡烛上方没有阴影是最好的。

图表9.5中有一个锤形模式的例子,股市的大体趋势是上升的,但锤形模式出现在股价短暂的回落之中。我们放大了7个蜡烛来着重看看这一个组合,锤形模式出现就是一种趋势的验证。很明显,股价处在上升趋势中,最高价越来越高,最低价也越来越高。每当股价创造了一个新高,我们都会看见股价稍稍的回落,也就是我们放大的那一部分。图中跟随这个趋势出现的便是A点上的锤形模式。记住,锤形模式是需要验证的,所以只有当我们看到紧跟锤形模式出现的白色柱形图时,才能考虑股价回落已经完成。这说明买家已经掌控了市场,接下来的日子我们可以进行多头交易。

图表9.5 锤形反弹模式

十字线

十字线是单独的一个蜡烛,代表了买家或卖家的犹豫不决、优柔寡断。十字线的用法要紧密结合其他类型烛形图的用法。如果某只股票的趋势中出现了一系列十字线的蜡烛,这就表示整个市场都是犹豫不决的,而且这可能一时还不能解决。如果成交量非常低,那么这个信息就是千真万确的。市场出现成交量低、股价波动反复的情况,这说明没有人愿意进行买入或卖出的交易,所以股价只是反复浮动。这样的趋势中并没有好的交易机会。但是,如果股价处于暴跌的趋势中,并且成交量很大,那么你立刻会看见十字线跟随一个长的黑色蜡烛出现,这就明显表示卖家已经失去了他们控制市场的势头。十字线往往是需要证实的,因为它只是证明了市场的犹豫不决,而并不代表趋势波动方向的

改变。在进行交易之前,我们都想看到趋势改变方向的证实信息。十字线模式是很容易判断的:

- 开盘价与收盘价相同,或是非常接近的价格。这就在蜡烛的正身产生了一条横线。
- 蜡烛的阴影产生了各种类型的十字线。最简单的十字线是蜡烛顶部和底部的阴影的长度是大致一样的。这就是十字交叉。墓碑十字线底部并没有阴影,而顶部的阴影很长。蜻蜓十字线则是顶部没有阴影,而底部的阴影很长。一字线则是在开盘价、最高价、最低价和收盘价都相等的时候才会出现。一字线在市场中出现的机会是很小的。

图表9.6具有很高的指导性,其中既呈现了成功的十字线例子,也呈现了失败的例子。图中两个十字线蜡烛都出现在短暂的下降趋势中。所以,我们可以期待一个预示股价什么时候开始反弹的逆转信号出现。图表中下降趋势中的第一个十字蜡烛我们标记为十字线1。现在来看看十字线1,股价从这里开始反弹,因为十字线出现的前三天股价在同一个价位都得到了支撑。注意,前三天的最低价与十字线1的最低价大致上是相同的。从这里开始我们的理论就开始起作用了。

尽管有种种原因吸引我们买入多头交易,但十字线发出的讯息需要通过证实,所以我们并不能在这个时候做多。跟随十字线出现的是长的黑色蜡烛,遵循我们的原则就能让仓位得到保护。接下来,我们看看十字线2,就是跟随长的黑色蜡烛出现的十字蜡烛。以接下来这个模式来思考:这只股票的支撑价位持续了好几天,然后卖家们将股价压得更低,支撑线被突破,收盘时股价接近当天的最低价。如果卖家继续保持着控制市场的势头,我们就会看见更多的长蜡烛。但是,股市中出现了十字线,这就表明这次的下跌是短暂的。根据我们的原则,我们等到第二天十字线2出现再进行交易。第二天的蜡烛是白色的,表明卖家们重新掌控市场,这便是我们买入股票的机会。十字线出现的第二天可能会让你神经紧绷,因为出现了一个黑色的蜡烛,但是你不要忽略了股价趋势正在上涨,最高价和最高价都越来越高。如果你在等待一个适合的证实机会,那么十字线2在四天内已经上涨了2美元。过早地在十字线1进入市场很有可能会造成你的止损出场。

第九章 跟随大流:不要太早入市

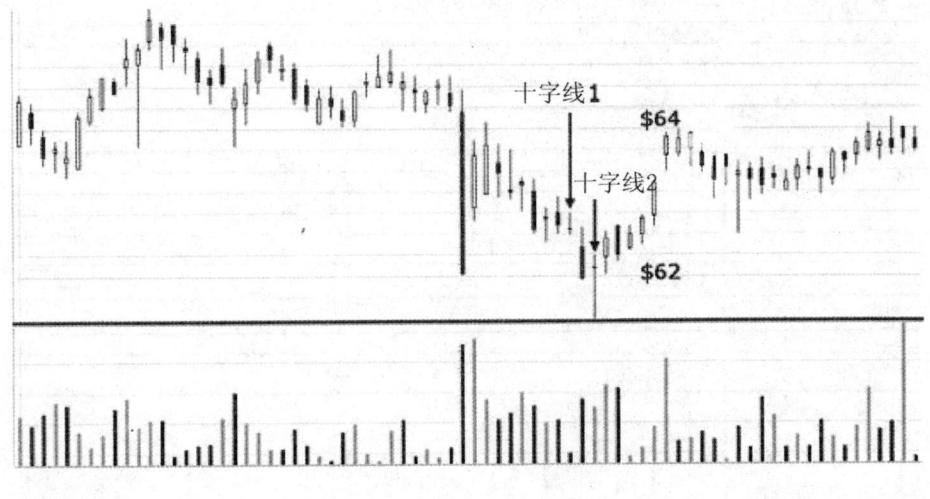

图表9.6 十字线反转模式

刺穿线

我们讨论过的众多反转模式都在相反的趋势中拥有相对的模式。刺穿线模式是下降趋势中的一个看涨的反转信号;与之相对的是在上升趋势顶部的乌云盖顶模式。刺穿线跟十字线和锤形模式一样,并不需要证实信息。因为乌云盖顶这个模式本身强烈地显示了买家的势头。此模式一旦形成便可以进行多头交易。以下是刺穿线的要点:

• 股票一定要处于一个已经建立的短期下降趋势中。一系列导致刺穿线形成的红色或黑色蜡烛一定要特别强势。无论如何在刺穿线模式出现的前一天,烛形图中一定要有长形的黑色蜡烛,这表明卖家正大力将股价压下去。

• 刺穿线中的蜡烛一定是绿色或白色的,而且其开盘价比前几天的最低价要低。最理想的情况是,刺穿线出现那天的开盘价比前一天的最低价和收盘价都要低。如果要出现这种情况,股价必须与刺穿线出现当天的开盘价有一定的差距。

• 刺穿线模式出现当天的收盘价必须介于前一天的开盘价和一天的蜡烛正身的一半之间。这表明刺穿线蜡烛渗透到了前一天交易范围的深处,但是并没有完全吞噬前一天的蜡烛。如果刺穿线模式当天的收盘价高于前一天的开盘价,那么就会出现多头吞噬模式。刺穿线顶部只有一点阴影,甚至没有阴影是最好的情况。我们不愿意见到刺穿线蜡烛顶部有很长的阴影,因为这表明买家想要将股价抬到更高的价位,但是被卖家阻止了。

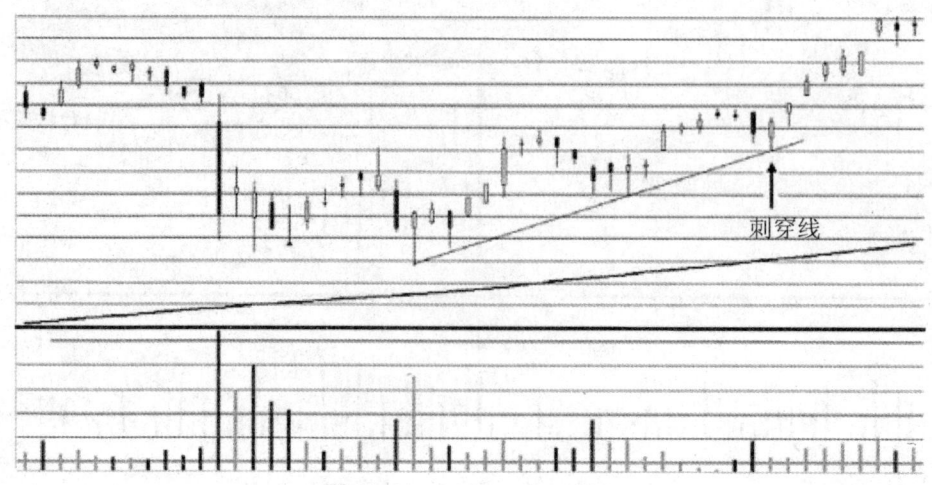

图表9.7 刺穿线反转模式

图表9.7中是一个上升趋势,我们已将越来越高的低点连接起来。注意黑色长蜡烛的地方,它表示股价在刺穿线出现以前已经受到买家支撑回到趋势线以上。刺穿线出现的当天,股价又稍稍回落,卖家抛售导致股价又落到趋势线上,收盘时又反弹到前一天蜡烛正身的范围之内。刺穿线蜡烛顶部只有一点阴影,这说明当天接近收盘时能获取不错的利润。在刺穿线出现当天快要收盘时可以进行多头交易,或等到下一个交易期买入多头交易也可以。

空头枢轴点模式

与买入模式和信号相同,卖出模式和信号也有很多不同的类型。我们的目的是找出能够告诉我们卖家重新掌控交易的信号。当我们看到卖出信号时,我们需要跟随资金的流动方向,卖出股票。其实你会发现有些空头枢轴点模式只是多头模式的相反形式。

* 空头吞噬模式

* 上吊线模式

* 射击之星

* 乌云盖顶

空头吞噬模式

与多头吞噬模式一样,空头吞噬模式是一个表示短暂上升趋势后反弹的强势信号,这个信号只在当日有效。当股价处在一个长期的下跌趋势中,并且开始向阻力位反弹的时候,此模式就能发挥最佳作用。买家们持续几天将股价抬高,但是他们的势头被空头吞噬蜡烛所打断。我们可以通过以下几点来判断此模式:

- 股价处于短期的上升趋势中,并且烛形图是绿色或白色的。空头吞噬蜡烛前一天的蜡烛必须是长形且是白色的。
- 空头吞噬蜡烛必须是长形,且是黑色或红色的。这是卖家具有优势的标志。
- 空头吞噬模式出现的当天必须是高价开盘,其蜡烛顶部一定要比前一天的收盘价要高。最理想的情况是,空头吞噬模出现当天的开盘价比前一天的最高价高,其蜡烛的正身能吞噬前一天蜡烛的正身和阴影。这并不是必要条件,可以当做参考条件。最后,空头吞噬模式收盘价必须比前一天开盘价低。如果空头吞噬模式收盘价比前一天最低价还低,那么这就是额外的奖励了。

我们在图表9.8中首先看到的是趋势线和200日均线(曲线)处于下降趋势中,所以图中整体趋势都是下降的。在空头吞噬模式出现之前,股价从29美元反弹到32美元。这就是我们想要的长期下降趋势中的短暂的上升趋势。当股价达到32美元时,它还是触及了下降趋势阻力线。从这一点开始空头吞噬模式开始形成。股价开始上涨到前一天收盘价以上,最后还超过了前一天的最高价。其上阴影非常小,这表明在卖家介入并掌控市场之前,买家只将价格稍稍抬高一点。当空头吞噬蜡烛的低点比前一天的低点高一点的时候,其收盘价低于前一天的开盘价。我们能看到黑色蜡烛的正身能完全吞噬前一天的白色蜡烛正身。这种模式并不需要证实信息,所以你可以在空头吞噬模式出现当天临近收盘的时候进行空头交易,或是等到下一个交易期。

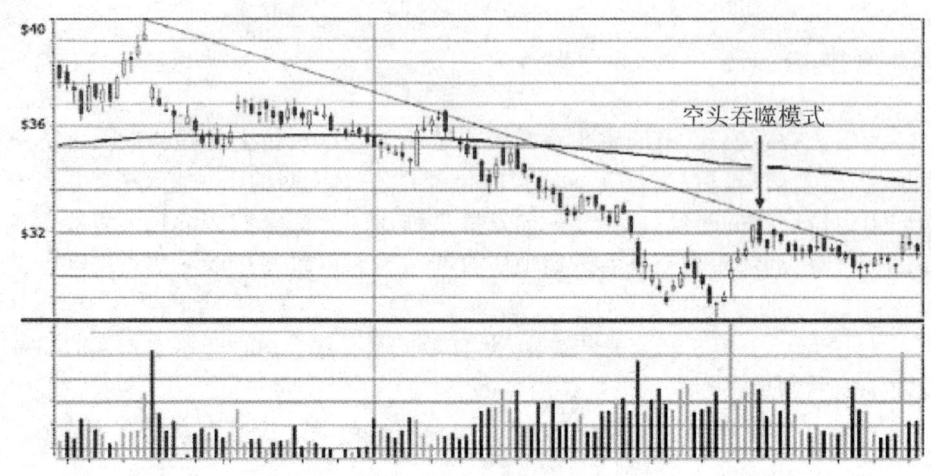

图表9.8 空头吞噬反转模式

上吊线模式

我们发现有很多烛形模式的名字都很有趣,因为他们来自日本(doji, harami, marabozu,等等),还有一些模式的来源就不是那么神秘了。上吊线就属于后者。它是预示着熊市来临的一个信号,它的特征是在上升趋势的顶部悬挂着一个有着小小的头、长长的身体的烛形图。上吊线是需要证实信息的。虽然卖家们在交易日内将股价压得更低,但是买家们回到市场中,将收盘价抬到接近开盘价的位置。因此,上吊线标志着股市的反复,而不是趋势的反转,所以我们在进行空头交易之前一定要看看卖家的情况。下面我们来看看找寻上吊线的几个重点:

- 股票出在长期下降趋势中的短暂上升趋势中。记住,我们想看见的是趋势逆转回到主要的趋势中去。
- 上吊线的正身与最近的蜡烛烛身相比相对较小。它是什么颜色并不重要,只是如果是红色或黑色就会表示卖家的实力在增加。
- 上阴影应该比正身的长度短一些。如果没有上阴影也没有任何问题。如果没有上阴影而且烛身是黑死的,这就意味着这只股票开盘价已是最高的了,之后的交易都低于此价位。
- 下阴影应该至少是烛身长度的两到三倍。如果下阴影特别长,那么我们得小心了。对于这个"特别长"没有硬性的规定,但是就像美国大法官波特·斯

第九章 跟随大流:不要太早入市

图尔特曾经说的,"我看到就会知道了",那么你也可以发展这种看到就能知道的能力。

图表9.9中的上吊线在一系列长形白色烛形图之后出现。我们看到由越来越低的高点连接起来的趋势线,尽管它大体上是下降的,但是股价还是有一个短暂的强势反弹。在图表中做标记的地方,黑色烛身的上吊线形成了。它刚好在下降趋势阻力线上形成了,这是股价波动改变方向的一个好提示。第二天就形成了十字线,所以我们只能等到上吊线出现的第二天才能真正得到证实信息。我们看到黑色烛身下降到了阻力线上,这就表明我们可以在这里进行空头交易。

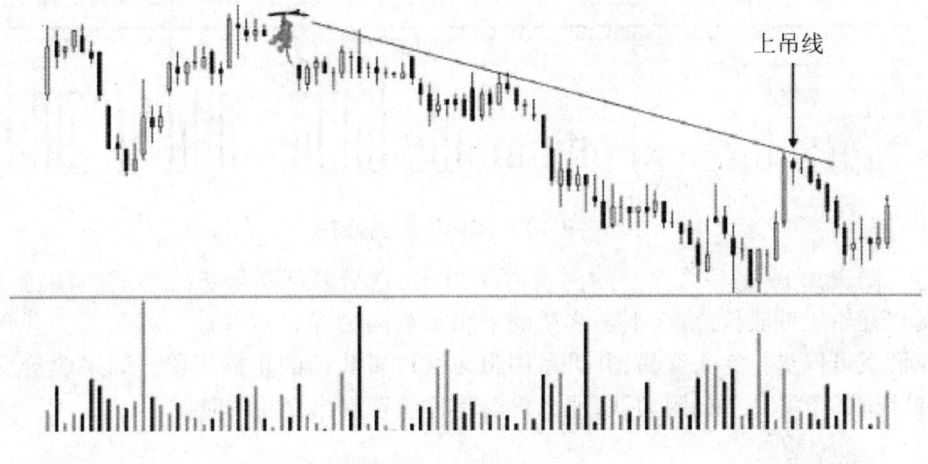

图表9.9 上吊线反转模式

射击之星

射击之星具有上吊线的所有特征,上吊线会出现长的下阴影,而射击之星会有长的上阴影。相比上吊线,我们更喜欢运用射击之星是因为它更好地体现了股市转向卖家的趋势。射击之星的出现表示买家试图继续支撑股市反弹,但是卖家却介入,而且在交易期内临近收盘时,将股价压到最低。大多数交易者等着射击之星的证实信息出现,但是如果射击之星沿着主要阻力线形成,那么进行空头交易是没有问题的。以下是关于射击之星的几个重点:

- 股票必须处在一个长期下跌趋势中的短暂上升趋势中。
- 射击之星的烛身比前一天的蜡烛烛身相对要小。
- 上阴影应该比蜡烛正身至少长两到三倍。射击之星的上阴影是否相对较长并不是我们应该关注的,这说明卖家们从很高的价位将股价压下来。
- 射击之星并没有下阴影,就算有也至少比烛身短。

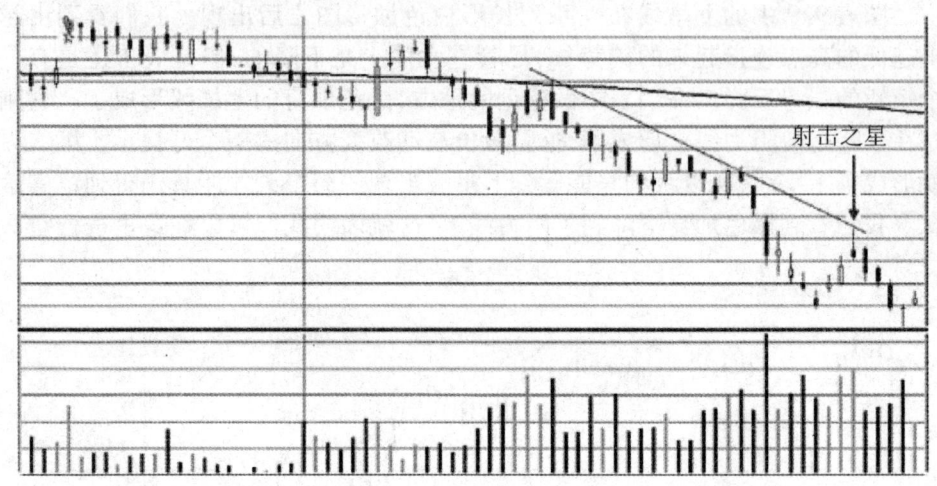

图表9.10 射击之星反转模式

图表9.10 是一个典型的射击之星模式,它沿着下降趋势线形成。注意在卖家开始压低股价之前,射击之星的上阴影离阻力线是有多近。第二天一开盘我们就可以进行空头交易,并且运用阻力线设置我们的止损买单。如果股价反弹穿过了下降趋势的阻力线,那么这就是你应该退出交易的时候了。

乌云盖顶

乌云盖顶是与多头刺穿线相对的一个模式。因为乌云盖顶模式渗透到了短暂上升趋势的深处,这种模式往往不需要证实信息。

chatter Box—里克

乌云盖顶模式是我最先开始了解的烛形图之一,但是我使用过头了。事实上,我设置了我的交易软件,让他能识别出乌云盖顶模式,然后回测我的设置能否运作成功。果不其然,此模式结合我设置的参数在股市小幅下降过程中获得高额利润。我做好了与股市搏斗的准备。我做的第一笔空头交易是在20世纪90年代中期,卖出戴尔电脑(股票代码:DELL)的股票。需要我提醒你们90年代中期我们使用什么样的技术交易吗?我的第一个仓位很快就变成无利价值,所以我做了更多的空头交易。当天结束交易的时候,我的空头仓位中有6000

股,平均价格为 8 美元的价外期权。那天回家的时候我亏损了 50000 美元,我的一条黑色的狗出来迎接我,但我晚上几乎没睡着。我辗转反侧,想着如果将狗拿去拍卖能获得多少钱。

第二天股市还没开盘我就回到了交易大厅,碰到我的同事对着我笑嘻嘻的。因为在开盘的时候,戴尔电脑会显示出强劲的低开趋势。我坐在交易终端机旁边,看着开盘之前股市的波动。就在开盘铃声响之前,我亏损了 50000 美元的仓位变成了盈利 30000 美元的仓位。股价一开盘,我便开始 1000 股接 1000 股地大量卖出。我将仓位全部清空的时候,这只股票的价格波动起伏非常之大,我接二连三地获利,每笔都不少于 2000 美元。我非常肯定还有许多类似的方法赚钱,不是花上十年,而是只需一晚上。

虽然我在进行交易的过程中漏洞百出,但是我学到了非常有价值的一课。首先,我并没有顺应主要的趋势进行交易。在看涨的市场行情中出现的乌云盖顶模式不过是市场的短暂休息——并不是开始做空头交易的标志。第二,烛形图并不是绝对可靠的。也许你经常运用某一种模式,但是迟早他们给你的信息会有完全错误的时候,这个时候你就需要退出了!第三,在亏损的情况下继续交易只会让你亏损更多。千万别这样做!

现在我们来看看乌云盖顶模式形成的几个要素:

- 股票必须处于长期下降趋势中的短期上升趋势中。
- 乌云盖顶出现的前一天的烛形图必须是长形且是绿色或白色的,这表明卖家们的势头很强大。如果乌云盖顶出现的前几天的蜡烛是长形且白色的,那么就更好了。
- 开盘时乌云盖顶蜡烛必须出现在高价位以上,这表示蜡烛正身的开盘价比前一天的收盘价高。
- 乌云盖顶模式的收盘价必须高于前一天的开盘价并且低于前一天的中间价位。如果出现短的下阴影,或不出现下阴影,这增强了乌云盖顶的力度。

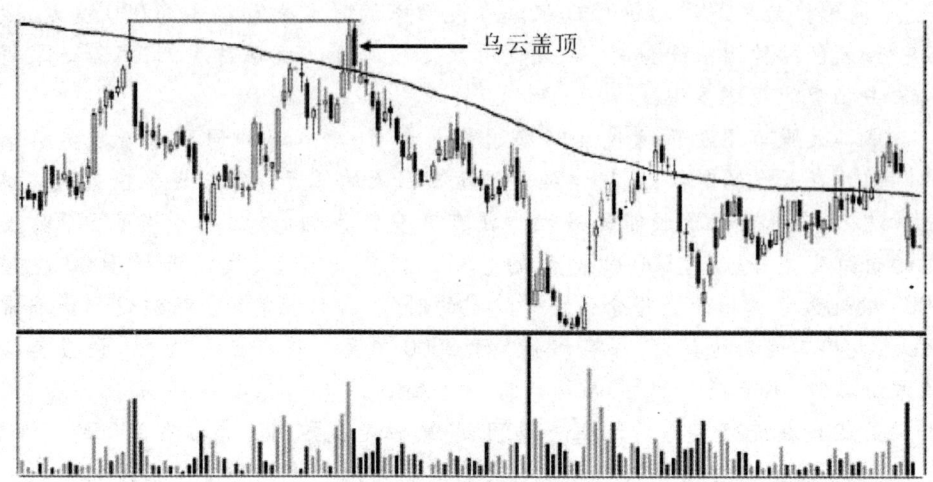

图表9.11 乌云盖顶反转模式

我们已经非常明显地标出图表9.11中的乌云盖顶模式,就在阻力线以下。这个价位与图表左边十月中旬下跌的价位是一样的。我们在图中看到有趋势向阻力线反弹,但只是短暂的反弹。股价在乌云盖顶出现的那天大幅上涨,形成了一个长的黑色蜡烛。从乌云盖顶模式到接下来趋势的最低点,股价几乎跌了近50个百分点。

充分利用市场

你想要找出当别人都在卖股票而你却买入股票的秘诀,这很正常。这种秘诀的价值远远比它带来的金钱价值要高得多。在你自己意识到这一点之前,我们给你最好的建议是观察资金的流向,然后尽早在资金流动之前进入交易。

你的任务是学习读懂市场的运作,然后将此运作情况转为自己的优势。就像我们在本章开头描述的柔道选手一样,你必须观察对方的动作,从中获益。这就是为什么说枢轴点是为你设计的原因。耐心地等到适合的时机,你就能轻松地获得成功。总之,这不就是我们所追求的吗?

第十章
期权基本概念 第一部分：了解期权

在当今所有的书籍和研讨会的讨论中，期权仍然是金融界的所有投资策略中最难以理解的一个。期权交易中具有一些极佳的方法来合理分配资金，在不增加投资风险的情况下赚取利润。照这种说法，你一定觉得世界上的每个人都能成为期权交易者。但事实却是有一大部分投资者从来没有进行过任何一笔交易。原因是什么呢？

恐惧。

期权交易不仅仅是难以理解，他们同样令人恐惧。人的本性告诉我们对于未知的东西有恐惧感，这是有正当理由的。试想一下，如果我们在不考虑自身安全的情况下在世界各地游览，这相当愚蠢。任何一个旅行者都知道，如果你不知道哪些地区是危险地带，那么你就不要到国外去。以这种方式环游世界最终会让你陷入一个危险的境地，所以我们的求生本能告诉我们至少要对周围的环境小心。

还有一个原因致使人们避开期权交易，那就是人们都会误以为期权交易极度有风险。因此，那些用错误的方式交易期权的人离开的时候都会有类似投机或赌博这样的经验。但是，其他的交易者认为期权是安全的，而且还是一种保护自己的投资组合不遭遇风险的好方法，就像一个保险策略。这种想法引起了交易者们的保障意识，让那些成功的期权交易者认为期权策略应该运用于每一个投资组合中。但是同样的优势怎么会让人们有如此相反的意见呢？其原因是期权在具有风险性和投机性的同时也具有安全性和谨慎性，这就要看你如何运用它了。

我们发现在信贷市场也有这两种极端的意见。对于那些家庭里有青少年的人来说，他们知道信用卡放在不熟悉信贷危机的年轻人手中是非常危险的。如果你让一名普通大学生以他自己的身份办一张信用卡，那么对于此学生来说是一个好机会,他可以在 12 个月内增加信贷限额,这些额外的支出甚至会导致学生必须申请破产来处理掉这次的信贷危机。另一方面,你也许见过一些人利用信用卡处理旅行中途的危机事件,或是遭遇的麻烦。这种人也许每个月都会还款,以免债务累积到无法控制的地步。

当你看到这些事例的时候,你会疑惑信用卡到底是好还是坏呢?就像期权交易一样,这得看你如何计划去运用他们。我们回到 20 世纪 70 年代早期,当时设计期权交易的目的是为了降低风险。一些交易者们用期权合同这种方式来保护自己的仓位不受到亏损,就像其他交易者运用保险策略一样。这就意味着对于每个运用期权来减小风险的人来说,在他的交易对立面都有一个交易者愿意承受这样的风险。我们用保险来举个例子,你肯定已经知道如果你要在保险公司买一份保险,那么承保人就是愿意承担风险的那一方,而你,就是受保人,应该向保险公司支付保险费,让他们来承担你的风险。期权交易真正有趣的地方在于,也许有一位保守的投资者运用期权来抵消你的风险,但是同时也有可能有另外一位投机者在你交易的另一方获取暴利。如果你对期权交易并不熟悉,也许你会对这种关系感到迷惑,这也是许多交易者完全不进行期权交易的原因之一。

有些人甚至都不愿意试着了解一下期权交易,其实这是错误的。所以,这一章我们专门讲讲期权的基本概念。在当今的金融市场,期权是世界上发展最快的资产类型了,随着我们经济的高速发展,你将会看到世界范围内越来越多的交易所为他们的投资者提供期权交易。在这样的发展之下,你还会看到更多的交易机会被发掘,比如说新的金融产品投放到市场中。到现在为止,期权是最重要及最有力的投资手段,非常实用。而且你可以选择承担风险或选择不承担风险,这是其他投资产品不能完成的。只要你读完了这一章,也许你还是不会进行期权交易,但是我们必须提醒你,只要你阅读过本章对期权的基本概念的简介,然后再深入了解交易这个美妙产品的先进方法,你肯定会一直想自己为什么没有进行期权交易。

如果这是你第一次了解期权,那么你大可放心。我们对于教授期权概念非常有热情,你来对地方了。将你大脑中关于期权的东西都清空,忘掉你以前听说过的关于期权的信息,让我们从头开始。如果你曾经从亲戚或朋友那里听说过期权,那么很有可能他们在期权运作方面误导了你。让我们惊奇的是,甚至有些怀疑论者在参加了我们关于期权的研讨会之后,都改变了他们的想法。有时候你站在不同的角度来理解某个想法或概念,会在脑中有更清晰的思路。我们会尽全力讲解这个主题,而且会像平常一样,运用 The Market Guys 著名的"保持最简单"的原则。接下来,我们就开始讨论。

什么是期权？

期权有两种类型：买方期权和卖方期权。前者也称为看涨期权或认购期权，后者也称为看空期权或认沽期权。买方期权是赋予买方在某个固定的时间内购买某个价位股票的权利，而并非责任。换句话说，你有权利从其他交易者手中"认购"股票。而卖方期权则相反，它赋予卖方在某个固定时间内以固定价格卖出股票的权利，而非责任。而你拥有将股票"卖回"其拥有者的权利。期权只是承载了卖出或买入股票的权利。就算你拥有某个期权，你也不会获得随其股票而来的股息或表决权这类的好处。期权只是买卖双方达成股票交易的一种协议。

虽然听说好像只有那些经验丰富的投资者们才会进行期权交易，其实期权是很容易就能明白的，而且在日常生活中非常普遍，尽管我们对它的称呼都不一样。实际上，我们知道阅读这一章的人曾经都做过买方期权或卖方期权的交易。如果你不相信，那就继续读下去吧。我们会从介绍买方期权开始，接着介绍卖方期权。

买方期权或披萨优惠券

现在，你肯定在想，在你曾经用过的所有东西中，没有任何一个是与买方期权相似的，但是再想想：

一张披萨的优惠券？是的，实际上这就像是买方期权。记得我们刚才说过买方期权是赋予你在某个特定时期内买入股票的权利，而不是责任。那么，披萨的优惠券难道不是这个功能吗？在这个例子中，购买披萨的人被赋予了权利买一张大的披萨饼。如果你并不是那么饿，那么你可以另外找一天再消费这张优惠券。当你终于感觉到饿的时候，只要你还有这张优惠券，你当然能直接到餐厅购买披萨。

为了让你更加了解买方期权是什么，你只用记住买方期权的拥有者有权利从别人手中认购股票，并成为其拥有者。那么什么时候你才应该交易买方期权呢？如果你遇到了这样的难题，要记得想一想披萨的优惠券。想象你自己打电话去你们当地的披萨店买披萨，试着再想象一下你走进披萨店，然后一张披萨就属于你了。最后，看看你自己，脸上挂着大大的微笑，因为你是这块美味披萨的新主人了。

现在我们来看看期权合同的买卖双方是什么关系。其实,他们是有责任完成交易的。看涨期权交易的卖方有责任将股票转给你。我们举个例子,看涨期权的卖方就像是披萨店的老板,如果你给他披萨优惠券,他有责任给你一个双份配料的披萨。换句话说,披萨店的老板其实是将优惠券"做空",如果你向他购买披萨,他便有责任卖给你。

那么在现实生活中,期权交易的卖方接受买方的钱,同时也接受提供给买方股票的责任。这与你看到的披萨优惠券又不一样,因为优惠券本身是没有价值的。只要记住这一点,当你卖出期权的时候,不管是看涨还是看跌期权,你就有责任完成一次交易。

chatter Box——A.J.蒙特

另一个能说明买方期权是什么的真实例子是我们在房地产市场中能见到的。如果你曾经签过合同购买一处房产,那么作为将来房主的你会支付给房产卖家一笔钱来定下购买价格。你签署的这份法律文件就叫做"合同",其实它只是简单地将买卖双方捆绑在一个销售关系中,而这个销售关系是基于某个已达成一致价格的基础上形成的,并且在将来的某个特定时间就会生效。你为合同支付的款项能换来卖家对你的承诺,在规定期限之内将房产交到你手中。这与期权合同也非常相似。我曾经有机会与房地产开发商达成协议,我在某些房产上进行期权交易,以最接近这些房产几个月后的市价买入。这样的交易在房产界里是获利最高的投资,因为我在股票交易和商品期权交易中的丰富经验帮助我在房产交易中获利。所以,就算你决定不进行期权交易,这些信息也能帮助你在其他投资中获得利润。

现在我们回到披萨优惠券的讨论中,为了让你们更加了解金融术语,我们接下来会用期权交易这样的词。

在优惠券那个例子中,可以说我们最基本的资产就是披萨。要注意的是用优惠券买披萨的数量是有限制的,并不是能买到我们想要的所有披萨。对于股票来说,买方期权或卖方期权的最基本资产是 100 股。当然期权合同的基本资产可以多过 100 股,这都是可以调整的,但是我们还是以 100 股来举例子。期权的价值,或者说我们支付期权的价格是来自于基本资产的。这就是期权被认为是多种类型的金融衍生工具之一的原因了。衍生工具就是由另外一种资产所衍生的交易合同,有可能是股票、商品、债券或者是货币。

如果你再回头看看优惠券,你会发现上面对购买披萨的价格有规定,那么这对你的好处是你已经将价格锁定在 7.99 美元了。就算世界上所有的披萨都涨到了不管是 10 美元、15 美元还是 20 美元,甚至更高的价位,你还是可以用这优惠券花 7.99 美元买一份双份配料的披萨。如果这是买方期权,那么这个规定的价格就叫做执行价格。执行价格就是执行这个合同的交易价格。执行价格还叫行使价格。行使价格在期权合同形成的时候就已经定好了。你还要注意到优惠券上是有有效期限的。你可以在有效日期内的任何时间用这张优惠券,或者叫执行它。从这之后,优惠券就再也没有价值了,也不再有效了。

我们希望通过这个例子能将买方期权的概念简化,让你更容易理解。就像买方期权,优惠券赋予你权利而不是责任,在特定的某段时间中以特定的价格买入一定数量的基本资产,这就是买方期权最准确的定义。真正的买方期权与披萨优惠券的主要区别在于你需要花钱支付一份买方期权合同,但是优惠券是免费发给你的。你支付期权合同的价格,不管是买方期权还是卖方期权,都叫做期权费。

这所有关于披萨的话题让我们感觉到饿了,但是优惠券只限我们买一个披萨。在股票市场中,买方期权限制交易者只能购买一定数量的股票。对于大多数的期权来说,基本资产的数量都是 100 股。举个例子,如果你拥有 IBM 的买方期权,你就有买入 100 股 IBM 股票的权利。还有一件重要的事要记住,期权的价格是按每一股来算的。所以如果你想计算期权交易的总金额,那么你就要将期权价格乘以 100 股,你就能得到支付这笔交易的总金额。比如,某一个期权的价格是 2 美元(不管是买方还是卖方期权),你需要支付的总金额为 2 美元 ×100 股 =200 美元再加上支付给股票经纪人的佣金。

如果你曾经看过期权交易的屏幕,你肯定知道每种股票提供的期权合同都有不同的执行价格,以列表的方式出现在屏幕上。大多数人从这里就开始觉得头痛了,因为要做的选择太多了。还记得我们在本章的开头说过什么吗?人们对于不了解的东西都会感到恐惧。如果你已经开始觉得头痛了,不要担心,只要放轻松,然后把我们讲的内容重复看几遍,直到你弄明白为止。你花时间去了解这些内容是绝对值得的,因为你花在期权交易中的时间是能让你赚取最多利润的。期权交易有如此之多的选择的原因在于它要让期权交易者在期权费用中有广泛的选择。买方期权、卖方期权、执行价格、期权费用还有截止日前——噢,太多的选择了。你只需要一步一步地来。

记住五个要点:
1. 以组为单位的期权交易叫做期权合同。
2. 每个期权合同包含 100 股某股票。
3. 计算一项期权的总金额,用期权价格乘以 100。
4. 当你买入或卖出某个期权,那么你就相等于签了买入或卖出 100 股某股票的合同。

5.执行价格是已经达成一致的某股票交易价格。

期权将买卖双方捆绑在一个特定的交易中,所以你实际上是进入了一个捆绑式的合同中。虽然这听起来像是一个沉闷且耗时的过程,但其实不是的。你可以快速地买入一项期权合同,就像你可以快速买入100股股票一样。关于期权交易还有一点必须记住,他们最后是会过期的,因为每一个期权都有它的期限。就像我们举的披萨优惠券的例子,你会在优惠券的底部看到它的有效期限,期权交易同样是有期限的。

期权还有一个很美妙的地方在于期权交易可以选择不同的月数作为有效期限,只要在有效期内你可以随时买入或卖出期权合同。比如,如果你决定买入一月的期权,不管是买方还是卖方期权,你能进行这项期权交易的最后一天将会在你选择的交易月份的第三个星期五。在这个例子中,一月的第三个星期五就是你交易的最后一天。严格来说,这项期权的截止日期是在下个礼拜六,期权结算公司(Options Clearing Corporation)(OCC)需要时间协调所有的买方和卖方,但是你最需要注意的就是星期五是截止日期。在一些刚进入期权市场的新手交易者中,有些人有一个错误的概念,他们认为一旦他们买入看涨期权或卖出看跌期权,他们必须一直持有此期权一直到截止日期。这是不对的,其实,如果你今天买入了期权,你同样可以在今天就卖掉。

这并不意味着我们鼓励你进行期权的日交易,就算这是行得通的。我们要确保你明白你参与的那个合同是将与你交易的另一方和你自己捆绑在一起,但是任何时候你都可以通过退出期权交易来取消此合同。

期权报价举例

在图表10.1中,你看到的是期权报价列表的例子,这也被称为期权价格链。

股票名称:IBM　　　最新交易价格:94.22美元　　　截止日期:2008年1月

看涨期权　　　　　　　　　　　　看跌期权

股票名称	总成交量	最新价格	买价	卖价	Strike	买价	卖价	最新价格	总成交量	股票名称
WB AP	4	17.30	17.10	17.30	80.00	0.95	1.05	1.05	2	WIB MP
WB AO	52	12.94	13.00	13.20	85.00	1.70	1.80	1.75	24	WIB MQ
WIB AR	127	9.40	9.30	9.50	90.00	2.90	3.00	2.85	4	IR MR
WIB AS	30	6.40	6.20	6.40	95.00	4.70	4.90	4.50	25	WIB MS
WIR AI	274	3.90	3.90	4.00	100.00	7.50	7.70	7.60	21	WB MT
WIR AA	80	2.15	2.20	2.30	105.00	11.20	11.40	11.00	0	WIR MA
WIB AB	11	1.20	1.20	1.25	110.00	15.00	16.00	15.50	1	WIB MB

图表10.1　IBM期权价格链

图中左边的清单是看涨期权,而右边则是看跌期权。在他们中间的那一栏是执行价格。这是期权持有者执行其期权合同时,买入 IBM 股票(买方期权)或卖出 IBM 股票(卖方期权)每股的价钱,此价格是已规定的价格。当这些报价被接受时,IBM 的股份是 94.22 元,在买方期权这一边的清单最上面一栏的第一个执行价格是 80 美元,期限是 2008 年 1 月。这项期权的截止日期是 2008 年 1 月的第三个星期五。

这个期权价格链看起来很像微软的电子表格。如果你从左至右地阅读这个列表,你会发现价格链中的第一栏是每一个期权的股票代码。就像股票代码能判断公开交易公司的股票一样,它也可以用来判断期权合同。图中左边的第二栏是当天以执行价格进行交易的期权的交易总额。第三栏是最近一次的交易价格,接下来的两栏分别是买入价格和卖出价格。一定要记住买入价格那一栏表示的是买方想要买入某个期权合同的价格。所以,如果你想卖出 1 月份每股 80 美元的看涨期权,那么你就要将此期权卖给那些提供的报价在卖出价格那一栏的买家们,在我们举的例子中,卖出价格为 17.10 美元。如果你想要买入 1 月份每股 80 美元的看涨期权,那么你需要以卖出价格那一栏中的价格买入期权合同。卖出价格是指卖家们愿意卖出他们期权合同的价格。

如果你是第一次了解期权交易,那么有一点非常重要,你要跟随这一节的内容,参考期权价格链,了解每个要点,以确保你自己是以一个轻松的进程在吸收这些信息。否则,这些信息对你来说就难以消化,我们不希望你们像其他人一样,因为觉得交易期权令人头痛而放弃期权交易。

chatter Box——A. J. 蒙特

我发现一个学习期权交易的最佳方法,你可以试着教授一个要想了解期权的人如何进行期权交易。把书的这一章摊在膝盖上,然后试着将这些概念讲给你的学生听,让你的学生知道你刚刚着手与此,你需要有人跟你一起完成这件事。这个"通过讲授来学习"的方法会让你学到更多,因为你的学生会问你一些问题,这会促使你立刻找寻你不能马上回答的问题的答案。如果你不知道正确答案,可以翻开书进行查询。这是学习期权交易的有趣方法。找一个伙伴来跟你对话,这能让你一直学习。

执行价格

在期权价格链中你会看到一栏叫做"执行价格"。在这一栏的第一行你会看到 80.00,这代表如果执行期权合同,IBM 股票就要以这个价格进行交易(见

图表 10.2）。什么时候交易 IBM 股票并没有影响,你已经锁定这个看涨期权或"优惠券"的买入价位为 80 美元。现在这看起来是一笔大交易,因为股价涨到了 94.22 美元,看来如果你买入 80 元的看涨期权,你就会立刻得到每股 14.22 元的利润（股价 94.22 美元减去执行价格 80 美元等于 14.22 美元）。但是,买入期权交易的花费怎么办？你再看卖出价格那一栏,买入这个期权将花费你 17.30 美元。期权合同与披萨优惠券的最大区别就在于,期权合同并不是免费的。

IBM的交易价格是80美元

Symbol	Tot. Volume	Last Price	Bid	Ask	Strike	Bid	Ask	Last Price	Tot. Votume	Symbol
WIR AP	4	17.30	17.10	17.30	80.00	0.95	1.05	1.05	2	WIR MP
WIR AQ	57	12.94	13.00	13.20	85.00	1.70	1.80	1.75	27	WIR MQ
WIB AR	127	9.40	9.30	9.50	90.00	2.90	3.00	2.85	4	WIB MR
WIB AS	30	6.40	6.20	6.40	95.00	4.70	4.90	4.50	25	WIB MS
WIB AI	274	3.90	3.90	4.00	100.00	7.50	7.70	7.60	21	WIB MT
WIB AA	85	2.15	2.20	2.30	105.00	11.20	11.40	11.00	0	WIB MA
WIB AB	11	1.20	1.20	1.25	110.00	15.80	16.00	15.50	1	WIB MB

图表 10.2　IBM 股票执行价——80 美元

　　作为这个看涨期权的拥有者,尽管你可以马上获得每股 14.22 美元的利润,但是你买一股就要花掉 17.30 美元的花费。14.22 美元的利润是你购买此期权的固有花费,这也称作内在价值。期权价值高于或低于内在价值的部分称作时间溢价,或时间价值。这就是指你要支付期权价值与内在价值的差价。这个看涨期权的卖方有责任将 IBM 的股票以 80 美元卖给你,从你向他购买期权合同开始,他便开始累积时间溢价了。我们还是拿披萨优惠券来打比方,你可以把时间溢价理解为除掉购买披萨本身的费用之外的送货费。

执行价格低的看涨期权其实更昂贵

　　看看图表中 85 美元执行价的下一行,你会看到这个看涨期权的卖出价格为 13.20 美元,每股比 80 美元那个看涨期权要低 4 美元。这是为什么？其实有很多复杂的原因,但是你现在应该透彻地了解到期权交易会产生这样的结果。想象你走进一家披萨店,发现柜台上放着两张优惠券（见图 10.3）,你会选哪张呢？两张优惠券提供同样的披萨,底部都有有效期限,而且期限是相同的；唯一的区别就在于用左边的优惠券买披萨比用右边的优惠券便宜三美元。

图 10.3 两张价格不同的优惠券

你肯定会选择左边的优惠券,因为它的内在价值更大,那么在期权市场中是同样的道理。交易者们看到可以用较少的资金买入相同的股票数量,就像你选择左边的优惠券是因为你看中了它的价格一样,所以,因为这个增值价值导致了交易者们在期权市场中投入更多的资金。再看看刚才的期权价格链,你会发现执行价格越低的看涨期权的标价往往比执行价格高的期权要高得多。(见图表10.4)

执行价格低的看涨
期权购买价格更高

Symbol	Tot. Volume	Last Price	Bid	Ask	Strike	Bid	Ask	Last Price	Tot. Votume	Symbol
WIB AP	4	17.30	17.10	17.30	80.00	0.95	1.05	1.05	2	WIB MP
WIB AQ	62	12.94	13.00	13.20	85.00	1.70	1.80	1.75	27	WIB MQ
WIB AR	127	9.40	9.30	9.50	90.00	2.90	3.00	2.85	4	WIB MR
WIB AS	30	6.40	6.20	6.40	95.00	4.70	4.90	4.50	25	WIB MS
WIB AI	274	3.90	3.90	4.00	100.00	7.50	7.70	7.60	21	WIB MI
WIB AA	85	2.15	2.20	2.30	105.00	11.20	11.40	11.00	0	WIB MA
WIB AB	11	1.20	1.20	1.25	110.00	15.80	16.00	15.50	1	WIB MB

图表 10.4 执行价格低的看涨期权比执行价格高的看涨期权价格高

你现在肯定在问你自己为什么期权交易者们只选择一个期权进行交易,而不是多个。我们要提醒你这一章只是大概讲解一下期权的基本概念,弄清楚期权交易的核心,我们会再写一本书来介绍期权,因为关于期权的讯息实在太多了。这几页内容讲解完毕以后,我们会向你简单介绍几个我们最常用的期权策略。

时间就是金钱

在图表10.5中你看到的是2009年1月的看涨期权，它的价格比图表10.4中2008年1月看涨期权高。举个例子，如果2009年1月的执行价格为85美元的看涨期权的价格为17.90美元每股，而2008年1月的看涨期权价格为13.20每股，那么为什么2009年1月的看涨期权价格要高4.70美元？那是因为与2008年1月的期权比起来，2009年1月的截止日期晚了一整年，期权有更多的时间涨价、增值。由于这两种期权的其他因素都是一样的，期权交易者们在这一年的时间里将期权价值推高。但是为什么涨了4.70美元？其中一个原因与利率有关。记住，你控制了100股每股94美元的股票，这对股价只有一小部分的影响。所以通过期权来持仓比直接买入股票的花费要少得多。

举个例子：你拥有100股每股94美元的股票，持仓一整年你需要花掉9400美元。买入每股17.9美元的看涨期权只用花掉1790美元（17.09美元×100股/一份期权合同＝1790美元），比刚才少了7610美元。你可以用这些钱购买其他股票份额，也可以进行另外的期权交易。这里要说的重点是花一部分资金持有像IBM这样的股票是非常有价值的，这也是我们看到期权每个月价格不一样的原因之一。

如果你买入某只股票的看涨期权，你不必买这只股票

如果你要买入看涨期权，其实你不用必须买这只股票，或是支付这只股票的转手费用。你可以在股市买入看涨或看跌期权就像你买入或卖出股票的份额一样。就算你买入看涨期权之后有权利以某个价位买入股票，但大多数交易者不会行使这项权利。

根据芝加哥期权交易所（CBOE）的信息：
- 期权执行百分比大概是10%，这意味着买入这些期权的交易者已经进行交易，而且通过执行期权合同而持有其股票仓位。（或者说他们用优惠券来收集披萨）
- 56个百分比的期权仓位在执行交易之前就关闭了，这个原因我们在上文中提到过，就算你拥有看涨期权，但你也不用必须买其股票，在截止日期之前你都可以交易他们。
- 剩下的部分（大约30%至40%）是一直持有到截止日期那一天。这些交易者持有的期权中包括那些到期时一文不值的期权。

执行 vs 分配

如果你想用"优惠券",你必须打电话给你的股票经纪人,提交你执行期权交易的指令。这是一个非常简单的过程,你打电话到你的交易开户机构,然后告诉他们的代表,你想要用你的看涨期权购入股票。我们再通过披萨的例子来分析,这就像你打电话到餐厅告诉他们你要点一个外带披萨,而且你还会使用优惠券。那么回到期权交易中,你会说"我想交易1月份80元每股的看涨期权"。因为执行价格就是指你执行期权合同时你要支付的价格,也被称为行使价格。所以,如果当你听到执行价格或行使价格这样的字眼的时候,他们的意思其实是一样的。一旦你提交了执行期权的指令,在三个工作日之后你的账户中就会收到100股的股票。这意味着这100股是为了账户中每一笔看涨期权交易而准备的。当你进行买入交易,股票被转走时,就表示你以执行价格买入了X个份额。换句话说,如果你执行了1月份80美元的看涨期权,你会发现账户中扣除了8000美元。这是1份合同乘以100股乘以80美元(执行价格)等于8000美元而来的,同时,你也会看见账户中多了100股IBM的股票。

现在你既然知道了一个拥有看涨期权的人如何获取股票份额,那么你应该知道卖掉看涨期权合同的人身上发生了什么。记住,卖掉期权合同的那个人有责任完成交易。在看涨期权的情况中,卖方,又叫做期权立权人,有责任将股票转移到你的账户中。一旦你将执行指令提交到股票经纪人那里,期权的卖家就会收到一个交易通知。据说看跌期权持有者或立权人会被分配执行这样的指令。再强调一下刚才讲的内容,做多或持有看涨期权的交易者有通过执行期权合同来购买股票的权利。那么对于交易的另一方,也就是做空或卖出看涨期权的交易者有责任将股票转移给期权合同持有者。

期权内在价值加上时间溢价等于期权总价值

我们在举IBM那个例子的时候讨论过当股价为94.22美元时,你能立刻从1月份80美元的看涨期权中获得利润。如果当时你执行了这个交易,你立刻就能获得每股14.22美元的利润。这个利润叫做内在价值。我们用另外一个方式来描述有内在价值的期权合同,即价内期权。价内看涨期权是指执行价位低于期权价位的期权。图表10.6中,你看到的是价内期权价格链的列表。

股票：IBM　　　最新价位：$94.22　　　截止日期：January 2008

Callas						Puts				
Symbol	Tot. Volume	Last Price	Bid	Ask	Strike	Bid	Ask	Last Price	Tot. Votume	Symbol
WIB AP	4	17.30	17.10	17.30	80.00	0.95	1.05	1.05	2	WIB MP
WIB AO	52	12.94	13.00	13.20	85.00	1.70	1.80	1.75	27	WIB MQ
WIR AR	127	9.40	9.30	9.50	90.00	2.90	3.00	2.85	4	WIR MR
		价内期权执行价格比股价低			95.00	4.70	4.90	4.50	25	WIR MS
					100.00	7.50	7.70	7.60	21	WIB MT
					105.00	11.20	11.40	11.00	0	WIR MA
					110.00	15.80	16.00	15.50	1	WIB MB

图表10.6　价内看涨期权

看看图表10.6中任何一个被划了重点的期权，你会发现其中每一个期权的卖出价格都比其内在价值高。1月份80美元看涨期权的内在价值是14.22美元，但是它的卖出价格却是17.30美元；1月份85美元看涨期权的内在价值是9.22美元，但它的卖出价格为13.22美元；1月份90美元的价内期权为4.22美元，但卖出价格为9.50美元。这是因为每个期权中都包含时间这个因素。如果今天就是期权交易的截止日期，那么每个期权中的时间价值都会是零，期权的卖出价格与其内在价值是非常接近的。因为执行交易到截止日期中间还有一段时间，期权价格链中的每一个期权都将这种时间价值反映在了其卖出价格中。如果期权没有内在价值，那么在执行交易的那天到截止日期中间还是有一段时间，那么列表中的期权价值就只能反映时间价值了。我们将没有内在价值的期权定义为价外期权。在图表10.7中，你会看到看涨期权只反映时间价值的例子。

股票代码：IBM　　　最新价位：94.22美元　　　截止日期：2008年1月

Callas						Puts				
Symbol	Tot. Volume	Last Price	Bid	Ask	Strike	Bid	Ask	Last Price	Tot. Votume	Symbol
					80.00	0.95	1.05	1.05	2	WIB MP
					85.00	1.70	1.00	1.75	27	WIB MQ
					90.00	2.90	3.00	2.85	4	MIR MR
WIR AS	30	6.40	6.20	6.40	95.00					
WIR AI	274	3.90	3.90	4.00	100.00	价外期权只含有时间价值				
WIR AA	86	2.15	2.20	2.30	100.00					
WIB AB	11	1.20	1.20	1.25	110.00					

图表10.7　只包含时间价值的价外期权价格

时间价值随着时间的推移贬值

随着截止日期的一天天逼近,时间价值都会让期权合同一天一天地降价,了解这一点极其重要。有很多人不愿意进行期权交易是因为期权价格会随着时间的推移而下跌的事实。如果你是他们其中一员,那么你肯定将期权计算公式中很重要的一部分忽略了。你的车也会随着时间的推移而贬值,对吧?你用来交易的电脑也是用得越久越不值钱,你吃下去的水果和蔬菜也是随着时间的推移越来越没有价值,但是这些东西却让你每天的生活更有价值。一旦你了解了如何正确地处理期权交易与时间的关系,你会拥有一个全新的世界向你敞开大门的机会,所以期权是投资贬值的资产这种说法是毫无疑义的,你只用确保交易期权的时候保持谨慎就可以了。

当人们第一次进行期权交易时犯的最大错误之一就是,他们试图买入大盘中价格最低的期权,他们认为那是最有价值的。如果你是这样想的,那你就要知道这些期权都是没有内在价值的,你为这些期权支付的价格只是纯时间价值。所以,当你决定要买入如此廉价的期权时,你应该知道你并不能长期持有他们;否则,他们贬值的速度就像放在果盘里面的香蕉一样,剥开吃掉,最后将香蕉皮扔进垃圾桶。你仔细想想,其实你买的大部分东西都是随着时间的推移贬值的。如果你曾经做过生意,而做此生意需要你购买一些设备,那么你应该知道你从这样的投资中获取的回报率一定比设备的损耗率要高。期权交易也是这个道理。

卖方期权

既然我们对买方期权的基本概念做了大概的介绍,那么我们会继续讲解期权交易合同中与买方期权相对的一方,我们称为卖方期权或看跌期权。看跌期权合同赋予了期权持有者将一定数量的股票以特定的价格(执行价格)在规定的时间内卖出的权利,这并非是卖家的责任。一般大众常常觉得看跌期权的概念更加难以理解,但对于你来说幸运的是刚才学到的关于看涨期权的原则对于看跌期权也是非常有用的。除了看跌期权与看涨期权的交易方式是相反的之外,像执行价格、有效日期以及随时间贬值这些概念都是相同的。也许一般大众就是在这一块受到了挑战,他们必须强迫自己逆向思维。所以,为了能让这些变得简单点,我们只用把看跌期权合同看做是股票市场的保险单。

看跌期权的交易方法与汽车保险非常像。有了汽车保险,你只用付钱给保险公司,保险公司在特定的某段时间里用固定的金额来保护你的车。大多数人都会在今年为自己的车买明年的保险,这个行为就是将你的风险转移到保险公司身上。如果你是个安全的驾驶员而且没让你的车受到损坏,那么你支付给保险公司的保金并不会退还给你。但是,如果你遭遇到车祸,保险公司会赔偿你的金额就相当于这个保险的价值。所以,从某种意义上来说,你买入了汽车的看跌期权,其基本资产就是你的车。还有,如果有需要,就像看跌期权的持有者一样,有权利行使你的保险单。打电话通知保险公司并不是你的责任,如果你的车有损坏,但是我确定无论如何你都要打电话。在股票期权的世界中,你可以这样看待期权交易:如果你持有某只股票,然后再在这种股票中买入看跌期权,如果因为"股市撞车"(一语双关)了,导致你遇到了"股票的损坏"(一语双关),那么看跌期权是用来保障你的利益的。

我们举个例子:假如你以 94 美元的价格买入 IBM 的股票,然后你决定以 90 美元的执行价格买入其看跌期权,只要你决定执行看跌期权合同,保证你可以以 90 美元的价格卖出股票,即使 IBM 的股票跌到零。如果 IBM 的股价真的跌到零,你还是会遭受亏损,但不会是灾难性的亏损。你买入 IBM 股票的时候是 94 美元每股,但当你卖出的时候是 90 美元每股,你每股亏损了 4 美元,还亏损了买入期权的资金。这不是与汽车保险很像吗?你也许开着一辆漂亮的奔驰,这车花了你 9 万 4 千美元,但是你为这辆车买的保险可能只有 9 万美元,除了这些之外,还有你办理保险必须花费的钱。的确,你会亏损 4 千美元,但至少这不是毁灭性的亏损。下一次你保险的范围可以加大,那么你就不会在股市遇到危机的时候遭受亏损了。那么到底如何在交易中实行规模更大的保险政策?你必须支付更高的保额给"保险公司"。在看跌期权交易中也是如此。如果你持有 IBM 每股 94 美元的股票,如果你想要保证这些股票能以 100 美元每股卖出,那么你就可以运用这个政策,用更多的资金来支付这些额外的内在价值。保险的范围越大,你投入的资金就越多。

看看图表 10.8 中,这是看跌期权价格链的列表。执行价格(strike price)表示看跌期权持有者锁定的交易价格。我们来看看图表中卖出价格是如何跟随执行价格上升的。

与看涨期权一样,交易看跌期权的费用也分为基本的两部分。第一,期权内在价值;第二,时间价值。内在价值是指你从执行期权交易过程中获得的利润。上文中提到过,期权价值高于或低于内在价值的部分是时间价值,而时间价值是随着时间的推移贬值的。这一部分是我们非常喜欢的,因为时间价值在累积时间价值的策略中起到的作用让我们获益不少,关于这一点我们在下一章中会讲到。在期权交易的整个概念中,如何买入期权只是冰山一角。如果你了解保险政策如何运行,你就会知道当保险公司执行保险单的时候其实会得到比投保人更多的钱。

看跌期权的责任 VS 权利

如果你卖出看跌期权,那么你就与买方达成一致,在他想将股票卖出的任何时间,你都有责任买入。换句话说,你成为了他的保险公司,他是你的投保人。这一点非常重要,因为如果股价下跌,即使下跌到零元你都必须买入他的股票。所以说风险由你这位看跌期权卖家承担。另一方面,如果股价上升,而且在期权截止日当天的收盘价不低于执行价格,那么你可以继续持有第一次卖出看跌期权所得来的资金。我们在下一章中会讨论一些关于卖出期权的风险的问题,所以,请你拭目以待。

下一个步骤

就像我们在本章开头提到过的,如果你想要了解到期权交易的威力以及它能为交易者做些什么,你就必须花足够的时间。在这本书的最后有一个术语表,你一定要经常复习这些术语,要非常熟悉这些奇妙的交易工具的概念。只要你记住了这些概念,那么你就能更轻易地阅读更多的专业资料了,而这些资料都能精进你的交易技术。花一点时间努力学习如何在期权市场中进行交易,你的收益将会大不同。

在下一章中,我们会继续为你介绍关于期权的讯息,我们将从如何运用期权着手。只要理解了基本的定义及概念,我们就可以开始研究在期权交易中运用什么策略了。我们会变成对冲交易者或投机交易者吗?我们应该累积担保金额还是买入保险呢?我们应该用优惠券还是保险呢?当你意识到金融市场中除了"低买高卖"之外,还有很多可用的策略的时候,交易世界才真正向你敞开大门。

第十一章
期权基本概念第二部分：
了解期权交易策略

我们常说学习期权交易策略就像学习一门外语。如果你想说外语，那么你得从学习说出一个单词开始，接着学习说出一句话，最后你会学着如何说出一段话。在你自己知道是否掌握了这门语言之前，你得与说这一门外语的人进行对话。除了个别有天赋而且对学习外语非常有技巧的人之外，大多数人都要花上几年时间才能将外语说得流利，当然了，这还需要学生们融入所学外语的文化中。第十章中向你们介绍了一些术语和概念，让你从期权交易者最常用的语言开始学习。这一章我们会向你介绍一些期权交易策略，让你获得更多的利润。跟其他的交易策略一样，你们不仅要了解这些策略如何运作，还要学习当市场活动违背了你的意愿或交易策略不像当初计划的那样起作用时，你如何保护自己的交易不受到亏损。

在进入讨论交易策略的核心之前，你们还需要再学习一些新的术语，这能帮助你们更好地理解这一门新语言。你会经常听到期权交易者们提到有关期权合同的一些术语，比方说，价内期权、平价期权或是价外期权。这些术语都是用来描述一个期权的"价值情况"。"价内期权"是指有内在价值的期权，或者像我们在第十章中讨论过的那样，看涨期权的内在价值就是期权的执行价格与相关证券价格的差价。经验丰富的期权交易者很快就能判断出一个期权是价内期权、平价期权还是价外期权，但是对于新手来说，你需要花大量的精力进行练习才能变得熟练。图表11.1将所有的概念都简化了。记住一点，一个期权只存在有内在价值或没有内在价值的情况。所以，当截止日期临近时，期权的价值就相当于其内在价值，或者没有价值。拥有内在价值的看涨期权是指执行价格低于其证券价格的期权。期权的执行价格大于或等于其股票的价格，就代

第十一章 期权基本概念第二部分:了解期权交易策略

表此期权没有内在价值。下面是一些简单的公式,有助于你理解这些概念。你可以把这些抄下来,将它放在你的电脑旁边,需要的时候可以用得上。

```
          看涨期权
    股价>执行价格=价内期权
    股价=执行价格=平价期权
    股价<执行价格=价外期权
```

图表 11.1　看涨期权内在价值公式表

期权的内在价值只是影响其价格的一个因素。除了内在价值,期权中还包含了时间价值。总之,价内期权有一小部分时间价值让它与价外期权联系在一起。因为平价期权的价格与执行价格相同,所以,平价期权拥有最多的时间价值。当你熟悉了时间价值如何运作之后,你会发现时间价值既能为你效力,也能违背你的期望,这就要看你运用哪种期权策略了。知道如何快速计算出期权的时间价值是你为自己的投资组合选择正确的期权策略的优势。

关于时间价值最重要的一点你必须知道,时间价值的价格会随着你的期权合同临近截止日期而渐渐下降。如果你要买入期权合同,不管是看涨还是看跌合同,股票都必须向支持你的期权交易的方向波动,否则,如果股价在某一个价位区间徘徊,那么你就会遭受到亏损。期权交易新手在进行期权交易时犯的最大错误之一就是他们都倾向于交易股市中最廉价的期权,他们认为这是最有价值的期权。在期权的世界里,你必须记住你得到的是你自己付钱买入的期权。如果你想买入便宜的期权,那么你有可能得到的回报也是廉价的。所以,你买入当月的期权,而且还是价外期权,那么你要知道组成这些期权价格的只有时间价值。

这就是购买当月期权的花费比长期期权的花费要少得多的原因。长期期权也简称为 LEAPS,是长期期权英文单词 long–term equity anticipation security 的首字母缩写。与当月期权相比,长期期权的有效期限较长,生命力也更强。对于交易者来说,他们在市场中持有长期期权的时间更长,获利的机会也更多。这是一个简单而奢侈的时间交易:你想要在市场中待的时间越长,那么你支付的资金就越多。想想保险的例子吧,你会更透彻地理解这个概念,你投保的时间越长,保费金额就越高。

截止日期当天,期权至少与内在价值等值

很多人都听说在截止日当天期权就会变得一文不值,这是完全错误的,停止这样的想法吧,只有时间价值在当天才会变得一文不值。如果期权中含有任何一点内在价值,它都会保留到截止日当天。

举个例子,假如你持有某个期权,今天是交易截止日。你持有的是执行价格为 40 美元的看涨期权,而其股价在截止日当天的收盘价为 45 美元每股。

你持有一份 40 美元的看涨期权,所以你有权利以 40 美元的价格买入其股票。如果在那一天股票的收盘价为 45 美元每股,那么在截止日当天股市收盘的时候,你的期权合同至少值 500 美元。所以,这项期权就拥有 5 美元的内在价值。

我们也可以通过第十章中的披萨优惠券的例子来解释,如果你有一张这样的优惠券,哪怕全世界的披萨都涨到了 12.99 美元,你还是可以用这张优惠券只花 7.99 美元就能买到披萨,那么披萨优惠券的内在价值就是 5 美元。

在截止日完成你的期权交易

我们在之前的章节中提到过如果你要买入某看涨期权,但是同时买入其股票并不是必须的,不过你还是有权力这样做。大多数交易者会在不买入股票的情况下,在市场中卖出期权合同从而获得利润。既然你已经知道如何执行你的期权合同,也了解了如何计算期权内在价值,现在我们要向你讲解其实在截止日当天执行期权合同或到期结束交易并没有什么区别。

假设你买入 40 美元的看涨期权,期权的价格为 5 美元,到了截止日当天,股价涨到了 50 美元。你可以打电话给股票经纪人告诉他执行你的期权合同,那么你就需要支付买入股票的 4000 美元(每一份期权合同都包含了 100 股的股份)。接下来,你可以立刻将这 100 股每股 50 元的股票卖出,从交易中获取 5000 美元。你获得了 1000 美元的利润。当然了,你获得的纯利润就是 500 美元,因为你当初购买期权花掉了 5 美元(100 美元 × 5 = 500 美元),1000 美元是你以 50 美元每股的价格卖出 100 股股票与你以 40 元每股买入 100 股股票的差价。如果你不执行期权合同直接将股票卖掉,会发生什么?现在的股价是 50 美元每股,你的看涨期权合同是 40 美元每股,其内在价值就变成了 10 美元每

第十一章 期权基本概念第二部分：了解期权交易策略

股,如果你直接卖掉你可以获得1000美元的利润（100股×10美元＝1000美元),除掉你为期权支付的500美元,你还剩500美元的纯利润。所以不管你执行期权合同还是直接在市场中卖掉股票或直接卖掉期权合同,你都能获利。

你需要考虑的最大不同点是当你已经退出交易之后,会发生什么？如果股价在截止日期的下一个交易期上涨,你肯定希望你已经执行了期权合同,然后将手中的股票做多头交易。那么相对地,在你执行了看涨期权合同之后,股价也有可能会下跌,这就关系到你愿意让自己的整个仓位承受多大的风险的问题了。你只需要确保你做的决定是顺应当时股票波动趋势的。

在截止日期之前完成期权交易

对于我们来说,不管是在截止日当天完成交易,还是执行期权合同,将股票卖到市场中,这并没有什么区别。那如果我们在截止日期之前完成交易会怎么样呢？这就会有区别了,而且有时候区别还很大。假如你买入了一份长期看涨期权合同,有效期限为两个月。具体情况是这样的：你买入每股40美元的看涨期权,现在的股价为45美元每股,而购买期权本身需要花费7美元。假设现在股价涨到了47美元。

如果你决定在截止日期之前执行你的看涨期权合同,同样地,你要打电话给股票经纪人让他执行期权合同。一旦你执行了合同,你就必须支付4千美元购买100股每股40美元的股票,然后以47美元的股价将股票卖出,获得4700美元。你从这笔交易中获得的利润就是卖出股票的价格与期权执行价格的差,也就是用4700美元减去4000美元,700美元就是利润。但是不要忘记你买入期权时每股支付了7美元（100股×7美元＝700美元）。当你从利润中减去这笔钱,那么你从这笔交易中获得的纯利润就为零了。如果你提前执行了期权合同,你便丢失了时间价值,而且草率地将它送给了当初卖给你期权的那位交易者。所以,在大多数时候,你并不想在时间价值并未耗尽的时候就执行期权合同。

我们再看看其他情况,假设交易条件都是相同的：

期限两个月的看涨期权,执行价格为40美元,购买期权的金额为每股7美元,股价为45美元。既然现在股价涨到47美元,期权的金额也涨到了8.5美元。如果你以卖出期权合同的方式完成这笔交易,那么你将获得850美元的利润。（100×8.5＝850）。850美元的利润与700美元的利润相比,你的纯利润多了150美元。所以在执行期权合同之前一定要谨慎。在你打电话给股票经纪人下达执行命令之前仔细地考虑一下，你将会损失多少时间价值。在截止日当天执行期权合同与将其直接卖掉没有区别的原因是，到那时期权中已经不包含时间价值了，因为期权已经到期了，时间价值已经耗尽。但是截止日期还未到的时候，时间价值还处于倒数的状态中，这两种选择会导致截然不同的结果。

现在，你应该对期权越来越熟悉了，你会听到一些对于"不要提前执行期权合同"这个原则的告诫，比如说只有提早执行才能获得股利。提早执行期权合同可能会有一定的收获，但是它也只能弥补一小部分亏损。大部分的股利是很微薄的，作为看涨期权交易者，我们并不会去关注股利（除非是大型股利或是能让我们感到惊喜的股利）。但是你现在要明白，在大多数的情况下，提早执行期权合同是不会有好处的。如果你想获得利润，那就直接将看涨期权合同卖出。现在你知道为什么大多数期权合同都以卖出的方式完成交易了吧。大多数交易者从不打算买入股票，他们只会进行期权合同的买卖。

期权的波动性

我们已经讨论过看涨期权的基本概念了，我们说过这与披萨优惠券没有太大的区别，只是期权本身是有价值的，而优惠券却没有。那么你肯定会问，为什么优惠券没有价值而看涨期权有价值呢？很多人都会这样说，那是因为股票的价格比期权价格高太多了。这只说出了一部分原因，而最大的原因是因为股价的不确定性。你几乎可以确定 7.99 美元的披萨价格能一直维持住，而且在披萨市场竞争力强大的情况下，也许还会有下跌的机会。因为我们非常确定下个星期、下个月，甚至是明年买披萨是什么价格，我们没有理由要"锁定"披萨的价格。因此，披萨优惠券并没有真正的价值，就相当于给一个正价的馅饼打一点折扣。

但是，期权本身是有价值的，因为股价的变化是如此的不可预测。某一天，股价会上涨，但也许第二天就会降 10%，甚至更多。我们永远不可能知道接下来得时间股价发生什么样的变化。正因为股价的不确定性，交易者和投资者们愿意为了得到锁定股价的权利而付出金钱。他们的目的在于避免持有股票，同时在整个过程中也不用拿出一大笔资金进行交易。人们都认为价格波动范围大的股票比那些价格波动范围不大的股票的不确定性更高。尽管有很多方法应付股价的不确定性，但你要明白股价波动越大，人们愿意支付期权的资金就越多。所以，选择波动性较大的股票买入当月的平价期权比波动性小的当月平价期权的花费更多。我们会在下一节中讨论一些学起来比较容易的策略，以此

第十一章 期权基本概念第二部分：了解期权交易策略

让你从市场的两种趋势中都能获利——上升趋势和下降趋势——同时讨论一下市场中的波动是如何起作用的。

多头看涨期权

我们从多头看涨期权开始说起，这是最基本的期权交易策略之一。我们之前已经表明了看涨期权会随着股价的上涨而升值。因为你已经定好了执行价格或者说你持有的"优惠券"价格，价格越高，愿意买你的优惠券的人越多，所以为了能得到这些"优惠券"，他们会出更高的价位。

现在我们将两位交易者做个对比，交易者 A 和交易者 B 都想交易 1000 股沃尔玛超市的股票（股票代码：WMT）。交易者 A 进行股票交易，而交易者 B 进行期权交易。在图表 11.2 中，你能看出交易者 A 支付 48000 美元购买 1000 股沃尔玛股票。持有如此大金额的仓位意味着如果沃尔玛股票崩盘，他有可能遭遇很大的亏损。

而交易者 B 则可以用购买 10 份看涨期权完成同样的交易，但是面对的风险就小得多。购买 10 份每股 3.5 元的期权合同，把佣金算在内，总金额也只有 3500 美元，从现在开始到 6 月的期权截止日期，不管沃尔玛的股价如何变化，交易者 B 潜在的亏损金额最多也就只有 3500 美元。注意，交易者 A 的潜在亏损金额并不是固定的，就算他设置了止损单。如果股市并没有按你预期的发展，止损单并不能规定最大的潜在亏损金额是多少。交易者 A 买入了 1000 股沃尔玛的多头交易，而交易者 B 拥有 10 份 45 美元的看涨期权合同。如果到期权截止日期沃尔玛股票跌幅超过 3.50 美元或是更多，交易者 A 肯定就会希望他当时买了期权而不是股票。股价下跌低于 44.5 美元，交易者 A 会承受更多的亏损，而在跌幅超过交易者 B 为买入期权支付的 3.50 美元之后，他就不会再承受更多的亏损了。你只亏损了买入期权的钱，不会再亏的更多了。

> **交易者A：**
>
> 买入沃尔玛股票，1000股，每股48美元
> 支付48000美元现金
>
> **交易者B：**
>
> 购买10分45美元看涨期权，截止日期为6月，每股3.50美元
> 账户负债3500美元
>
> （10份合同×100股/每份×3.50美元=3500美元）

图表11.2　股票多头交易 vs 期权多头交易

我们现在再来看看股票,如果股价上涨了会发生什么事？假设沃尔玛股价上涨到55美元每股(见图表11.3)。交易者A以48美元每股的价格买入,以55美元卖出,减去佣金获得7000美元的利润。即每股上涨7美元,获利率达到了14.6%。但是对于六月到期的45元看涨期权来说,股价上涨7美元就相当于内在价值达到10美元。交易者B只花3.50美元买入看涨期权,现在至少可以以10美元卖出,获得利润为6.50美元,获利率达到186%。

这只是一位交易者如何在不付出庞大金额的情况下运作交易的简单例子,这个例子表明如果股价大幅上涨会发生什么事。还有另外一件事需要注意,购买期权的条件是股价必须波动。如果我们要进行期权交易,就必须快速,用最高的效率完成,而且如果股价下跌到执行价格以下,并且以那个价格收盘,期权持有者会将他们支付买入期权的钱全部亏损掉,因为在那个价位期权将不再拥有内在价值,看涨期权到期便会一文不值。这是对比股票交易而言的。股票交易是没有有效期的,所以期权到期很久之后你都可以持有股票,而且如果之后股价反弹,你最终会从这次的投资中获得回报。那么,在这里你需要学习的是如何确保你买入的看涨期权能帮助你跟随股市趋势持有股票,而且如果股价能持续上升趋势,你能获得的回报比只进行股票交易要高得多。

第十一章 期权基本概念第二部分：了解期权交易策略

> 沃尔玛现在的股价为55美元
>
> 交易者A：
>
> 拥有1000股，每股48美元
> 获利7000美元或14.6%
>
> 交易者B：
>
> 拥有10份45美元期权合同，每股3.50美元，
> 内在价值为10美元
> 获利6500美元或186%
>
> （10美元-3.5美元）×10份合同×100股/每份=6500美元

图表11.3　沃尔玛股价为55美元股票与期权的对比

多头看跌期权

现在我们假设你对沃尔玛股票持看跌态度，而且你打算进行此股票的空头交易。对于大多数人来说，他们对空头交易的概念并不是很熟悉。空头交易其实只是一种简单地卖出股票的方式，是将并不属于你的股票卖出，从股价的下降趋势中获得利润。做空头交易首先必须从股票经纪人手里借来股票，并保证过几天就将这些份额还给他。一旦你从股票经纪人手中借到了股票，接着你就要将其卖到股市中，再以更低的价格买入。简单来说，就是高卖低买，然后赚取差价。但是，当你将借来的股票卖出之后，如果股价上涨了，那么你所要承受的潜在亏损是无限的，因为股价上涨是没有限制的。最后，你不得不再将这些股票买回来还给经纪人，那么这种无限的潜在亏损便是大多人不参与空头交易的原因之一。

而买入看跌期权可以让你从股市的下降趋势中赚取利润的同时，避免承受无限的潜在亏损。在第十章中我们讨论过，对于持有股票的人来说，看跌期权的作用就像买保险。你买入期权的同时并不用持有股票，但是你同样可以将它视为空头股票一样持有。关于期权的"货币性"，我们在看涨期权中所用的术语都可以运用到看跌期权中，但有一点是例外的，当股票价格下跌时，看跌期权才会升值。图表11.4能帮助你理解价内看跌期权、平价看跌期权和价外看跌期权执行价格之间的区别。

> **看跌期权**
> 股价<执行价格=价内期权
> 股价=执行价格=平价期权
> 股价<执行价格=价外期权

图表11.4 看跌期权内在价值表

与空头股票交易相比,看跌期权最大的好处在于,你亏损的最大额度最多也只是你购买期权所支付的资金。

我们再看看交易者A和交易者B的例子,对比他们在股票和期权中运用看跌策略的区别。交易者A从股票经纪人手中借来1000股沃尔玛股票,然后以48美元每股的价格将其卖出(图表11.5)。交易者B选择购买期权,他买入10份50美元的看跌期权合同,每股2.50美元,6月到期,加上佣金,他总共为这一次的期权交易支付2500美元。

> 交易者A:
>
> 卖出1000股沃尔玛空头股票,每股48美元
> 获得48000美元利润
>
> 交易者B:
>
> 买入10份50美元看跌期权合同,每股2.50美元,6月到期
> 支付现金2500美元
>
> (10份合同×100股/每份×3.50美元=3500美元)

图表11.5 股票空头交易 vs 多头看跌期权交易

两位交易者都希望股价下跌,这样他们获利的可能性就增大了,但是先让我们看看这两种仓位的风险。交易者A需要偿还债务,那1000股是他从股票经纪人手中借来的。所以,如果股价每股上涨10美元,那么交易者A就必须以更高的价格买回股票,比当初他卖出股票的价格高。交易者A必须决定以58美元的价格买回股票还是暂时不买回股票。我们现在假设交易者A决定买入股票,这些亏损对于他来说是很受伤的。以58美元的价格买回1000股将亏损10000元{(58美元−8美元)×1000股=10000美元}。将这些股票买回来之后,交易者A将其返还给股票经纪人,那么在他的账户中只剩下了亏损。

但是,交易者B处理的仓位就不一样了。他支付了多头看跌期权仓位的总

金额,现在他已经持有10份50美元的多头看跌期权合同,6月到期。当股价上涨到58美元,这些看跌期权并不存在内在价值,但是如果还没有到截止日期,那么这份50美元的看跌期权合同还拥有时间价值。这时,交易者A做股票的空头交易,而且他已经结束交易,没有任何机会重新获得利润。与之相比,交易看跌期权最大的优势在于,虽然看跌期权的价格比交易者B当初建仓时的支付价格低,但是他仍然有机会获得利润。

从看跌期权的优点看,当股价有下跌快过于上涨的趋势时,看跌期权在平衡买家购买力方面起到了很好的作用。这与市场的波动有很大的关系。在前几章中我们提到过,有些交易者因为对股市的波动感到担心害怕,而做了更好的风险管理,但是对于期权交易者来说,股市的波动是他们最好的朋友。如果股价下降到40美元,那么交易者B的内在价值就有了10美元。交易者B持有50美元的看跌期权合同,那么他就有权利以50美元卖出股票。所以只要交易者以40元买入股票,他就立刻能以50元卖出这些股票。从这10美元的利润中减掉买入期权的花费(2.50美元),交易者B获得的纯利润为7.5美元每股,除去佣金,他的投资回报率为300%。在期权市场中,这样的投资回报率是非常普遍的。当然了,你不能指望你进行的每一笔交易都能获利,但是你需要记住的最重要的事是,如果你掌握了我们介绍的选股方法,那么你就能预先计算价格下降的风险,那么你就能在交易中一直保持良好的表现。

卖出现金担保卖权

多头看跌期权赋予我们在预先约定的价格卖出股票的权利,但是我们最常用的策略是股价在技术图表上出现强烈的支撑信号,或是上升趋势中出现成交量上升的信号,这时我们会卖出看跌期权。在你开始运用类似这样的策略之前,必须要明白你绝不能在股价下降到支撑线以下或股价处于下降趋势时,考虑卖出看跌期权,这点是非常重要的。如果你真的在下降趋势中卖出看跌期权,那么你将会承受很高的风险。你应该寻求一个空头看跌策略,就像保险公司找寻潜在的投保人一样。保险公司会针对病危的人制定人寿保险吗?或者说保险机构会针对经常醉酒驾车的司机进行保险吗?这当然不会。保险公司雇佣保险精算师对一切风险进行计算,避免公司承担一切不必要的风险,除非保额是超越顶级的程度,是世界上最多的。如果接受一个高风险的个人投保,那么保险公司会破产。所以,如果你要卖出看跌期权,还会考虑风险高的股票吗?

我们教授的卖出看跌期权的策略是只有在你考虑持有这只股票的时候，才能对其进行卖出看跌期权的交易。如果你想要买入沃尔玛的股票，你可以预留买入股价的固定价格，作为你承担风险的回报，你会得到一定的保额。而你卖出股票的执行价格是你预先约定的买入股票的价格。在这个例子中你扮演的角色就是承保人，也就是保险公司。你会收到看跌期权卖家提供的保额，他们清楚地知道如果股价下跌，你便会限制他们的亏损。然而，你却想让股价保持平稳或上涨，你最不想看到的事便是股价崩溃。同样地，保险公司最不想看到的事就是在你刚刚为自己的车买了保险之后，你就撞车了。那么人们会一次又一次地撞车吗？是的，但是保险公司愿意承担这个风险就是赌你不会撞车。所以，他们会寻找那些安全的驾驶者，没有撞车记录的驾驶者，为他们投保。

显示出强烈支撑信号的股票或是处于强势上升趋势中的股票就是你应该投保的股票类型。当你找到了这类型的股票，你的账户中要有足够的现金确保能购买这些股票。如果股票"看跌"了——换句话说，也就是你要开始履行义务了——资金从货币市场资金中流出，你必须买入股票了。作为股票的承保人，你必须知道股票的收支平衡点在哪里。如果股价从 48 美元下降到 44 美元每股，你还是可以获得利润，因为尽管股价降到了执行价格以下，但是你的成本价还是低于 44 美元。

这时是你展现技术分析技巧的时候了。如果你发现股价走势良好，在 43 美元的价格受到强烈的支撑，你也许决定持有这个多头股票仓位，因为它有机会从这个价位再反弹。你的成本基础为 43.5 美元，所以就算股价降到 44 美元，你还是能大声说出你每股获利 0.50 美元。但是，如果发现股价并不在支撑线上波动，那么你必须退出交易将风险最小化。记住，你不会想买入股价崩溃的股票。这一章中我们大概浏览了一下最常用的基本策略，但你还需要对这些概念的细节多做研究，熟练运用卖出看跌期权策略才是你的目的。我们将这个策略定义为卖出现金担保卖权。图表 11.6 是你的交易账户将会呈现的模式。

掩护性买权

大多数新手期权交易者都会听说关于掩护性买权这个概念，因为这是被公认的最基本的安全策略。我们来看看它是如何运作的。

我们假设你拥有 300 股沃尔玛股票，股价为 45 美元。（也许你被分配到空头看跌期权——但是你有机会看看自己如何将这些期权策略结合起来，在交易中表现更灵活）你一直持有这些份额，现在就等着股价升高了。其实，相对于等

第十一章 期权基本概念第二部分：了解期权交易策略

> 沃尔玛股价为每股48美元
> 你卖出6月到期的45美元看跌期权获得每股1.50美元的期权金
>
> 如果股价在截止日当天以低于45美元的价格收盘
> 你的责任是以45元买回股票
>
> 如果股票看跌了，那么你的基础成本就是43.50美元
>
> 买入价格　　　　　　　45美元
> 减去期权金额　　　　　1.50美元
> 基础成本　　　　　　　43.50美元

图表11.6　卖出现金担保卖权示例

待股价升高，卖出这些份额的看涨期权会更好。卖出看涨期权之后，当买入这份看涨期权的买家执行他的买入权利时，你有责任将这些份额卖给他。你可以卖出三份50美元7月到期的看涨期权，每股2.75美元，你便获得总金额为300×2.75美元=825美元的贷款。你立刻可以按你希望中的使用这些现金。

你可以立刻打电话给你的股票经纪人，卖掉三份沃尔玛50美元7月到期的看涨期权。接着你可以持有这300股股票的多头交易，然后以50美元做三份空头看涨期权交易。

如果在截止日当天股价上升到50美元以上，那么你必须以50美元卖出。如果股价维持当初的价格，你可以获得825美元的利润，这永远不会发生在那些持有多头股票仓位的交易者身上。这些贷款还为你提供了下行风险保护。就算股价下降2.75美元，降到基础成本以下，你也只是收支平衡，并没有亏损。起初卖出期权的贷款对于股价向反方向波动起到了缓冲的作用。

此策略叫做"掩护性买权"的原因在于你已经持有了此股的份额了。换句话说，空头看跌期权的上行风险已经被多头股票份额所"掩护"了。如果股价上涨，你没有必要担心要转移股票份额了。当然了，你还是承担着多头股票交易中的下行风险，但是无论如何那些风险你是承担得起的。如果你并不想持有股票份额，但是却已经进入了掩护性买权的交易中，将会发生什么呢？这是期权投机行为，这种仓位是有风险的，至于风险有多大，这就要看你如何利用这些期权了。

chatter Box—A. J. 蒙特

从我在期权市场中交易了25五年的经验来看，大部分的时间，我都在进行卖出期权金额的交易。作为股票交易者，我觉得扮演"保险公司"的角色让我感

觉非常自在,但是在你卖出期权金额之前,一定要了解自己要承担的所有风险点。这包括了你有义务买入或卖出的价格点、收支平衡点,还包括当股价的波动方向违背你的期望时,用来避免承受风险的策略,这都是你需要考虑的风险。

我住在佛罗里达的时候对保险公司在飓风季节来临时,为业主们承担保险的事宜了解甚多。当天空开始变灰变暗,海浪开始翻滚,保险公司会对他们所有的代表发出警示,让他们停止接受一切新保险的申请。他们为什么这么做?很简单,当风暴来临的时候,他们支付索赔的几率大大增加了。他们这样做的原因是,如果风暴来临,可以消除额外的风险。

卡特里娜飓风席卷整个佛罗里达州时就是最好的例子。实际上,在卡特里娜飓风刚登陆佛罗里达东岸的时候,里克和我正在录一个广播节目。我刚刚结束了一场研讨会,待在棕榈滩宾馆的房间里。我们正在讨论这次特大飓风席卷墨西哥湾的可能性,虽然我们并不知道这是不是美国历史上最致命的飓风灾难,正巧我们当时讨论的话题就是风险管理。我们用飓风的例子来对比当金融风暴来袭的时候,投资者们应该实施什么措施来限制风险。现在网上还有我们这段节目,我们在节目中讨论到如果卡特里娜飓风席卷了墨西哥湾,那它的威力肯定不小,住在墨西哥海湾的人应该找地方避难。但不幸的是,大多数人并没有听我们的忠告。我们说这些事是要表达,如果你想确保股票的价格,那么在金融风暴来临之前你应该小心它的警告。当你的仓位处于风险中时,你如果对于该做什么感到非常疑惑,那么最好的措施便是关闭交易,接受亏损总好过冒险经历风暴。我见过很多人在他们感到疑惑的时候,像鸵鸟一样把头埋进沙子里,逃避问题。这种鸵鸟般的方法根本不是什么策略,而且这只会导致一个结果:更大的亏损。放聪明点,用用常识。

Chatter Box—里克

据说这样的常识是稍微有点常识的人都懂的。但不幸的是,许多聪明的交易者或精明的个人都会忽略市场给他们的警告。或许就是这相同的想法影响着飓风国家的海滩居民。到目前为止,他们都认为他们能毫发无伤地度过风暴。他们被自己无敌的想法所欺骗了,这种想法只会被灾难性的亏损所打破。A.J.和我认为在以上的讨论中能总结出一点:从那些曾经历过风暴的人身上学习经验并了解金融风暴的威力。你只有在给予市场足够的尊敬时才能真正地从中获利。

第十一章　期权基本概念第二部分：了解期权交易策略

你已经了解了所有的期权

这一章中讲的期权交易策略只是你能运用的所有策略中的一小部分。你可以结合策略建立一些适合自己的风险管理计划或盈利计划——如果你只交易股票，那么你肯定不能这样做。

期权设计之初就是为了卖出或买入风险。如果你愿意承担风险，那么你就能得到承担风险的报酬。如果你并不想承担风险，你可以付钱给别人替你承担风险。只要你明白期权交易是用来降低风险的，那么你就会发现交易期权并不意味着有风险。当然了，有些人会运用投机或赌博的方式获得很多利润，因为他们有预感股价会上升还是下跌。那些人是投机者，但你要知道那并不代表整个期权市场都是由投机者构成的。这种寻找高风险的人也许从一般交易者或投资者手上买入期权，或将期权卖给他们，而一般的交易者或投资者只是利用期权降低他们投资组合中的风险。期权市场是唯一一个能让我们遇到投机者、交易风险的地方。

并不是所有的期权交易策略都是具有投机性的，这全看你怎么运用他们。如果你觉得你找到了期权交易有趣的地方，那么我们鼓励你找出更多。如果你并不觉得有趣，那么这对你也没有坏处，至少在你开始交易期权的时候，你可以说你很了解期权。不管怎么样，只要你花时间了解这个令人着迷的市场，你就是一位优秀的交易者或投资者。

秘诀四

百分之一原则：保护你的仓位

第十二章
风险管理：学会接受合理的亏损

你想在股市中交易却不想亏钱,这是合理的吗？答案当然是不合理。那么对于任何一个交易者或投资者的挑战就在于要知道何时应该止损退出交易,以保证第二天还有资金继续交易。我们把这个方法称作合理亏损。在一场金融研讨会上,当我们宣布我们的首要目标是要教导他们接受合理的亏损时,观众们脸上的表情把我们都逗笑了。有不少交易者反映他们已经在交易者中实行这种合理的亏损,其实不需要更多的指导。言归正传,你真知道如何通过合理的亏损继续在股市中获利吗？

我们 The Market Guys 的限制亏损的方法叫做百分之一原则。概括来说,在任何一笔交易中,你的亏损金额不能超过交易账户金额的百分之一。在往下讲之前我们先讲几点需要注意的地方。

第一,你的交易账户并不是你的资本净值。我们并不推荐你用来交易的金额超过投资组合的 20%,剩下的 80% 应该分配到你整个金融投资计划中的其他产品中,包括现金、债券、房地产以及股利股票或基金。举个简单的例子,我们假设你的整个投资组合值 500 万美元,那么你的交易账户中的金额就不能多于 100 万美元。

第二,每一笔交易的亏损不超过交易账户的 1%,那么在这个例子中你的亏损便不能超过 100 万的 1%,也就是 1000 美元。如果你建立了两个仓位,每个仓位的亏损额为 1000 美元,那么总亏损额为 2000 美元。注意,我们还没有提到任何关于股票的事情。如果股价下降 10%,但是合理的亏损额又不能超过 1000 美元,关于这两个概念之间的联系,我们会在这一章的后半部分进行讲解。

第三,这个百分之一原则并没有什么神奇的力量,只是我们发现在实际操作中这个数字起到了很大的作用。如果你是一位活跃的日交易者,你也许想把百分之一原则再减半。但是,如果你不是经常交易,持仓的时间可能是六个月或更久，那么你可以将1%放宽到2%。我们想强调的是，你不应该在交易的过程中调整合理亏损的百分比。如果你正在使用百分之一原则，那么每笔交易都应该遵循百分之一原则。

安全投资真的存在吗？

当然了，投资都承载了各种不同类型、不同程度的风险，但是你要认识到任何的金融投资都是有风险的。就算你知道一些内幕消息能保证你获利，但是在消息发布刺激你的股票增长之前，你的股票经纪人就会打电话通知你，让你承担与你进行交易的买方/卖方的风险。

为了让你们了解市场中大概有哪些风险，我们已将所有的风险类型全部列出来，再看看什么时候会遇上这些风险。通过了解这些风险的类型，能帮助你提高鉴别这些金融风险的固有性质以及如何最佳地处理这些风险的能力。

市场风险。市场风险是指当市场作为一个整体活动时，股价下跌带来的风险。大多数交易者对这种风险都很熟悉，因为当市场驱使股价下跌时，市场风险就会导致交易者们亏损。总的来说，市场风险与整个市场的形势、资产类别或市场细分有关。顾名思义，这是当整个市场违背我们期望时，我们的仓位遭遇的风险。

有句老话也能形容市场风险，只要涨潮，所有的船只都能出海。同样的，只要退潮，再好的船也只能搁浅在沙滩上。

经营风险。这是指你交易的或投资的某个特定产品所属企业存在的风险，我们称之为经营风险。也许整个市场的行情是不错的，但是你从新闻报道中得知你的股票所在的企业刚刚宣布他们开始进行一系列新的内部研讨会，这就很有可能制造经营风险，对股价会有一定程度的负面影响。

信贷风险。通常与债券有关的风险称之为信贷风险。这有可能是因为债券发行人不及时履行付息或交税的责任而引起的风险。企业债券中的信贷风险高于企业债券，因为企业债券是由其发行公司支撑的，而政府债券则是由税务机关收取公民税务来支撑的。

利率风险。像债券这种债务性证券因为利率上升而贬值的时候就被称作利率风险。即使债券到期之前一直支付票面利率，债券的价值也会随着利率的上升而整体下降。举个例子，假设你在现行利率为6%时，用6%的息票买入某种债券，你很有可能只会支付其票面价值。但是，当现行利率为4%时，你想买入6%的息票，那么你就必须支付超过利率的息票价值，这样金额就超过了票面

第十二章 风险管理：学会接受合理的亏损

价值。同样地，如果你以一定的金额购买同一种债券，而利率上升到10%，那么你的息票价值就不足。所以当你要卖出债券的时候，就必须打折扣了。这就是利率如何影响债务性投资的原理。

通货风险。通货风险是指各种货币之间汇率波动而产生的风险。许多拥有广泛的国际业务的公司实行了一些避险项目来缓和通货风险的影响。当你购买国际知名公司的债券时，这种风险就会出现。当你进行外汇交易的时候，你也许会受到直接的影响，需要转换货币交易。这也被称之为汇率风险。随着外汇交易的发展，许多个人交易者都能建立自己的避险机制，避免承受这类型的风险。

国家风险。当我们写这本书的时候，委内瑞拉总统查韦斯（Chavez）正在他们国家寻找影响力超过银行或金融产业的控制力量。他引用一位炼钢制造商的话，说："我将要占领你的公司。"因此，位于委内瑞拉首都的加拉加斯证券交易所的主要指标下跌将近三个百分点，同时，委内瑞拉的货币、银币也下跌大约三个百分点。这种具有国家特性的动荡称之为国家风险。这经常在政治领域中发生，但是混乱东窗事发时，通常你能直接从投资行业里看到后果。

流通风险。如果你已经准备好卖出某项投资，但是却并没有那么容易将它兑换成现金，那么你就承担了流通风险。像房地产和汽车这样的硬性资产更容易受到流通风险的影响。但是，那些并不是公开交易且成交量低的股票或基金同样容易受到流通风险的影响。如果你买入了10万股低价股，而且通常一天只能交易5000股，那么在不压低股价的情况下，你很难将整个仓位的股票都卖出。

通货膨胀风险。当你不信任股市只做床垫基金交易时遇到的风险就是通货膨胀风险。你投资的每一元钱都直接到了你床垫下的大袋中。就算是这样，你的钱也并没有因为通货膨胀而增值，但你的资本并没有贬值，而是购买力下降了。1950年时存入咖啡罐的50美元能买到的物品或享受到的服务，放到今天显然不是50美元能解决的。

监管风险。引用威尔·罗杰斯的话："死亡与税收之间唯一的区别就在于，每次国会提出增税要求的时候，死亡并不会变得太糟糕。"他的本意描述的就是监管风险。这是改变法律法规所带来的未知及不可预测的后果。不管我们谈论的是获得长期的利润对短期的利润、退休账户的均衡要求或是企业税收政策，我们推举出来的行政官的一切活动都代表了金融风险发生的可能性。

我需要救兵援助了

既然我们已经讨论过在你毫无意识的情况下,资金会通过很多方式缩水,这让我们有什么样的思考?有些交易者此时此刻也许正在想任何烦人交易或投资都是在转他们自己的轮盘赌。"既然我控制不了自己的金融投资命运,那也许我可以转一辆新车!"他们这样为自己找借口。当然了,我们面临着多种风险,但是我们应该对风险有一个清楚的认识,风险都是即时的,而且我们不应该逃避风险。我们应该认识并且适当地处理风险,而不是完全逃避。

我们在处理风险时出现的一个问题便是对自己面临的风险有一些偏见。《与天为敌:风险探索传奇》(纽约:John Wiley & Sons 出版社,1996)这本书中,作者彼得·伯恩斯坦(Peter Bernstein)讲述了这样一个故事:

第二次世界大战期间,在莫斯科多次遭受德国空袭的其中一个冬天的晚上,一位杰出的苏联统计学教授出现在当地空袭避难所,在这之前他从未到过这个避难所。"莫斯科有700万人民,"他说,"为什么我期望他们袭击我?"他的朋友们惊讶地看着他,问他为什么改变了想法。"听着,"他解释到,"莫斯科有700万人民和一只大象。昨天晚上,他们带走了大象。"

我们最近出席了芝加哥期权交易所的研讨会。就在第二天股市开盘之前,其中一位参加者与他的兄弟正在交谈,而他的兄弟买入了200份雅虎(股票代码:YHOO)的看涨价外期权合同!就在今天早上,关于雅虎将被微软全部收购的传言满天飞。之前用几分钱购买的期权合同现在已经变成超过3美元的价内期权了。如果没有这样的一个新闻大事发生,那么这份期权合同很有可能到期时就毫无价值了。现在那位参加者的兄弟已经赚到了6万美元的利润了。下一次当这位交易者背上如此便宜的价外期权的包袱时,那么你认为他对于再次获利能展现几分自信呢?他极有可能思考上一次的交易模式,考虑再做一次这样的交易的可能性,即使成功的可能性是非常低的。

我们再看看交易的另外一方,想想卖掉期权合同的那一方,特别是他把期权全部卖掉的场景。当期权合同生效,他必须将雅虎的股份转移给买方时,他并没有持有雅虎的股票。实际上,他用这些股票做空头交易并且必须用6万美元的现金弥补已经崩溃的仓位。你觉得同一位交易者还会不会再次卖出非掩护性买权?这样的可能性有多大?再强调一遍,在卖出看涨期权的交易中亏损的可能性是很小的,与那位参加者的兄弟再买入同样的期权合同并且获利的可能性一样小。但是他的经验告诉他这是有可能发生的,那么他以后所做的决定都会被这一次的经验所影响。

这是1662年发行的《波尔罗亚尔逻辑》的当代市场版。安托尼·阿尔诺（Antoine Arnauld）和皮埃尔·尼可（Pierre Nicole）在这本书中提到人们对于在风暴中被闪电劈中的可能性估计过高。据统计，发生这种事情的几率很低，但事情的后果是严重的，所以，尽管事情发生的几率很低，但是仍然增加了人们对其的恐惧。此外，任何的与打雷闪电有关的经历（目击过闪电发生的经历、知道熟人目击闪电发生的经历，等等）都只会增加人们的恐惧。其实事情发生的几率并没有改变，但是人的意识已经深受其他因素的影响。当我们经历了市场中"极其不可能"发生的事情之后，我们以后面对风险或利润时，不可能不将之前的经历纳入考虑的范围中。

每个人都应该超过平均水平

我们之前多次讲过制定交易计划的重要性，它可以消除决策过程中的情绪，而且能监督你执行已经定好的策略。我们刚刚讨论过我们容易将自己的偏见带入到对交易或投资决策的自信中去，这也是我们要严格制定风险管理计划的原因。有些交易者喜欢根据他们对于交易的信心的多少来调节他们承担风险的水平。一般来说，这并不会让你得到最大的利润。我们提出这条建议更多地是从实际的角度出发，并不是通过我们的个人经验总结而来。我们见过不少交易者运用这样的方法，但他们到头来都被反咬一口。

几乎所有的人都喜欢相信自己是与众不同的，但还是存在着误解的几率以及一般人群的统计。大学新生们将这个主题称做"几率与刺激的关系"。对于我们大多数人来说，我们并不会通过估计交易或投资决策的成功几率来改变我们的命运。

爱德华兹·戴明（W. Edwards Deming）是有名的传教士，他主要研究以统计为基础的决策这一主题。他教授的统计质量改善原则曾在二战后的日本经济重建中作出过重大贡献。1960年，日本天皇颁给戴明博士二等瑞宝奖。1982年，他发行了他的经典之作《转危为安（Out of the Crisis）》（麻省理工学院出版社）。这本书主要讲述了通过数据分析做决定的方法。戴明博士还将以下两条新闻写进了书中，这两条新闻主要描述了在做正确决定的过程中统计错误如何成为薄弱环节。第一条新闻由《圣地亚哥联合论坛报》在1983年发布，其作者鲍勃·德沃夏克写到：

罗伯特·默里在调查中被970个历史学家质问的时候，公开回答到："总的来说,我们一直被超乎寻常的领导阶层所保佑着。"

宾州州立大学历史系教授说:"鉴于我们相对盲目地推选总统的方法来看,我们一直都相当地幸运。历史学家已经断定大约四分之一的领导人都是伟大的,或者说接近伟大,超过一半的领导人都是超乎寻常的。"

我们要注意,新闻中提到的"伟大"的定义为在25%中是名列前茅的。所以,难道我们不应该认为那1/4的领导人都是25%中名列前茅的吗?那么认为那1/4的领导人在25%中垫底的观点是多么的滑稽!

第二条新闻是《威斯康辛日报》于1983年发布的,当天的报纸头条为:"一半的球员薪资水平仍未达到平均水平"。

联名的总裁说到,尽管薪资在增加,但是联盟超过一半的球员的薪水仍然少于整个联盟的平均年薪——75000美元。

要知道从定义上讲,平均水平是分割上半部分与下半部分的中间值,那么我们如何解决上述问题?难道我们不应该同样关注没有人能比顶薪球员表现得更好这样的事实吗?

我们再举一个成功几率与期望结果并无联系的例子。买彩票与投机交易者交易廉价期权或低价股的性质是一样的。在这两种情况中,你需要付出的资金都非常少,那么获得成功的几率同样很小。虽然如此,但当15美分的期权的内在价值升到5美元时,我们的判断力会被眼睛所见所蒙蔽。美国最大型的彩票为"超级百万"彩票。这种彩票的玩法是买家必须从1~56的号码中任意选出5个不同的号码,并在1~46的号码中选出一个号码作为特别号。当你选出的6个号码与开奖号码完全相符时,你就赢得了头奖。"超级百万"的网站已经列出赢得头奖的机会,1/175,711,536。你可以去当地便利店问任何一个买家,他们认为自己中头奖的几率有多大,他们通常都承认自己将获奖的可能性扩大了。"总有人会中奖。"他们总是这样找理由。但是,"有人"中奖并不会让他们获得利益,只有他们自己中奖时才能获得利益,而别人中奖的几率总比他们自己中奖的几率大得多。

风险管理五原则

运用坚实的风险管理策略有很多原因,而运用风险管理策略的最主要原因则是风险管理是在市场中取得成功的唯一一个重要条件。如果拉斯维加斯的赌徒们一次又一次地赢钱,我们将此称之为幸运闪现,这同样发生在股票市场中。但是不管幸运闪现的时间长短,随后都会出现一段时间市场会按照我们期

第十二章 风险管理:学会接受合理的亏损

望中的那样急转直上。当这一时刻降临的时候,风险管理计划便是我们的救世主。以下是 The Market Guys 的五种管理风险的原则:

①做好风险管理可以平定你的情绪。
②风险管理允许我们承受较多的亏损。
③做好风险管理必须了解技术分析。
④风险管理与选股一起进行。
⑤风险管理必须按部就班,不能视情况而调节。

1. 做好风险管理可以平定你的情绪

至今,你有没有感觉到当我们跟钱打交道的时候,我们的情绪就变得不那么好控制了?我们总是随心所欲地拿自己的钱做傻事。虽然这种说法并不是最科学的,但是这却是事实。因此,如果我们要制订计划来管理交易中的风险,那么限制我们干预计划的执行的行为是非常重要的,制订计划时就应该考虑到这些因素。简单来说,我们需要建立一个最简单的计划,确保这个计划防止的就是来自于交易者自己的干预。

我们运用一个普遍的实验经济学的游戏来分析这一点,这个游戏叫做"最后通牒游戏"。在这个游戏中,两位参与者都有机会分到一笔钱,但参与者只有一次机会,也就是说,每位参与者只能做一次决定,游戏就结束了。游戏开始,参与者 A 被告知与参与者 B 分一定的金额,比如 10 美元吧。可以按照比例来分,但是有一个规定:参与者 A 不能持有全部金额。对于参与者 B 来说,最糟糕的情况莫过于参与者 A 选择持有 9 美元,而给交易者 B 仅 1 美元。接下来轮到参与者 B 了,他可以选择接受或拒绝参与者 A 的提议。如果参与者 B 接受 A 的提议,那么他们两人就会按照规定中的比例分钱。如果参与者 B 选择拒绝 A 的提议,那么他们两人就一分钱也拿不到。这里就产生了一个关键性的问题:参与者 B 什么时候拒绝提议会得到优势?答案当然是什么时候都不可能!最糟糕的情况就是参与者 B 接受提议,他可以接受 1 美元,否则他一分钱也拿不到。但是,实践的结果往往是少于 20%(在我们所举的例子中是 2 美元)的提议都被否决了。随后的调查显示,参与者 B 的考虑中包含了"公平性"这个因素,如果这个提议是"不公平"的,那么往往提议都会被拒绝。如果他们需要进行相互之间的排他性的选择时,参与者 B 宁愿维护他认为的"公平性"也不愿意改善他的经济状况。

在你想成为那位单纯只靠决心战胜这一习性的例外交易者之前,应该考虑一下这些。有一项研究调查了最后通牒游戏的参与者,当他们回应了对于提议公平与否的想法时。2003 年,《科学杂志》中的一篇文章发表了其结果,文章的标题为《最后通牒游戏中的经济利益决定的神经基础》。文章表示不公平的提议会引起大脑掌管情绪的区域有所活动,这表明在决策过程中,情绪起到了决定性作用。对于交易者的结论是我们必须认清情绪在我们交易决策过程中起到主导作用,我们必须采取必要的措施确保在这个过程中我们不会做出对自己不利的决定。因为每一个交易日,我们都要做于利益相关的决定,所以交易者一定要将这一点谨记于心。

2. 风险管理允许我们承受较多的亏损

只要你被踢出交易,即使你交易水平再高都无济于事了。也许你进行交易多年了,获得过一些利润,但是只要在交易中一不小心,没有运用适当的风险管理,也许你累积多年的利润会被一扫而空。风险管理是一个系统且规律的方法,它可以在不让你受到毁灭性亏损的情况下,承受更多的亏损。在下一节中,我们会讲到在交易中运用百分之一原则的步骤。现在,我们考虑一下每次都亏损1%的交易者,其实他的交易是处于亏损状态的。图表12.1呈现的是按照亏损状况排列的交易账户余额的情况。

图表 12.1　百分之一亏损排序

交易次数	亏损	账户余额
		$100,000
1	$1,000	$99,000
2	$990	$98,010
3	$980	$97,030
4	$970	$96,060
5	$961	$95,099
6	$951	$94,148
7	$941	$93,207
8	$932	$92,274
9	$923	$91,352
10	$914	$90,438
11	$904	$89,534
12	$895	$88,638
13	$886	$87,752
14	$878	$86,875
15	$869	$86,006
16	$860	$85,146
17	$851	$84,294
18	$843	$83,451

第十二章　风险管理：学会接受合理的亏损

续表

交易次数	亏损	账户余额
19	$ 835	$ 82,617
20	$ 826	$ 81,791

图表中这位交易者最初账户中有 10 万美元，接下来的 20 次交易中，每次都亏损。经历了这 20 次的亏损之后，他的账户中仍然剩下 82000 美元。这重点表明了风险管理计划允许你承受多次的亏损，而账户中剩下的资金还是可以让你继续交易。

丹尼尔·卡尼曼（Daniel Kahneman）与阿莫斯·特沃斯基（Amos Tversky）在他们的标志性研究——前景理论中，提出了我们如何合理地接受亏损的分析。简单来说，前景理论表述的是比起用获得的利润行进赌博，他们更愿意用亏损来进行赌博。实际上，这一理论更贴近交易者，因为在交易中，我们快速锁定利润，同时也会接受亏损继续扩大，希望我们的耐心能赢得股价的反弹。在亏损的情况下赌博被称之为"损失趋避"，即人们对于避免亏损的欲望比获得利润的欲望还要强烈的倾向。相反地，当我们快速锁定利润的时候，我们执行的是"风险规避"，即当手握利润时，我们会想方设法避开任何风险。一些研究表明，由亏损引起的心理变化的力量比获利时大一倍。当交易者接受一个亏损仓位时，这种现象便能解释风险戏剧性增大的原因。我们并不想接受随着亏损而来的负面情绪，所以我们会最大程度地避免亏损。然而，有许多次亏损并没有避免，而是被推迟了。当我们执行损失趋避，并且看着未实现损失继续增长，那么会到达未实现损失维持不住，最终关闭仓位的地步。

在股市中，当大量交易者最终意识到自己承受不住亏损时做出的交易称为投降抛售。伴随着股价渐渐下降的趋势，成交量达到顶峰，这往往是交易者在情绪紊乱的情况下所做决定的后果，而并不是经过深思熟虑执行熟练的风险管理计划。

3. 做好风险管理必须了解技术分析

如果你买入某只股票，当股价上涨时你便能赚钱。我们说的听起来好像显而易见，但是很多交易者会谈论企业的管理、销售业绩预测、市场价值而忽略了最基本的事实——他们的股票正在下跌。不管公司的基本信息透露了些什么消息，技术分析能向你反映股价到底发生了什么事。股市的确会因为企业流传的各种新闻或信息而在股价上有所波动。通过技术分析，我们能看见的是人们的所作所为而不是他们所说的。我们都曾见证过在分析师调升投资等级后股价暴跌的股票。尽管金融节目有利好消息传出，但只有通过图表分析我们才能看到最高价在下跌,成交量在增加。

如果你抵触整个技术分析的过程,就像很多对此持怀疑态度的交易者和投资者第一次进行技术分析一样,那么你可以换个方法思考。当你开始运用技术分析的同时,你也没有必要放弃基础信息研究。你可以将基础信息看做是买入或卖出什么股票的信号,把技术分析看做是何时买入或卖出的信号。

交易者承担的另一个风险是太相信技术指标的预测能力,这往往是由放宽风险管理原则而引起。这里运用的逻辑往往与以下这个例子所要表达的意思是相同的。"我能承担一直持仓的风险,即使股价与我的期望背道而驰,因为你最常用的技术指标显示股价是会恢复的。许多交易者出于善意,花了很多时间搜寻股市中的弘论:能让他们准确计算出股价将来如何波动的公式。从著名的长期资本管理公司(Long – Term Capital Management)的教训中,我们知道最佳的思路和技术工具仍然需要运用严格的风险管理原则。据说,经济学家约翰·梅纳德·凯恩斯(John Maynard Keynes)警告投资者,尽管在长期交易中股价有一定的规律性这种说法是合理的,"但是股市的变化无常时期比你长期持仓时期要长得多"。当你了解了任何一个技术分析的固有局限时,那么技术工具才能发挥它最大的作用。

对于交易者的经验法则为:技术指标之于交易者就好像路灯柱之于醉汉——起到的只是支撑的作用,而不是照明的作用。

4. 风险管理与选股一起进行

在这本书中,我们花了一整章来讲解筛选股票的技巧。我们花如此之多的文字来讲述一个主题的主要原因在于这是降低风险的一大要素。你也许对于这样的观点非常熟悉:只要运用适当的资金管理计划,随便选一只股票进行交易都能赚钱。我们同意资金管理是一个重要环节的说法,我们也赞同它能帮助你的股票找寻成功的机会。在股市中这是一个非常简单的事实,直到被迫出现反转,否则股市会持续在某个趋势中。这是道氏理论的基本原则。既然这样,难道你不会购买上升趋势中的股票而去买下降趋势中的股票?

换一个角度来思考这个概念。可能有不少像你这样的交易者看过你的交易记录之后,就会想:"如果当时在我卖出的时候买入,买入的时候卖出,那我现在肯定赚到了不少钱!"我们发现这通常是不停追寻股市反转的结果。当你看到某只股票在下跌,然后想你要以最低价买入,然后等它反弹时获利。但相反的是股价还是继续自顾自地下跌,因为它处在下跌趋势中,而且资金已经从此股票中流出。筛选股票的原则是以他们依附于你交易策略的程度为基础进行选择,而并不是如掷骰子般情绪化的猜测。

第十二章　风险管理:学会接受合理的亏损

5. 风险管理必须按部就班,不能视情况而调节

在你的生命中发生过什么事情是完全没有商量余地的吗?这些无商量余地的事情包括信仰和一些不会因环境因素而一时兴起做出的行为。不管你身边发生了什么,你一直认为上述事情是神圣不可侵犯的。那么风险管理对于交易者来说,就是必须做的事情,没有商量的余地。那么这种交易与你之前所做的交易大相径庭的原因就很简单了。这与你自己在心里挣扎的时间有关,当你最后决定严格控制亏损时,你发现你已经泥足深陷,不能自拔了。也许你当初放宽原则的动机很单纯,但是现在它却威胁到了你继续交易的可能性。

chatter Box—里克

我还记得当我还是一位新飞行员时,我驾驶着自己的私人飞机飞到佛罗里达西岸去接一位准备停留一周的朋友。那天的天气与佛罗里达中部平时的天气一样,晴空万里,对于飞行来说实在是太棒了。当我飞过坦帕市南部,沿着海岸线朝着目的地飞去,一切都非常顺利。很快我就到达了机场,接下来就是飞行的最后一个步骤了。当我朝机场的方向下降时,为安全降落我让飞机保持平衡。这包括了设定控制好飞机的表面副翼,让下降的角度控制得刚刚好。我安全地着陆了,坐出租车前往办公室的方向,我的朋友就在那里等我。

在办公室停留了一会儿之后,我们打包他的行李,坐着出租车回到了飞机起飞跑道上。我将飞机开到了跑道的尽头,启动引擎,飞机开始起飞滑跑。跑道直面墨西哥湾,在起飞过程中,飞机趁着墨西哥湾的逆风向上升。飞机刚刚达到起飞需要的速度时,我没有控制好,感觉到一股巨大的阻力。实际上,当我试图将飞机拉到气层上时,飞机在与我做斗争,在我们的拉扯中飞机冲向了一片水域。突然我意识到我之前为安全降落让飞机保持过平衡。虽然我还是只能勉强控制飞机,我将飞机向下飞行,让它保持起飞时的平衡位置,我们终于爬升出了这片水域,开始了回家的旅程。

在飞行的过程中,起飞和降落时需要检查的项目都是必须做的,没有商量的余地。

如果我遵守了起飞程序,那就不会有什么问题了,而且我很清楚这些程序是我应该遵守的。但是我不但没有遵守,反而在没有确定自己是否遵守风险管理计划的情况下,快速行动,导致自己出错。同样的事情每天都在金融市场中发生。当交易者们开始思考他们要把这些规则谨记于心,但他们却忽略了这些规则将他们带到了什么样的境地。或者交易者会想不管怎么样这笔交易都是独一无二的,可以在交易中增加一点灵活性。广大的交易者们,交易的底线非

常简单:在交易计划中设定风险管理是必须的,没有商量的余地。

风险管理实施步骤

世界上最佳的理论是你知道如何将他运用到现实生活中的理论。这就是风险管理派上用场的时候。既然你已经决定限制亏损,那么当明天的交易出现在你的电脑屏幕上时,你该做些什么？你可以将下面这张风险管理实施步骤的清单抄在一张卡片上,贴在你的电脑旁边。等到下一次进行交易的时候,可以照着清单核对一下步骤。

①判断整个市场或某个行业的趋势。
②判断趋势中的各种股票的走势。
③判断买入价格。
④判断止损价格。
⑤利用百分之一原则计算仓位的规模。
⑥执行交易及止损委托单。

1. 判断整个市场或某个行业的趋势

风险管理的第一个步骤是要注意你进行交易的环境如何。你必须了解作为你的投资备选的市场或行业发生了什么事。我们在前一节中提到过风险管理的要点,从筛选股票的时候就着手进行风险管理。了解市场或行业的力量是否起作用,作为选股过程的一部分,这是至关重要的。

如果你在美国股市中进行交易,那么你的第一个步骤应该是绘制道指、纳斯达克和S&P 500指数的股市图表。这些指数并不会一连串地波动,尽管他们总是同时出现牛市和熊市的特征。摸索这广大的股票市场最简单的方法是在简单折线图上绘制交易所买卖基金的走势。道指、纳斯达克和S&P 500的交易做买卖基金分别是DIA、QQQQ和SPY。在这个阶段不用过于追寻技术指标的详细信息。如果你运用涵盖快步和慢步随机指数、平滑异同移动平均线(MACD)和斐波那契回调线的股市图表开始你的第一步,那么你很有可能已经将分析复杂化了。当你运用这些图表进行第一步时已经让自己陷入了在市场中迷失方向及被市场噪音扰乱的风险之中。打个比喻,我们在这一步中需要看到一座森林,而并不是数清森林中有多少颗橡树。

对整个市场的趋势有了初步了解之后,接着可以对纳入考虑范围之中的每个行业的股票进行深入了解。如果你并没有对某个行业或板块留下印象,那么你可以从上升或下降的板块开始筛选。比如说,如果你搜寻 20 日均线和 50 日均线一直呈上涨趋势的交易所买卖型基金这类股票的行业,那么你搜出的结果中会包括股价处在短期或中期上升趋势的行业。许多网站都会按照交易所买卖型基金的表现列出前十名。比方说,这些排名会显示年收益前十的交易所买卖基金。这就表示通过这个清单能推断出哪些交易所买卖基金有上升的趋势。

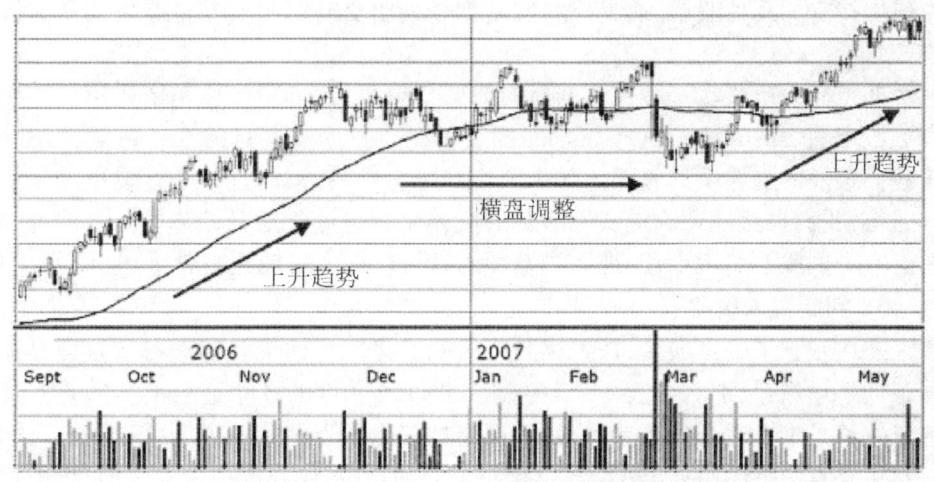

图表 12.1　判断整个股市的趋势

图表 12.1 中是 2006 年 9 月到 2007 年 5 月道·琼斯平均指数下交易所买卖型基金(股票代码:DIA)的走势。尽管图表中只包含了简单的烛形图表和一根中期移动平均线以及成交量,但是我们还是能清楚地看出股市呈现的中期趋势。我们只用瞥一眼图表就会分辨出三种不同的趋势:初始上升趋势是从 2006 年早期开始的,通道趋势从 2006 年 11 月持续到 2007 年 3 月,然后到 5 月又产生了上升趋势。在这里我们并不需要包含倒立圣诞树振荡指标的复杂分析图表告诉我们股市的大体方向。(请不要花太多时间弄清倒立圣诞树振荡指标是什么!)

2. 判断趋势中的各种股票的走势

一旦你认清了当前的股市趋势,找出了你想交易的行业,那么现在就应该选出进行交易的备选股票了。注意我们所说的"认清股市当前的趋势",这与"判断股市趋势将如何波动"是两个完全不同的概念。记住,我们并不需要预测股市未来如何发展,也不需要你提出关于将来六个月股市会如何变化的观点。我们的责任在于认清今天是哪一股力量在股市中发挥作用。

此时此刻,你有几种选择来筛选股票。你可以直接进入市场开始交易上市基金。如果你已经通过运用自己的交易策略找出了处在趋势中的某个行业,那么你可以直接交易这个行业的交易所买卖基金。例如,你已经绘制了生物技术行业(代码:BBH)的图表,而且发现它已经处于稳定的上升趋势中,还有一个不错的支撑位,那么你可以选择直接交易 BBH。要找出这些股票,你需要找出组成交易所买卖基金的股票清单。有一些研究性的网站只会列出交易买卖基金中值得持有的几种股票,而另一些网站则会列出交易所买卖基金旗下的所有股票。

获得交易所买卖基金包含的所有股票清单之后,下一步便是依照第一步中浏览股市图表的方法把这些股票的图表都浏览一遍。其目的在于排除并不处于我们跟随的趋势中的股票。如果股市处于上升趋势,而且整个行业也处于上升趋势,我们自然地想确定我们所选的股票是否也处于上升趋势中。在清单中总会有个别股票表现不佳,那么浏览图表就可以帮你发现这些股票。

3. 判断买入价格

现在就到了确定股票,选择买入时机的时候了。如果我们选择直接交易道·琼斯平均指数,那么图表 12.2 中显示了 DIA 基金的 3 个适合的买入点。这些点并不是唯一适合的买入点,我们选择这三点的目的在于说明关于买入点的一些主要看法。图中 A 点处,股价处于上升趋势中,停在支撑位上。但是,我们不在 A 点买入的原因在于,我们可以从黑色的蜡烛看出股市处于卖家的掌控之中。第二天,我们第一次在图表上看到股价跌到支撑线以下。这给了我们必须暂停交易的提示,因为此时图表显示买家的支撑力并不如之前那么强大。

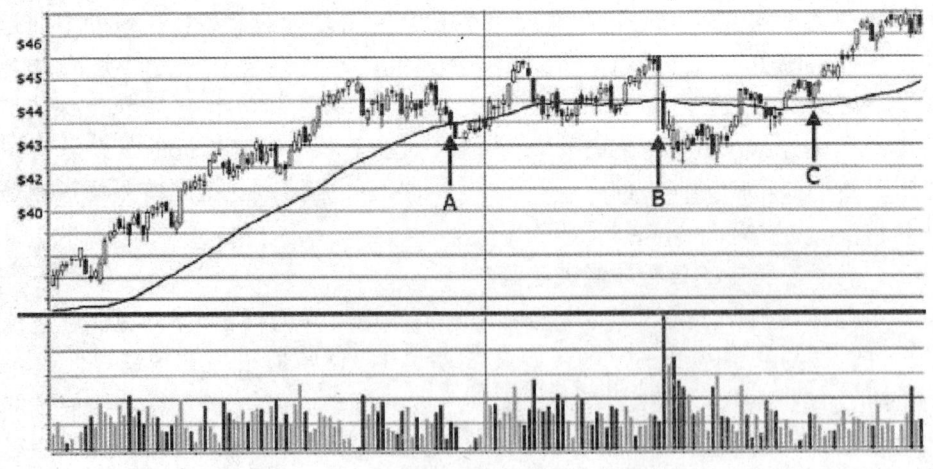

图表 12.2　适合的买入点

第十二章 风险管理:学会接受合理的亏损

B点是我们买入的第二个选择。乍看之下,这一点显出了股市的强势,因为卖家将股价压到支撑位以下,只有卖家的支撑就此突破。在当天交易收市时,伴随强大的成交量,股价反弹回到了支撑位以上。但是就在1月的前几周,在股市的某个价位中出现了抛售现象,而这个价位就是阻力位。当我们看到卖家在阻力位展现这样的实力时,在进入新的交易之前,我们应该等待信号出现以证实这一信息。当第二天看到卖盘继续增加,如果股价低于移动平均支撑线,那么就要倍加小心了。

C点是我们的第三个选择,在这一点我们看到白色蜡烛停在支撑位上。注意,这种情况一般发生在股价反弹又回落以再次测试移动平均线之后。此外,当天此股以接近最高价的价位收盘,而且成交量相当大。可以看出我们可以凭这几个积极的因素在第二天开市时就买入。从图表中可知,我们的买入价格大约为44.50美元。

4. 判断止损价格

现在我们需要回答一个重要的问题:"如果我判断错误,那么我应该在什么时候退出交易呢?"如果最开始你不回答这个问题,那么你会发现自己身处一个思考游戏中,一直为自己持有亏损的交易而编织着借口。你应该遵守的最简单原则为:如果你进入交易的目的并未达到,那么这就应该成为你退出交易的原因。在上述例子中,我们在C点买入股票,因为在支撑线以上显示出了股市的强大力量。所以当股市显示出它的弱势——股价降到支撑线以下,我们就应该卖出。

我们看看图表12.2中的移动平均支撑线,它在44美元附近波动,但是我们并不想以这条线作为止损价位。为什么?我们看看支撑位的定义,它是指买家力量突破卖家力量且股票重新上涨的价位。如果我们将止损价位设定在支撑位上,除了能显示股价平常的波动之外,没有任何意义。除非股价跌到支撑位以下,否则我们不会认识到自己的错误。在支撑位这一点,我们能看到卖家将买家的价位压得更低,这就是我们应该退出的时候了。

对于很多新手交易者来说有一个重要的问题:"距离支撑位多远才应该设置止损单?"其实并没有一个可靠的方法来计算这个距离,我们鼓励你用自己的眼睛进行估计,会有不错的效果。当你在最近的图表记录中看到股价是如何响应支撑线的,那么以下几条是你应该注意的:

- 股价反弹之前是否朝着支撑线直接下跌?
- 在当天以股价高于支撑位收盘之前,股价是否曾跌破支撑线?
- 股价是否有剧烈震荡跌到支撑位以下,不久之后又反弹到支撑位以上的趋势？

- 当股价接近支撑线时,波动增加(长烛身)还是减少(短烛身)？
- 支撑价位持续时间久吗？还是建立了新的支撑位？

这些问题的答案会让你培养出估计止损单设置在距离支撑线多远的地方的能力。如果股价频繁震荡,这就意味着你必须在支撑线以下多给它一点空间。否则,你会发现每当股价开始波动时,你设置的止损单就持续开始生效了。买入点C处蜡烛有下阴影,刚好触到了移动平均支撑线。在一周之前,此支撑线还是阻力线,现在实现了角色互换,变成了移动平均支撑线。我们还看到移动平均线又处于上升趋势中了,所以,我们把止损价位设置在稍低于移动平均线下的地方,假设股价上涨时会跟随这条支撑线。在这个例子中,我们把止损价位定在43.50美元。此价位不会太接近移动平均线,但它还是能清楚显示出股价跌破支撑位的时候。

5. 利用百分之一原则计算仓位的规模

你准备好将我们讲的内容综合起来运用吗？在上述例子中,我们假设交易账户中有10万美元的资金。基于百分之一原则,那么在这笔交易中我们的亏损不能超过1000美元。早在我们开始观察股市图表之前就规定好了这个亏损的最大额度。

接下来,我们需要判断这笔交易中每股的风险。每股的风险即买入价格减去止损价格。这计算很简单吧？写成公式即是：

$$每股风险 = 44.50 美元 - 43.50 美元 = 1 美元$$

交易者们要注意,如果股价下降1美元,就代表着股市下跌了2.2个百分点。许多人错误地将此原则理解为股市只会下跌1个百分点。其实并非如此,股价也许下跌大约1个百分点,但是对于我们交易账户的影响只会限制在1个百分点。

这里我们要做的最后一步就是计算仓位的规模或是计算你要交易多少股。以下这个公式就是用来计算仓位规模的：

$$仓位规模 = 风险总额 / 每股风险$$

我们例子中的仓位规模的计算如下：

$$仓位规模 = 1000 美元 / 1.00 美元 = 1000 股$$

在分析过图表走势之后,我们看出可以以44.50美元的价格买入1000股DIA。如果股价跌到我们的止损价位43.50美元,我们的亏损是1000美元,正好是百分之一原则设置的最大亏损额。

有两个原因影响我们仓位的规模。第一个是账户价值。当账户价值增加时,那么账户价值的1%也会增加,反之亦然。第二,当每股风险增加时,我们能买入的股票数量就会减少。这就是我们调整高风险交易的方法。如果我们以45.50美元买入此股票,那么每股风险就会增加2美元。最大亏损额度同样是1000美元,那么为了遵守风险计划,我们只能购买500股。

如果我们以53.50美元购买此股票会怎么样呢?现在我们每股的风险为10美元,那么我们就只能买100股了。有些交易者为了能够买入更多的股份而提高止损价格,这绝对是一个错误的方法,因为提高止损价格会将止损单设置在支撑位以上,那么当亏损发生的时候止损单就起不到作用了。千万不要试图告诉市场你需要或想要什么,因为市场不会顾及这些,你应该只通过分析图表来设置止损价位。如果这笔交易并没有达到你的要求,那么就去寻找另一笔交易。

6. 执行交易及止损委托单

一旦你找到了适合的交易,那么就承担风险吧。那么开始交易多久之后应该设置止损委托单呢?只要委托单还没有设置好,下面这些事情都不能做:

- 倒咖啡
- 上洗手间
- 接电话
- 打喷嚏
- 呼吸

你能想象这个画面吗?只要你的交易委托单被执行了,那么你应该立刻设置止损委托单。如果你在这期间停留的时间稍长,那么你就会陷入麻烦中。我们强调过多次了,当你的经纪人处理你的委托单时,应该一起执行止损单。不要只在心里想着要执行止损单,因为当股价到止损价格的时候,你再设置止损单就晚了。

风险管理属于概率的范畴

交易者进行风险管理根本归结于这样一个事实:我们在市场中要进行某一些特定的行为,这个行为是概率性的,而不是已经决定好的。我们可以尽自己的最大力量预测出即将持有哪只股票,但是这样的预测不是绝对的。引用为纳舒尔公司(Nashua Corporation)设计出统计方法的劳埃德·纳尔逊博士(Lloyd S. Nelson)的话说:"管理所需的最重要的数据大家都不知道,也不可能知道,但是成功的管理必须将他们考虑进去。"将这个概念延伸到交易的领域中,我们可知有时候最重要的信息并不能在相对强弱指数(RSI)中找出,不管烛形图是否出现下阴影。这些概念都可以当做我们行动的指南。但是有时候在我们控制范围以外的因素会成为股市分析的王牌,比如一份意想不到的经济报告、企业的法律诉讼、财会中不合常规的状况等等。这些都是交易者"不知道或不可能知道"的因素,但是想要交易成功,那么就必须考虑到这些因素。

概率的领域也许并不是预测最准确的领域,但有时候却获得最多的利润。但是当你浏览一些不确定因素时,市场中的诱惑才是对你最大的挑战。所以,浏览这些因素时一定要谨慎,你会如愿以偿。

第十三章
在大厅交易的责任：
你不想效仿的交易者们

根据各地新手交易者或资深交易者工作多年的经验，我们发现了一些交易者的性格特点，而这些特点在某一些交易者身上体现得更明显。不同性格特征的交易者在交易中展现出不同的特点。

我们常常开玩笑地谈到那些高价买入低价卖出的交易者。不管他如何努力，却总是将趋势判断错误。因此，他的同伴将他的判断作为可靠的反向操作的"指南针"。当这位总是预言失败的交易者买入的时候，他的同伴就会悄悄卖出。只要你根据他的交易逆向操作，基本上都能获利。

这一章要讲的是，美国的破产法，这项法律允许你进行资产重组。如果直接申请破产，那么你必须立刻清盘，你完全没有补救的机会。在本章中，我们将向各位交易者讲解如何留出空间给自己认识问题，从而实施补救措施。如果你发现自己已经处于上述情况中，那么你可以把本章看做是指引你资产重组的方法。

说到这里，接下来我们可以用比较轻松的方法讲述交易者的个性特点。虽然接下来讲的一些交易人物都是虚构的（大部分是），但其实这些特征却是存在于广大的交易者身上。你的目标就在于不要成为他们之中的一员。我们从这些人物的怪癖及交易习惯开始讲起。根据这些人物性格的发展，我们可以找出戒除这些坏习惯的方法。如果只指出问题所在而不提出解决方案，对于交易者来说并没有什么好处。你可以阅读接下来的几小节，享受乐趣的同时也让自己得到提高。

巴里——底部钓鱼人——专门从底价买入（直到价格跌得更低）

巴里是那种喜欢买散装卫生纸的人，因为他认为这样能占到便宜。他在高中年鉴上的评语为："小事聪明，大事糊涂。"而且他认为价格就是一切。事实上，他可以为了让每加仑的油能省一分钱，开快车穿过城镇。他可以为了省手续费而换掉股票经纪人。为了不在期权合同上多花一分钱，他在自己的手臂上纹下了"执行价格越高，我越喜欢"的文身。

迄今为止，他是宴会中最受欢迎的宾客，因为他的朋友们都把他当做终极反向操作"指南针"。他知道在吃饭的过程中讲述他的交易会破坏宴会的气氛，所以主人们在交易日不会设任何宴会，因为只要人们发现自己与巴里买了相同的股票，他们都会赶回家进行交易。他总是试图劝服其他人相信他从好兄弟丹（Dan）那里学来的交易策略，而且他也很想知道自己的仓位为什么总是离不开基本平均成本。假设巴里的仓位恰好是基本平均成本，你会发现他持有超过100万股的股票，但是他的账户总值总是维持在12000元左右。巴里总是能顺利地判断出他的股票的支撑位，他只是通过图表底部的成交量图来判断。他绘制的趋势线看起来就像一只归心似箭的土拨鼠回家的路线，直线下降。

他的曾祖父正好是《一生都要买股票》的作者，菲尔·奥基里特。这本书主要讲述了股票买卖的策略，并且在1928年夺得销量冠军。巴里当时充满了自信，他从未考虑过运用止损单，因为止损单会影响他扩建仓位的计划。他会花很多时间研究企业的基本信息，从而帮助他筛选股票。一旦买入，他就认定了那只股票。

解决方法

底部钓鱼人巴里显然一心想着在全年最低点买入股票，这意味着股票是贱价卖出的。没有什么比这更确切的了。当然了，有时候你也许有那样的运气，成为以去年最低价买入的那个人，但是以我们这些年在股市中的经验来看，没有一个人能持续这样做。

如果你的策略是想在股市"底部钓鱼"，那么你总会遇到这样的机会，买入一只股票，看着他下跌，然后再买入更多，再看着它又一次下跌；那么当你的购买力所剩无几时，你又透彻研究分析报告，找出你应该长期持有这只股票的原因。有经验的交易者并不会以这样的方式来交易。成功的交易者一般都是高价买入,然后再以更高的价格卖出。如果你发现自己总是试图预测股市的低价为何,那么你需要改变一下方法了,尽量只买能见到支撑位,在上涨趋势中的股票,而且它已经反弹超过了支撑位。

还有一件可以改变策略的事情你可以尝试一下,找出处于上升趋势的股票,然后以高价买入。也许刚开始你会觉得不是很习惯,但是一段时间之后你就会感觉良好。

说到关于降低佣金的事,千万不要为了节约佣金而频繁地更换股票经纪人,不要认为这样可以降低交易的成本。与股票经纪人建立良好的关系是交易中不可或缺的一部分。如果你长期在股市中进行交易,并且表现活跃,那么当你下次遇到棘手的交易时,你的经纪人会更乐意帮你解决难题。如果你向经纪人提出要求,他会给你一些特别的顾客服务,但他只是为了让你心情愉悦一些,这样的情况还是很多的。(这一条信息就足以值得你买此书)如果你每年交易次数在50到120次之间,那么在股票经纪人眼中你就被归类在活跃的交易者那一类了。就算你打算进行长期投资,每年50至100次的交易也可以让你成为有价值的客户,因为你的交易量保证了企业的税收。如果你与经纪人解除了合作关系,那么无论如何他都要花2000~10000美元来取代你的位子。你代表了股市中竞争激烈的环节,大多数的股票经纪人都愿意为你的交易卖命。

花点时间了解一下与你通电话的经纪人,以及他对顾客的优质服务,而不是只关心佣金是否便宜。想一想——就算你每年交易200次那么多,为了每股能便宜一到两美元而放弃一家好的股票经济公司值得吗?我们讨论的是200至400美元的差别。你会用优质的服务交换400美元吗?如果你的答案是肯定的,那么你的注意力就放错了方向,以为优秀的经纪人提供给你的优质服务久而久之能为你省成千上万美元。

每当谈到巴里和底部钓鱼人我们都会觉得很愉快,因为他们的性格特征的原型是现实生活中住在伦敦的一位交易者。巴里打过几次电话到我们的广播节目,当我们在全世界听众面前讨论他失败的经历时,他总是以他的幽默感带过,我们对此感到非常高兴。我们想对巴里说的话是:如果你正在阅读这本书,我们非常希望你能吸取教训。

追求收支平衡的贝蒂:忽略利益,她只追求收支平衡

52岁,有点乐观,有思想,这就是贝蒂。她并不想成功——她甚至害怕成

功。她开混合动力车去工作,因为她害怕加速度。在她的后车窗玻璃上贴着"因温和而生"的字样。

贝蒂是那种急于想尝尝当交易者是什么滋味的人,但是无论如何她都不是墨守成规的人。她的机遇抓得不是很好。她之前选择的股票刚开始看起来趋势还不错,但是当趋势违背了她的期望时,她总是能找到方法继续持有股票。她对她的每一种股票的关注度都是平均的,也许这就是她的问题——当股价向相反方向波动时,她不明白如何放手。当贝蒂还年轻的时候,她总是梦想着只生一个小孩,因为她认为她处理不了手足之争。

她的朋友曾经到她家去拜访。贝蒂的朋友非常支持她,为了让贝蒂保有责任感,他们总是问她这样的问题:"为什么你如此喜欢这些股票?如果你再继续持有,你不仅会浪费宝贵的时间,而且还会亏损掉投资在它们身上的钱。"她朋友的话迟早有一天会兑现。她应该适时地持有这些股票,赚回了投资在它们身上的资金之后,就应该放手。

解决方法

我们从贝蒂身上学到的第一件事便是不能将股票当做自己的配偶,永远都在一起。你只要觉得你与交易之间的关系变成煎熬,那么你应该立刻甩掉它。你以为等一等事情就会有好转,但是等的时间越长,情况就会越糟糕,你损失的钱就会越多。

你会发现贝蒂唯一将股票卖出的时候,是股价回升到她买入价位的时候。你看到了,她买入股票,承受了股价下跌的所有痛苦,最后还是以收支平衡的价位退出交易。这一点往往是买家重新开始掌控市场的时候,当贝蒂看到自己刚刚卖出的股票开始上涨并盈利才是她最痛苦的。贝蒂的致命弱点就在于股市下降的时候她买入,股市刚开始上涨的时候她却卖出了。这跟我们的成功交易五大原则刚好相反。

还有一条原则应该遵守:如果你被追缴维持保证金,那么你首先应该将所有的股票全部卖出,然后兑换现金。这是最安全的做法。你只要拿到了现金,你还是可以找到另一只形式更好的股票。贝蒂将负责她的保证金的部门经纪人的电话设置了快速拨号,但这并不代表你也要这样做。联邦储备金监察小组规定了交易者存入账户的最小资金额度,从我们的经验来看,大多数情况下,在交易者将这些资金存入交易账户之后,他们会收到两个甚至三个追缴保证金的电话。如果你的经纪人打电话向你追缴保证金,这意味着你所购买的股票并未按照你的期望波动。否则,你就会从中赚到利润了。如果你持有的股票正在暴跌，而你要经纪人继续往这个亏损的仓位里注资，那么这只股票的趋势还是很有可能让你继续亏损，这就是让你痛苦的交易关系。

喜欢参加研讨会的塞尔：他参加所有的研讨会，但是他赚钱了吗？

在关于交易软件研讨会的当天，你会看到塞尔像迎接主人回家的小狗一样站在研讨会入口。他是一个诚实、外向、天真、平易近人的人。他一向认为参加研讨会的演讲者都是股神，他按照演讲者的行程安排自己的休息时间，早已对研讨会的流程了如指掌。

他并不用去领主办商赠送的手袋，因为他自己准备了手袋，专门用来装各种研讨会提供的笔。实际上，如果他将主办商附送的各种品牌赠品拿到易趣上拍卖赚得的钱都比他所有通过交易赚来的钱还多。即使是在最暖和的天气，他还是带了四件夹克来参加自己最喜欢的研讨会，因为那样他就不用占用座位了。在人群中你一眼就能认出他，在演讲者妙语连珠之前，他就已经笑得很大声了，因为他之前就已经听过这些笑话了。

就像电影《夺宝奇兵》中的主人翁印第安纳·琼斯找寻圣杯一样，每一个研讨会塞尔都会满怀希望地参加，好像他能从这一场盛事中找到成功交易的秘密一样。他从不去不举办交易博览会的城市旅行，因为参加研讨会是他旅行的唯一目的。他甚至希望袋鼠有一天都能举办一场交易博览会，因为他妈妈住在澳大利亚。

解决方法

在每一场财金节目和交易博览会我们都会遇到塞尔，他什么时候才能意识到成功的交易并没有秘诀呢？我们的好朋友，马汀·普林告诉我们，他写的每一本书塞尔都买了，他也告诉过塞尔交易并没有什么秘诀，但是塞尔还是执迷不悟。塞尔，你是时候要遵守我们提出的最简化原则了。

我们必须告诉你参加一场研讨会你能学到很多知识。股市会持续发展，你也可以学习如何进行交易所买卖型基金的交易，或是学习如何正确地投资对冲基金，但与此同时，你也必须知道有些"万金油"销售人员还是会向你推销那些毫无价值的交易软件，这会花费你几千甚至上万美元。以下有几点提示能帮助你在参加研讨会时吸取其精华。

＊不要即兴购买，也不要受情绪的影响而追加股票。有些卖主在交易中并没有时间去吸引你的注意，所以，他们用热情的态度来影响你的情绪。对此千万要小心，要确保自己了解事情的真相，然后将这些信息带回家再做定夺，这样你就不会受到那些热情地推销股票人员的影响了。

＊注意虚报费用。对于那些向你申报费用的人，你一定要查清楚他们是否存在虚报费用。也就是说，要查清楚你的交易信息，看看你的股票经纪人是不是将亏损和盈利的消息都向你汇报了。许多人只报喜不报忧，这种情况我们见过多次了。不要被一些销售花招给骗了。

＊在参加交易研讨会或财经节目之前，一定要确立你的交易目标。确立目标之后，你便能吸取交易会的精华，你可以将精神集中在倾听对你而言最重要的话题上。抄一份演讲者的行程，对于那些用花言巧语哄骗交易者如何快速致富的演讲者，应该删去他们的行程。

＊分配好自己的时间，常常参加一些讲述风险管理策略的研讨会。

＊常去股票经济公司转转，看看他们如何与其他公司竞争，以保持自己公司的竞争力。不要太在意佣金，多了解他们是如何提高为顾客服务的质量和能力的。

一旦你的交易平台已经确定，你就可以开始大展拳脚了。坚持遵守一些基本原则，这可以帮助你稳定地在市场中交易，不要一会儿是这个想法，下一秒就会改变，因为这会导致你误入歧途，让你的交易与盈利的机会背道而驰。

不知所措：因害怕而退缩

面对交易，玛格丽特不知作何选择，她明知道这样不对，但是她还是下不了决心进行什么交易。为了帮助她解决交易问题，几天前我们碰面了，我们发现她的故事绝不只呈现在我们眼前的这些。我们在她参与我们的研讨会过程中总结了关于她的几个特点：

＊跟她一起开车去某处非常困难，因为她总是想在绿灯的时候停下来。

＊她是一个非常热情的人，但是她每个月却会在自己的交易软件中的虚拟账户付钱。

＊她根本不关心佣金会花掉多少钱。

＊她会因为一次糟糕的纸上交易而彻夜难眠。

＊她收集拉斯维加斯摇骰子游戏中的骰子，因为她自己从来不敢掷骰子。

＊她害怕做决定，当她在她的结婚典礼上对新郎说出"我可能愿意"的时

第十三章 在大厅交易的责任:你不想效仿的交易者们

候,所有的事情就开始变得糟糕了。

* 在她过生日吹蜡烛的时候,她并没有吹灭所有蜡烛,而是特别小心地留了一支,因为她害怕愿望成真。

* 她从来没有中过选六个数字的彩票,因为她只会选出五个数字。

* 她知道早起的鸟儿有虫吃这个道理,但是她害怕自己成为早起的虫儿——被鸟吃。这也许是从她爸爸身上学来的,她爸爸的至理名言就是:"老鹰是可以翱翔天际,但是鼹鼠也不会差到被卷进飞机的引擎中。"

* 她试图在某一天能进行交易,但是这又让她吓得半死。现在她又想知道"如果你两次都被吓得半死会怎么样"?

解决方法

我们提供的方法,不仅可以让玛格丽特克服交易中的恐惧,还可以克服她对于生活每一个方面的恐惧。这听起来也许很简单,但是如果你特意让自己在面临挑战的时候做出害怕的反应,这肯定也是不容易的。我们所说的是改变一个人的思维模式,那么想要改变一个人的思维模式唯一的方法就是鞭策自己将思想付诸于行动。

从交易的角度来看,克服恐惧交易最好的方法就是从小规模的交易着手。你可以考虑只买入 50 股的股票。你肯定认为想要运用这 50 股股票盈利非常之难,但你的目标并不是盈利,而是克服对市场的恐惧。你会发现 50 股股票很容易管理。你可以快速买入,也可以快速卖出,如果股价趋势向相反的方向波动,你也不会失眠。

如果你觉得交易 50 股轻而易举,那么可以将股份加到 100 股。你可以通过这样的方法逐步建立信心,直到你完全有信心、有能力执行 the Market Guys 的成功交易五原则中的第五个原则(百分之一原则)。到了那个时候,你会完全有信心交易 500 或 1000 股的股票。

接下来我们介绍一些有用的方法,这些方法都是我们世界各地的朋友总结出来的:

* 每月读一本篇幅短小的励志书籍,坚持一年。我们推荐你从肯·布兰佳和特鲁塔·凯西所写的《慷慨的力量(The Generosity Factor)》(大急流城,MI:Zondervan,2002)或是卢·霍尔茨所写的《卢·霍尔茨自传(Wins, Losses, and Lessons)》(纽约:莫罗出版社,2006)。

* 成为你们当地健身房的会员,雇佣一位私人教练督促你提升自己的极限。运动不仅可以缓解压力(见第七章),还可以让你晚上睡得更香甜。保持头脑清醒、身体强壮、充沛的精力会帮助你在交易中更好地做出决定。

＊报读学习自卫术的课程，你会惊奇地发现这个课程对于自信的建设是多么有帮助。当你第一次劈开木板时，你会感觉无人能及。而这种感受会消除你对周围一切事物的恐惧。

＊交新朋友。走出家门，试图找寻其他人值得你佩服的品格，然后与他们做朋友。比如，乐观、自信、友好、乐于助人的人，与他们结交能影响你处理风险的方式。如果与成功的人结交朋友，那么你成功的机会也会大增。

＊祈祷。我们并不羞于谈论祷告的力量。如果你正确地祷告，那么这会是一件积极、放松、令人激动的事情。最后，你会获得灵感，不单单在投资上做出正确的决策，还会在你的人生中做出正确的决定。你可以在家中任何一个舒适、安宁的角落进行祈祷。如果你觉得有必要，还可以将自己锁在车中，闭上眼睛，保持安静，对你所拥有的一切表示感谢，然后放松。抽点时间感谢造物主，并且相信奇迹的存在。

＊到外面去帮助那些需要帮助的人。到社区做贡献是一个建立自信和实现自我价值的不错方法。这不仅仅是有益的事，而且你还会惊奇地看到有多少人报答你的乐于助人。这就是一报还一报，善有善报。

拉里：跟随人群，而不是跟随资金的流向

拉里认为电视里说的任何事情都是对的，而且非常相信分析师对股票的分级，而且还会根据此分级购买股票。他小时候最喜欢玩的游戏就是"我说你做"，但是他从来都没有当过发号施令的那个人。

拉里喜欢在单行线上驾车，因为那样他就不用做出选择，而且每当他遇到岔路口的时候，他都难以选择，不知如何是好。当他与朋友外出吃饭点餐时，他都会说："跟他们要一样的。"他还会参加旅行团去旅游，即使他不认识旅行团中的任何人。他最喜欢的活动就是去足球场，他并非去看比赛，只是去当人浪中的一员。

作为统计局的一名员工，拉里非常热爱他的工作，他总是回忆起当初他一家一家地敲门询问别人意见的时候。当他还是小孩子的时候，他的妈妈问他："如果你所有的朋友都从桥上跳进河里，你也会跳吗？"他乖巧地回答道："我也会跳。"

现在，你会发现拉里总是将大量的时间和精力投入到股票研究中。虽然他总是在深夜时用电脑在网上聊天室里跟别人讨论，但是他一般会找时间与刚好

第十三章 在大厅交易的责任：你不想效仿的交易者们

在线的好朋友讨论。他也曾经试过自己一个人进行交易，他买入了可口可乐的多头交易，但是这笔交易最终还是失败了。然后他试图买入采矿业股票，但是这个想法还是中断了。他再次买入国际纸业公司（International）的股票，而这一次的交易持续了几年。最后，他试着交易铅笔业的股票，但当股价下跌了几点时，他就放弃了自己做交易的决定。

解决方法

我们知道这已经是陈词滥调了，但是我们刚刚描述的拉里的个性，每年在股市交易中有成千上万的人都会这样。如果你发现自己对于即将交易的股票总是询问别人的意见，那么很有可能是因为你不想自己承担风险。

你采取过你的邻居对股票交易的看法吗？你是否常常查看分析师的报告，看看里面有没有与你仓位的情况符合的内容？如果你等着别人买入了一只股票之后再买入，那么你很有可能就在错误的时机进入交易，因为当你买入股票进入市场之时，那些最先买入股票的人就想着应该卖出股票，获取利益了。那么当他们卖出时，你认为他们会将股票卖给谁呢？是的，卖给你。

有一个方法能帮你解决这一问题。不要跟随人群买卖，而是跟随资金的流动方向买卖。要善于观察简单的线形图，当你看到我们在原则三（第九章）中讲到的枢轴点一出现，就可以买入股票，接下来其他交易者都会跟随你买入，与上述情况正好相反。

拉里好像是玛格丽特的近亲，因为他也害怕交易，这也是他总是寻找统计数据的原因。但是拉里和玛格丽特最大的区别就在于至少拉里还愿意进行交易。如果你发现自己和拉里一样，我们建议你采纳我们给玛格丽特提的意见。如果你必须跟随人群买卖，那么至少要确定你跟随的这群人有成功交易者的思想。像成功交易者那样思考，采取行动，相信自己是成功的交易者，那么你就会成为成功的交易者。

诺曼像一座孤岛：将自己的交易隔离起来，《独自一人》是他的主题曲

在诺曼的童年，他最喜欢玩的游戏是纸牌，他常常自己一个人骑着独轮脚踏车穿梭在城镇里。

诺曼住的房子只有一间房，而且位于一条巷子的尽头，当他外出吃饭时，他

只会去汽车穿梭餐厅。股票经纪公司会将"自主"的标签贴在他这类的投资人身上,而他的最大挑战则在于弄清什么时候该卖出股票。

一直以来,诺曼的责任心都不是太重。他认为任何与其他交易者有关系的行为都会让他走上愚蠢的道路。交易软件非常多,但是他刚刚只适合用 Level 1(一种交易软件)。当股票经纪人发信息问他是否有她能帮忙的地方时,诺曼却一直没有回复。

解决方式

我们之所以能见到许多像诺曼这样的人,科技的进步是原因之一。你在家里或待在办公室中就能轻松地用自己的电脑进行股市买卖交易。你可以像那些职业交易者一样,轻轻点击鼠标就能买卖股票。但这其中最大的区别就在于,你只是自己一个人坐在那儿交易,而职业交易者并不是自己一个人进行交易。他身边还有许多其他交易者,还有一位首席交易者一直谨慎地监视着风险大小。

如果你和诺曼一样,自己孤身一人坐在电脑前交易,那么谁帮你进行风险管理呢?可以说没有人帮助你管理风险。所以,诺曼逃避交易的责任。这就是我们建议你找你的配偶或是朋友合作的原因了。他们的作用并不是在选股方面给你意见,他们在你身边是在监督你适时卖出股票。换句话说,如果你以 25 美元买入某股票,而且计算好了止损价格为 23 美元,那么告诉你的合作伙伴,股价到达 23 美元的时候,你会卖出股票,然后让他们监督你跟踪股价波动的整个过程。如果股价跌到 23 美元或是更低,但愿你的合作伙伴会提醒你是时候将股票卖出了。这是你已经设置好的止损委托单的"后备"计划。

如果你的伙伴帮助你摆脱了一次糟糕的交易,那么请你给他一定的奖励。如此便能巩固这个行为模式,久而久之,你的伙伴就会成为一名训练有素的交易伙伴,也许有一天他能成为下一位优秀的投资组合管理者。接下来要介绍的这位人物与诺曼的性格完全相反,而你要做的就是找到他们之间的平衡点。

心急的卡尔:他懂得进行交易,但他从来不懂得放弃

卡尔愿意做任何的交易,却不愿意自己独力进行这些交易。如果交易者有 911 热线,他们的工作人员肯定会知道卡尔的名字。卡尔每次买入股票之前都会验证每只股票的情况,而且他总有问不完的问题。而且还有一点,每当他想

第十三章　在大厅交易的责任：你不想效仿的交易者们

到一笔交易时,而进入交易的最佳时机早就过了一个小时。那么,现在时间每过去一分钟就相当于吸走了你可能获得利润的每一分钱,而卡尔盼望着市场中的下一个紧急状况出现。

我们注意到卡尔心急的几件事情：

* 他曾经读过一本书《我很好,你也很好》,但是他却只读了一半,因为他真的不确定自己好不好。

* 他对于自己的能力并不确定,所以他拒绝给予自己在交易账户中自由进行交易的权利。

* 他用最新最好的科技武装自己,他在使用蓝牙技术方面是行家,他能在弹指之间就能编辑一条短信息,还可以快速将其备份。

* 实际上,他是一个非常好的人,只是有时候他会被他的上一位交易教练追缴费用,这让他有些焦头烂额。

* 在他申请交易账户的时候,他也写上了交易教练的名字,这样他们两人就共同拥有了这个交易账户

* 如果单靠他一个人,就连用一元赚五元这样的交易他都不会做,但是如果通过有效的验证,他却会进行复杂的外汇交易。

解决方式

卡尔的行为和上一节中提到的拉里有些地方是相同的,他们都喜欢验证股市里出现的信号是否正确,但是卡尔至少能自己做出交易决定。他的问题在于对自己做的决定太不确定了。为了调节他的不自信,他把很多交易教练都聚集在自己身边。而这些交易教练也许是其他交易者、技术分析师或金融顾问。不管他们是谁,当卡尔心神不宁的情绪到了极点时,他们就变成了卡尔的救命稻草。

chatter Box—A. J. 蒙特

我曾经帮一位住在马里兰州安纳波利斯市的交易者处理他的交易。他是一位牙医,钟情于交易 IBM 的股票,他会在交易当天打电话给我,问我股票在技术图表上的表现怎么样。我会告诉他一些信息,他还会问股价是否还在支撑线以上,然后他才会挂掉电话,回去工作。

五分钟之后,我的电话又会响起,我又得翻看 IBM 的股票信息,告诉他支撑价位以及关于这只股票的任何新的信息。如果你曾经交易过 IBM 的股票,你肯定知道 IBM 公司每周都会有成千上百的新闻发布。有时候,分析这些新闻给股

价的波动带来了哪些影响就好像很多冗长又乏味的故事一样。后来有一天,在仅仅 6 个半小时的交易时间内,他给我打电话的次数超过了 37 次,第二天我就结束了我们的合作关系。这相当于他每隔 11 分钟就给我打一通电话。后来我发现,他每次都是趁给不同病人看病的间隙给我打电话。不用多说,这种交易者就是不相信自己管理风险的能力,他们需要我帮助他们执行风险管理计划。

下面有一些帮助你在不依靠别人的情况下,增加对自己交易能力信心的方法:

* 刚开始交易时,可以用你交易账户中少量的资金进行交易。记得玛格丽特吗? 这样并不会给你太大的压力,可以让你一步一步地建立起信心,慢慢开始盈利。如果你用少量资金能将交易管理得很好,那么你可以根据自己的舒适度和承受的风险程度增加股票交易的份额。

* 一定要运用止损委托单,接受自己偶尔也会犯错的事实(也许不是偶尔)。将自己的期望按照这样的方式来设置能缓解突如其来的股价变化带给你的惊讶。将止损委托单备份到邮件中,然后设置提醒功能,在股价跌到支撑位以下提醒你。

* 利用你所学的交易知识和技术工具进行交易。如果你还不明白看涨期权和看跌期权的区别,那就不要进行期权交易。

* 关掉电视机。财经新闻会影响投资者的情绪,会导致你对这些新闻有条件反射的反应。

* 在交易的时候不要每分每秒都盯着交易平台。出去转转,吸收点新的资讯,放松一下。当你回来的时候,股市依然会波动。

* 太频繁地关注股市会导致你出现强迫症,这会导致你每隔 11 分钟就想知道股价如何。

* 喝咖啡时,将咖啡变成无咖啡因的咖啡。

至此,你应该在上述的人物性格中找到一些共同的趋势。缺乏自信,贬低自我价值,有恐惧心理,还有对自己没有把握都是做出糟糕交易决定的原因。接下来看看我们最后要讲的一对夫妻,你会发现这些特点也呈现在他们身上。

奥茨和特雷西:发誓忽略亏损仓位的夫妻俩

像其他逃避现实的交易者一样,奥茨和特雷西也仍然相信世界通讯公司(WorldCom)的股价会回升。他们发现有趣的是,在他们的投资组合中大多数股票代码都是以"Q."结尾的。我们偶尔无意听到奥茨跟特雷西谈论到止损单

第十三章 在大厅交易的责任：你不想效仿的交易者们

的作用就好像警察抓超速驾驶者一样，而且他相信处理亏损仓位的最好的方法就是关掉电脑，然后去度假。

许多人会被各种鼓舞人心的海报、书籍、影像制品激发。奥茨和特雷西在电脑上贴了一个标语："只要你不卖出就不会亏损。"他从来没有进行过任何保证金交易，所以他们就按照自己的意愿持有亏损仓位，直到他们尝到苦果为止。他们一直都不知道"渐进"这个词，直到他们的一个朋友用这个词来描述他们最常交易的那只股票的线形图。

奥茨和特雷西夫妻两人是同病相怜的，但是他们还是能找到一个舒适的地方逃避股票亏损所带来的压力。他们通常做短期交易，但是在这期间，当亏损越来越多时，他们就会将短期交易变成长期投资。

他们最常做的事就是将其他能获利的股票卖出，从而给另外一只正在亏钱的股票注资。

解决方式

像奥茨和特雷西这样的人出现在我们生活中的频率绝对高出你们的想象。当我们有机会向他们解释哪里出错的时候，他们对于我们讲的每一件事情都非常明白。他们在每一场演讲会都认真做笔记；他们听从我们的话，也明白这中间的意义。但是在给他们提意见之后的几天，我们又进行了交谈，看看他们为处在下降趋势中的股票实施了什么措施，我们发现他们没有采取任何措施。好像有人给他们施了咒语一样，让他们无论如何都会忽略所有的亏损。

不管你做什么，都不学奥茨和特雷西夫妇。这并不是管理风险的方法，这种方式并不会像某种交易策略能让你在市场中获利。想象一下，如果全世界所有的资金管理人都无视风险管理的概念，这就好像船长明知道船底有个洞，却不做任何事将这个洞补起来，还继续将船开到公海。

这种思想对于交易者来说是很难克服的，因为他们坚信这样一种观念，不看不想，最后一切都会好起来。但你要记得，只要有一项糟糕的投资都会破坏你整个投资组合。

当你想将头埋进沙里，出现鸵鸟心态的时候，做到以下几点你就可以避免鸵鸟心态：

  * 在大脑中想象"不采取行动"的种种苦果。想想如果股价不反弹会发生什么事情，这些事情对你的资金会有什么影响？

  * 将自己的股票的各种图标都打印出来，用红色的笔把支撑线画出来，将他们放在最接近你电脑的地方，那么你就不会逃避或隐藏事实了。

* 如果你最后一次试图处理风险问题,你还是不能面对现实,退出交易,那么除了咨询管理你投资组合的专业意见之前就别无他法了。比起你逃避现实,拿自己的退休金去冒险,花一到两个百分点的资金雇佣一名有执照的金融顾问来为你做这些事还是好多了。

只要不亏损,交易都是有趣的

我们写这一章的时候觉得非常有趣,因为通过幽默的方法能帮助我们记住许多要点。只要我们的调侃没有冒犯到任何人,其实这个方法还是行得通的。如果我们对这些人物性格的评价不会让你觉得有生气的感觉,那么当通过这些观点你发现自己也有"不能盈利的问题",那么你应该认真地审视一下自己。

虽然我们讲的是真人真事,但是我们并没有用他们的真实名字。如果你刚好与我们的人物有相同的名字,那这绝对只是巧合。

在下一章中,我们会讨论有关如何找寻一位优秀的股票经纪公司的问题。只要你找到一间能够帮助你的股票经济公司,那么你一定要跟那间公司与你接洽的人保持联系。经过对管理你的账户的经纪人代表进行一定的了解之后,你一定要问他们是否曾经管理过像巴里、贝蒂或塞尔这样的交易者的账户。如果没有,那么他们很有可能曾经与像玛格丽特、拉里、诺曼这种类型的交易者打过交道。卡尔这类型的交易者肯定会被限制向他们打电话,而奥茨和特雷西这类的交易者则永远不会跟他们打电话,因为他们度假去了。他们对于那些每天在交易时与他们对话的各种不同类型的交易者肯定有他们自己的看法,了解他们的看法肯定会很有趣,说不定他们接触过的交易者还有比我们描述的更疯狂的。

第十四章
舞动起来吧：寻找自己的股票经纪人

本交易者寻找股票经纪人合作

　　我是交易新手，所以我需要找一名股票经纪人辅助我。任何形式的委托单对于我来说都可以接受，但是我最钟情于止损单。我对移动止损非常狂热。大多数时间你都会看到我渴望地看着屏幕——你会让我一个人这样吗？我想找一位与我志同道合，能互相沟通的股票经纪人，但不能吹毛求疵。如果我们相互之间都觉得适合，我们可以考虑进行期权交易。我只跟银行合作过，但他们太古板了，与我的个性不合。如果你觉得你是适合的人请给我发电子邮件，非诚勿扰！

BA. T. R8R 签于伯明翰

　　那么你个人招聘股票经纪人的广告又是什么样的呢？你有没有考虑过什么特征或性格的经纪人符合你的要求？还是你觉得所有的经纪人都如出一辙，找一位适合的不如随便选一个？在这一章之中，我们会指导你寻找一位能够帮助你执行交易计划的经纪人。以下的十条规则就能帮你找寻一位完美的经纪人搭档。

账户

　　当讨论到账户的类型和概念的时候，我们发现不同的地方以及不同的法律会导致账户的不同规定和选择。美国的退休金账户与加拿大的退休金账户在功能与规定方面都不相同。但是，我们至少可以了解一下账户的基本框架都包含了哪些元素。接下来我们会从以下几个角度介绍账户：
- 经纪业务账户
- 退休金账户
- 监护人账户
- 账户的所有权

经纪业务账户

你需要保证你选择的股票经纪人能为你账户中的交易或投资计划服务。你可以通过最基本的经纪业务账户买入或卖出股票、债券或基金。总之，在此账户中必须存一定的保证金，而不同的经纪公司对保证金有不同的要求。大多数经纪公司都规定最少需要 5000 美元，而有些公司的保证金则比开户金额更少。经纪公司要求你交一定的保证金是因为如果你买入的股票下跌了，那么这笔钱可以缓冲你的亏损。经纪公司也需要这笔钱缓冲所有的亏损，否则，经纪公司就会被亏损套牢。

往账户中存入保证金则需要另外一个申请程序，这些必须由开户人完成。有了保证金，你就可以灵活地运用借来的资金买入股票，如果你要卖空，那么保证金是必须的。如果你的账户中没有保证金，那么你就不能卖空。还有一点必须说明，一旦你签订保证金协议，那么就表示你赋予经纪人在你被追缴保证金时，卖出你所持股票的权利。被追缴保证金是指当你用保证金（借入资金）买入一只股票，而股价跌到了某一个程度时，你被催缴维持账户的基本金额。在这种情况下，经纪公司会要求你增加资金来作保证金，以增加对亏损的缓冲力。在他们联系不到你的情况下，他们有权利清算你的仓位，而增加账户中的金额。据我们所知，有些交易者以为只要不接经纪人的电话，就可以逃过这一劫，但这绝对不可能。

退休金账户

退休金账户是用于美国以及其他提供存储退休金账户的国家特有的账户。对于这些账户，他们有各种不同的结构和规定，我们并不会讨论这些账户的不同细节。但是，大多数退休金账户都有一些共同的特点。

退休金账户大致结构分为保守交易政策和长期投资。因此，退休金账户是禁止进行空头交易的，因为对于一个长期账户来说，空头交易无限的潜在风险是不可接受的。大多数的经纪公司也对期权这一类型的交易都有所限制，但退休金账户却可以进行期权交易。卖出无备兑认购期权会让卖家处于空头仓位，而这类型的交易在退休金账户中也是不允许的。有些类型的退休金账户限制进行某些投资产品的交易，而只会提供一份有限的基金名单供你选择。还有另一些账户类型，像是自主账户就允许你从最大众的投资产品中进行选择，而这些产品包括了各种股票和期权。

退休金账户是专门用来提倡长期储蓄的，所以他们一般会提供给户主有利税率。因为税收法会随时更改，我们建议你与经纪人或税务顾问讨论过后，再决定哪种退休金账户最适合你。

监护人账户

监护人账户是专门用来帮助你为未成年子女储蓄的账户。此账户的性质可为普通储蓄，也可为某一个目标，比如说教育基金。那么，由于国家的法律以及各个股票经纪公司的规定都不同，跟退休金账户一样，监护人账户也提供一定的有利税率，可能对某些投资类型有所限制，也有可能没有限制。监护人账户所需的开户金额一般都很少，是因为此账户要求每年都缴纳一定的金额。

账户的所有权

一个账户的所有权主要分为三种类型：个人、联合以及企业。个人所有权账户是由一个人决定交易或投资的账户。个人户主是指此账户只授权一个人存取资金或更改账户。退休金账户是典型的个人所有权账户。但是此账户的户主是可以指派另外一个人成为他的授权交易者，这并不影响此账户的实际所有权。

而经纪业务和储蓄账户则是典型的联合账户。夫妻双方常常会开联合账户，这样他们就分别拥有进入账户、进行交易和投资以及取款的权利。如果双方户主其中一人过世，那么联合账户的所有权就会立刻归属于在世的户主。

企业账户的户主则是一些盈利性组织或非盈利性组织。最典型的是由一些交易俱乐部所持有此类型账户，他们将会员的资金收集起来进行交易。买入或卖出都是由俱乐部内部的程序来决定，然后在联合账户中执行交易。那么将进行交易或取款的权利赋予某一位企业的长官或代表就是最正常不过的事了。如果交易俱乐部允许所有的会员都能随意地进入账户，那么你应该能想象到会有什么样的后果了。一旦会员们能够进入账户，自由调动资金，那他们一定抓住资金不放，就像喝醉的船员在离船时抓住桅杆一样。

建议与支持

在选择股票经纪公司的过程中,有一个问题你必须考虑:"在整个交易过程中我到底需要多少帮助?"许多交易者和投资者希望全程由他们自己操控交易,他们的股票经纪人只是他们的交易执行者。他们不需要任何建议和帮助。有一些低成本的经纪公司就与这种交易者合作,不用提供他们一些必要的服务。大多数交易者和投资者都希望得到一定程度的协助,而经纪公司有适合各种层次交易者的股票经纪人。

在这个互联网的时代,你只用点击一下鼠标就能选择适合你的经纪公司。那么这家公司是否有实体地点,让你走进去,并且与经纪人真实地面对面交谈?经纪公司并不像银行那样,有许多实体店面,这也是现在仍然有许多人还是在当地银行注册交易或投资账户的原因。有些大型的网上股票经纪公司会在一些主要城市设立办公室,而其他的网上股票经济公司并没有通过成立办公室的投票,只能通过客户服务中心向你提供服务。大多数经纪公司,不管是有无具体的办公地点,都会派一位股票经纪人与你电话联系。有些公司还会专门设置一个团队为那些交易繁多或持有大量金额账户的客户服务,不过这会额外收取费用。

长时间以来,网上经纪公司只会提供基本交易服务。你可以进行交易,转移资金,打印交易记录,也可以做其他的事情,但是他们并不会向你提供交易计划或策略之类的服务。相反地,全方位服务的顾问特别不愿意让你自己进行任何交易,交易者就陷入了"二选一"的境地。现在,许多网上股票经纪公司已经拥有适合各种层次交易者的建议与服务。一方面满足了自主交易者只是偶尔需要帮助的要求,而且还满足了需要验证股票的交易者,他们能自己做决定,但是他们希望得到专业人士对股票进行全面验证。另一方面又满足了交易者委托交易的需求,这些交易者不管是买入还是卖出都希望与别人达成一致。许多经纪人都提供全面的服务,但会收取额外的费用,他们宁愿让客户不在管理账户中交易。因此,更多的拥有专业级别管理投资账户的交易者们又为网上股票经纪公司单独开了一个交易账户。

这些服务中有一个关键常常被忽略,那就是技术和交易服务。当你交易频繁时,这项服务就尤为重要。有些小事很容易被忽略,但是越是小的事情越容易让你亏大钱,比如在变化如此之快的市场中交易,如果你的交易软件瞬间不能运行,或是接受交易信息不够迅速,而导致你不能及时知道你的仓位情况。

在这种情况下,你应该拿起电话,快速打给股票经纪人。如果经纪公司没有一个团队能及时地打电话给你更新股票信息,那么你是时候考虑找另外一家经纪公司了。

交易投资产品

也许你能在每一家股票经纪公司找出基本的交易或投资产品,我们首先讨论基本产品再讨论其他的。

当我们谈论到交易时,大多数人都会想到股票交易。股票交易对于大多数个人交易者而言相当于面包与黄油。但是,股票交易除了买卖之外,还有其他用处。

你应该考虑你的经纪公司是否有管理大量委托单的制度。经纪人会接下这些委托单,然后在股市中操作,将你购买的股票价格受到的影响降到最低。而且,如果你交易的是低价股,或你在粉单市场中交易,你需要考虑经纪公司是否允许你在网络上进行交易。粉单市场这个术语的由来是低价股的股价最初都是印在粉红色的纸上。

今天,大多数投资者对于基金都并不陌生,而且现在有成千上万的基金供交易选择,这绝对不夸张。现在更多的经纪公司提供不收取佣金、无手续费的基金交易,而且选择众多。你必须仔细地看清楚基金交易的佣金和费用,确保你不会为业绩不佳的基金买单。交易指数基金是追寻市场的好方法,而且费用低廉。因为许多基金都包含短期的赎回费用,其实他们并非交易产品,而是投资产品。基金的资产净值(NAV)每天都不相同,经纪公司应该向你提供基金的资产净值和其他所有信息。那么,交易所买卖基金(ETFs)也属于这一类。因为它可以和股票一样交易,那么所有的经纪公司都能进行交易所买卖基金交易。但是并不是所有的经纪公司都向你提供研究交易所买卖基金交易的方法。

在当今的股市中,期权迅速发展成为其重要部分。作为一个交易者,你应该找一家让你研究及交易期权的经纪公司。除非你在众多交易者中处于领先地位,否则期权的基本信息在你的交易中是不可或缺的部分。这包括了期权价格如何变化以及设置简单和复杂期权委托单的能力。有些高级专业期权经纪公司专门为高级交易者提供相当复杂的期权交易系统,对于那些高端的交易者,这非常实用。对于大多数普通交易者来说,这个交易系统会让他们陷入分析瘫痪的情况之中。

债券和现金产品是非常重要的投资产品,他们让你的账户实现稳定的增长,而且不用承受其他等值投资需要冒的风险。我们从来不推荐你将自己的投资组合全部用来交易,所以,你需要用其他投资来平衡你的交易行为。一家优秀的经纪公司会让你搜寻债券、存款证明(CDs)、高利息现金证券。其中有些产品要求你的投资到期才能退出,这样是为了避免你提早退出而被罚款。

再看看那些更高级的产品,你可以考虑交易期货。许多期货经纪公司会让你进行各种不同的期货产品交易,比如说,商品、货币、利率、金属、股市指数以及能源。那么期货账户的开户金额通常比一般的经纪业务账户的开户金额高,这与期货的交易方式有关。还有其他各种能够交易的产品,包括差价合约(CFDs)、点差交易和外汇交易。你需要注意的是越是高级的衍生产品,风险也越高,应该选择一个能够帮助你的经纪公司。

成本和费用

虽然佣金(也称为手续费)并不是一个非常重要的议题,但每个人都非常关心它,那么我们就从这一点说起。不久前,买入1000股的蓝筹股还能将几百美元的交易手续费返还到你的账户中。现在,大多数经纪公司被迫规定每一笔股票交易都要收取20美元以上的佣金,但是也有其他经纪公司收取不到10美元的佣金。而进行期权交易除了需要交纳基本佣金之外,每份期权合约也要收取一定的费用。如果你的交易活动很频繁,那么你就需要找一家能为你打折的经纪公司,你交易得越频繁,那么你得到的佣金折扣就越多。有些经纪公司同样也为那些申请新账户或存储额外资金账户的交易者提供自由交易。只要你为经纪公司带来了价值,不管什么时候 你都应该考虑他们能带给你的价值又是多少。

还有一种费用并不像佣金那么被频繁提到,这就是你需要为账户中净值所付的利息。这只是你从经纪公司贷款的成本。但是,这与你寻找最优房屋抵押贷款一样,如果你想用保证金进行交易,那么你就得货比三家,寻找保证金利率最优的经纪公司。而保证金利率都是紧紧跟随现行利率波动的,但是经纪公司对于保证金利率与佣金一样,可以为活跃的交易者或账户资金较多的交易者打折。另一方面,保证金费用就是用现金余额来支付收益。你应该注意这一点,因为如果你账户中一直都是现金,那么较低的收益就会成为代理费用了。你能从自己的成本中赚多少钱就要看成本与收益发挥多少作用了。较低的收益会跟较高的成本一样,并不会给你的账户带来好处。

如果你不注意,账户费用也是会快速增加的。你可以询问经纪公司关于他们处理某些账户或高额交易活动的费用以及账户最低余额各为多少。你应该找一家经纪公司将你的所有账户当作一个整体来评估,而不是分别评估各个账户的费用。如果你的某个交易账户每个月交易次数达到 50 次,那么你只用交纳 10 元的交易手续费,但是你还拥有另一个独立的账户,交易手续费却要 20 美元,因为你的交易次数并未达到他们的要求,这种情况是非常令人沮丧的。

你需要考虑清楚你的账户需要交纳哪几种手续费,然后找一家经纪公司帮你找出将这些费用降到最低的方法。当你从账户中取款时,经纪公司会让你缴纳 ATM 提款机的手续费,即使 ATM 提关机并不属于你家的网络线路,现在这种情况越来越普遍了。还有另外一些手续费,比如说卖出、查看或执行期权交易都需要交费,还有转让费、停止支付费用、邮件费、手续费、记录和报告费以及存款验证费。你看看,这一系列的费用是多么的昂贵,你应该判断出其中哪些费用会影响到你的账户,也要清楚哪家经纪公司可以降低这些费用。

交易软件

随着交易信息从专业交易者领域普及到一般的个人交易者领域,就像我和你,交易投资软件变得越来越重要。那么交易软件大体上分为两种:网络软件程序和独立软件包。

网络软件程序内置于经纪公司的网站上,你可以通过任何网络连接访问。网络软件程序通常比独立软件包程序要简单,因为它是专门给一般大众交易者和投资者使用的,特别针对那些没有经验的交易者。你应该了解一下经纪公司提供给你的网络软件程序的各种特点。

首先,每个应用程序都包含一定的图表。这是必须的。如果经纪公司并没有提供基本的股市图表,那你还是换一家吧。如果你能在图表工具包中加入趋势线、移动平均线和成交量,那会更好。如果你能在图表中加上一些自定义的规则也很好,比如不同的时间范围与图表风格。大部分的网络软件应用程序都包括实时报价,但几乎所有的金融网站都只能提供延时报价。有了这些报价,你就可以查看各种股票数据统计,像是股价每日变化、成交量、当前买卖价格和年度最高价等等。你也必须全面了解自己账户的信息,包括余额、交易记录和仓位盈亏报告。

如果从交易活跃度这个角度来看,网络软件显示信息往往迟于独立软件。但是对于投资者来说,网络软件是更好的选择。网络应用程序往往提供更全面的交易产品服务,比如债券和基金,你通过网络程序既可以研究这些产品,也可以进行交易。此外，由于众多诸如存钱及付款这样的交易事物都可以通过网络来完成，那么将与交易账户有关的活动通过网络交易平台整合在一起就比较容易了。

　　独立软件应用程序通常是以 Java 程序或用你电脑的专有代码的形式呈现。这样的软件包是专门为那些交易频繁的交易者而设，其中包括了比网络应用程序更高级的技术分析和执行方法。独立应用程序的特点太多了，我们只看看其中比较普遍的特性，便于指导你做交易决定。

- 图表。任何独立应用程序都必须拥有强大的图表功能。我们认为高级的软件至少应该拥有这些功能，包括三大类型图表（线形、柱形、烛形）、趋势线、移动平均线、成交量、扩展以及自选颜色和字体。最后一个功能非常重要，因为（1）图表显而易见，你阅读起来更方便。（2）此功能是很简单的代码，没有一个经纪人会不使用。

- 筛选工具。筛选工具有众多类型：从预先筛选到程序化筛选。我们更喜欢灵活地运用我们自己的筛选条件。但是任何交易平台都应该显示最大获利者、最大亏损者、最大成交量和高价/低价列表。还记得选股属于风险管理的一个重要部分吗？所以如果你不能筛选股票，那么你开始交易时就已经涉及不必要的风险了。

- 期权数据。关于这一点，有些人可能并不同意我们的观点，但是我们认为你必须知道期权的基本数据链，即使你并不进行期权交易。随着期权交易的爆发性增长，你会发现期权截止日期、未平仓合约以及其他与期权相关的专有名词对于每位交易者都越来越重要。当然了，如果你正在进行期权交易，至少经纪公司得告诉你看涨/跌期权、成交量、未平仓合约以及其他期权指标。

- 股票数据。Level 2 曾经是职业日交易者专用的，但是现在它已经成为高级交易平台预测股票数据的途径。通过这个软件你不只是能看到最高报价与最低报价，还能看到其他任何股票的价格。除此之外，你还能看到一只股票在某一交易日的全部交易记录，以及它当前的交易行情。大多数这样的交易平台都能让你的委托单直接进入任何市场。尽管有这样直接进入的通道，但我们发现经纪公司利用这种智能买卖盘传递系统能充分地处理大多数委托单。

- 观察名单。我们觉得这是对于高级交易平台功能的最低要求，因为此功能支持股票筛选。很多次我们都发现某只股票的各方面信息都很适合交易，但是还不到买入的时候。但是行动之前最好的方式便是将这只股票放入你的观察名单之中，并且每天都对它的行情进行观察，直到买入的时机到来，或是它的行情变得完全不能满足你的要求，在这种情况下，我们就会将它从观察名单中移除。

- 实时账户和委托单状态。如果你并不清楚自己的情况而管理不好自己的交易,那么我们还能说些什么？你应该即时进入自己的账户,查看资产总值、购买力以及已建的仓位。每一个仓位都应该显示即时获利和亏损更新信息。也许委托单状态是最重要的一部分,你可以从中知道委托单是否成立,其要求是否得到满足或只满足了部分要求。有时候股市变动迅速,那么你就必须采取行动。在这关键的时刻你需要交易软件为你工作,帮助你。

你肯定认为交易软件还有另外一些功能在你进行交易的关键时刻发挥作用。没错,但是我们讲以上功能的目的在于向你介绍我们使用的一些功能,也许你也用得到。鉴于你交易的产品、经验程度以及你的交易时间范围,还有许多其他你想具体了解的工具及功能。

委托单的类型

现在的交易者必须具备按照股市行情和交易策略执行交易的能力。经纪公司应该指导你设置以下条件的委托单。

市场委托单

市场委托单是指进入市场的委托单,它宣告你要进行交易,而且市场委托单并不是主要针对股价。市场买单通常会满足卖出价位或报价,而市场卖单通常会满足买价。市场委托单保证了交易的执行而非价格。市场委托单有一个限制,股市开市的时候它才能够执行。流通率低以及扩散性强都会让市场委托单在开市交易之前和之后受到威胁。

限价单

当你想确认委托单的最高买入价格和最低卖出价格时就要用到限价单了。我们通常以低于当前交易行情的价格下限价买单,而以高于当前行情的价格下限价卖单。市场委托单是保证交易的执行而不是保证交易的价格,而限价单保证的是交易价格而非交易执行。如果你以低于当前交易行情的价格下限价买单,而股价从未跌到你设定的限价,那么股市会永远满足不了你的委托单。你可以在任何时候下限价单,也有可能在股市收盘时才得到满足,因为任何能够满足你限价单的都是有效交易。

止损单

对于新手交易者而言，止损单有时候难以理解，但是其实它是一种比较简单的委托单。止损买单通常是当股价上升买入股票时使用，所以，止损买单的价格通常高于当前股票价格。而止损卖单则是当股价下跌卖出股票时使用，因此，止损卖单的价格通常都低于当前的股市价格。你需要注意到限价卖单和止损买单的价格都高于当前股市价格，而限价买单和止损卖单的价格都低于当前股市价格。

我们举一个例子来说明止损单。如果你拥有一只股票，并且在它开始下跌时你想卖出，你就会用止损买单来保护自己的仓位。止损卖单会一直存在于你的交易账户中，直到股价跌到你所设置的价位。当股价到达你的止损价位，止损卖单就会自动转换成市场卖单，你就会以当前的市场价位平仓。

将止损单与限价单结合起来也许可以建立止损限价单。止损限价单要求你同时设置止损价位和限制价位。我们看看止损限价单是如何起到保护股票的作用。假如你持有的股票的当前价位为50美元，你决定当它跌到47美元时将它卖出，但你又不想在价格低于45美元的时候卖出。在这种情况下，你就可以以止损价为47美元和限制价为45美元设置止损限价单。如果股价跌到47美元，止损限价单会自动转化成限价卖单。但是这里有个问题，如果股价下跌速度太快，在你完成止损限价单之前，股价就跌到了限制价位。在这种情况下，正在下跌的股票就得不到任何保护。因此，如果你要通过止损单来保护你的仓位，我们推荐你运用止损单而非止损限价单。

移动止损单

移动止损单是标准止损单的变形模式。止损单最大的限制就在于它可以在股价下跌的时候保护你不受到亏损，但是却不能保护你获得利润。那么移动止损既能保护你的股票不受到亏损，还能保护你的利润。移动止损单是通过持续调整止损价格从而保护你获得利润。换句话说，如果你持有的股票开始上涨，那么移动止损价位就会跟随股价一起上升，从而将止损单的执行价格调高。因此，止损价位会一直跟随股价上涨，直到股价开始下跌，在某一点止损单就会将股票卖出，锁定大部分的利润。

我们还是可以从实例中了解这是怎么回事。假如你以50美元买入某股票，你想将每股的亏损金额限制在2美元，同时你又想在股价上升时锁定利润，那么你可以设定2元的移动止损单,那么最初的止损价位就定在48美元。现在假设股价从50美元涨到了54美元,止损价格就会自动增加到52美元(54美元-2美元)。接下来股价涨到了最高价57.33美元,那么止损价就变成了55.33美元。但从这一点股价开始下跌,跌到55.33美元,那么移动止损单就会变成市场卖单,将股票卖出,你便得到每股5.33美元的利润。

附带执行单

我们对这些委托单并不做硬性要求,但是运用它们确实能让你的交易更为轻松。附带执行单是指当满足交易条件时执行的任何委托单。假如你想通过判断成交量而非股价来买入股票。如果股票的成交量达到100万股,你就可以买入股票了,因为这就表示股价上涨。附带执行单允许你下市场买单,但只有当日交易量超过100万股时,才会执行此市场买单。

我们再举一个双向卖单的例子。假设你持有一只股票,并且在股价下跌的情况下以微小的亏损卖出,或在股价到达你的目标价格时卖出并获得利润。你不能在同一个仓位设置两种有效的卖单,所以你可以设置双向卖单。这种附带执行单被简称为OCO。在这种情况下,两种卖单都是有效的,但是一旦执行其中一个委托单,那么另外一个就会自动取消,这样你就不会在同一个仓位上执行两种卖单了,否则会让你的仓位变成空头交易的状态。

基础信息研究

当交易者将更多的注意力投入到技术分析中时,我们并不建议你放弃任何基础研究。当你为任何交易和投资做准备的时候,你应该了解到一些企业分公司、部门、产业或经济体系还有很多值得你研究的方面。随着你的交易时间范围扩大,基础信息研究也会变得越来越重要。当然了,日交易者很有可能不会做任何基础分析,但是如果你打算做长期的投资,那么比起当日的交易数据,研究企业基础信息更为重要。我们列了一张基础信息清单,清单里的内容你可以咨询股票经纪公司。

*盈利数据。盈利数据是企业公布的新闻事件中最具影响力的。经纪公司应该向你提供盈利数据、企业估值以及跟盈利有关的任何报告和资料。当你登陆自己的账户时,应该可以链接经纪公司的网站,看到以上全部信息。很多交易者特别关注企业发布的盈利数据,因为在盈利数据公布前后,股市通常会

出现短期剧烈的波动。

*新闻。大多数经纪公司都有至少两到三个独立新闻来源,他们将这些新闻提供给交易者。任何新闻来源都应该有搜索关键字功能的特点。如果你持有 IBM 股票,那么在搜索引擎里输入 IBM 这个关键字就会得到特别有用的讯息,你可以看看那些影响到你的股票行情的头条新闻。同样地,如果你的目标是能源板块,你可以在搜索引擎中输入比如能源、OPEC 或原油期货这样的关键字。

*企业概况。你应该确保经纪公司会向你提供全面的企业概况信息,包括市场价值、已发型股票、卖空股份总额、市盈率(P/E)、除息日等等。你还应该查清楚拥有企业所有权的企业官员和主要股东,查清楚所有权以看清内线人士的买卖活动是怎么样的。你还要记住一点,虽然内线交易并不是即时的,但是他们每月都会进行汇报。

财务报表是了解企业概况的基础信息。这包括了资产负债表、收益表、资金流动表、还有证券交易委员会报表或其他监管机构报表。还是要记住在交易之前应该先查看股价和成交量的情况,因为企业基础信息与股价还是有差距的,别特是当你进行短期交易的时候。

*交易知识及培训。我们把这一部分归纳到基础研究中的原因是,如果你想由一般交易者发展成为投资者,那么这两件事是必不可少的。经纪公司不应该害怕自己的客户了解到更多的讯息。许多经纪公司都提供网上交易指导或服务,帮助你做出正确的决策。最好的经纪公司会向客户提供学习交易知识的课程,在课堂上你可以直接向培训者发问。如果经纪公司提供这些课程给你,不要计较你会从这些课程中获得多少价值。

储蓄功能

如果你想将交易投资与储蓄功能综合在一起,那么就考虑找一家能通过经纪账户提供储蓄功能的经纪公司。尽管将经济账户与储蓄账户结合在一起有很多优势,对于很多人来说这种账户的最大缺点就是损失了当地银行个人理财顾问的服务。想要解决这个问题,你可以在附近银行申请一个后备储蓄账户或活期存款账户,将投资组合中的一小部分资金存入此账户。以下清单中罗列的储蓄要求则是你寻找经纪公司的标准。

*支票账户和 ATM 自动取款机。储蓄功能清单中第一项便是支票账户和 ATM 自动取款机。我们这里要了解的是关于各种交易费用的细节。为了保持

自己的竞争力,许多经纪公司都允许客户在任何一个 ATM 取款机无限额取款。之前我们提到过当你从无线网络 ATM 取款机提取资金时,经纪公司会承担一切 ATM 的手续费。如果是支票账户,你则要考虑每个月能开多少张支票,确保经纪公司不会因为你超过开支票的额度向你收费。

- 贷款。房屋贷款、汽车贷款以及购船贷款是当前许多经纪公司考虑的项目。正因为经纪公司帮你管理投资,所以他们已经评估过你的经济状况了。一般来说,比起进入附近银行贷款买车的普通人来说,正在进行交易及投资的客户能带来的经济效益要可观得多。但是经纪公司知道高额贷款能带来稳定的收入来源,所以当你四处寻找贷款时,他们会对你无比热情。你想向银行贷款所购买的东西,通过经纪公司同样能实现,而利率和价款期限才是最重要的。

- 账单支付。账单支付的功能给我们提供的方便是我们日常生活中不可或缺的部分。你可以按照执行步骤在网上支付账单,根本不用担心邮票、信封以及错过支付期限这类的问题。如果你还未开始使用账单支付的功能,那么在考察经纪公司时,这一项功能便可以纳入你的考量之中。

- 电汇及转账。大多数人都不会在经纪公司的账户中运用电汇功能,但是如果你需要运用这项服务,你肯定会因为经纪公司帮你简化了电汇功能的过程而心怀谢意。一定要清楚电汇的费用,以及经纪公司操作电汇的过程,还要了解电汇所需的时间。而经纪公司应该清楚当你通过电汇汇钱或接受汇钱时,他们需要向你提供资金追踪记录。

如果你在同一个经纪公司申请了多个账户,通常你都希望能够在账户之间快速转账,经纪公司允许你在网上操作,并且立刻提供转账验证信息。这项功能体现的是现金管理这个部分,如果现金管理得好,你可以从存款中获得最大的利益。有需要的时候可以将资金转入支票账户或交易账户,但是当你有现金闲置的时候,一定要将现金存入高额现金账户中。

- 信用卡。我们并不确定信用卡是否是选择经纪公司的硬性要求,因为在现在这个年代,申请一张信用卡跟从椅子上跌落下来一样容易。虽然如此,许多经纪公司还是提供联名信用卡,或是经纪账户的借记卡。

报告及记录

大多数人不到缴税的那一天都不是很了解经纪公司的交易报告和记录到底如何。然后你发现自己对于基本成本、交易记录或交易验证信息趋之若鹜,并且急于知道如何找到这些信息。经纪公司一般会在网上提供这些信息,或者有这些信息的文件存档。网上的信息一般是免费提供或只象征性收费,而存档信息则需要经纪公司多加管理,所以当你需要这些文件时必须支付服务费。我们建议你在网上关注交易报告和记录的同时,再找一家免费提供这项服务的经纪公司。

- 交易记录。你写给慈善机构的支票什么时候过户呢？你过生日时收到的礼物支票保留期又有多久呢？你又有多少次是用支票支付各种费用的呢？这些问题的答案都是你现在需要了解的。进入你的网络账户中查询交易记录是现在非常流行的事情,而且经纪公司应该很容易适应这种现象。上网查询交易记录的另外一个好处就是你可以运用查找和整理交易的功能,加入你想找出的 7 月到 10 月之间所有的支票存款,或者你想将这些记录重新排序,所有支票交易排在前面,存款排在后面,等等。
- 交易活动。作为交易者你应该具有选择股票以及挑选交易确切时间的能力。你应该找寻一家经纪公司允许你查询股票交易的开盘和收盘价格、交易日期、每个价位成交了多少股份、交易时间及其他与交易验证相关的信息。你还应该查寻委托单的记录,这样你就可以了解哪些委托单已经执行,哪些委托单到期了,那些委托单被取消了。等到年底盘点交易的时候,以上这些信息在年底综合报告中都看得到,这些都有助于你了解税收报告。
- 收益/损失。收益/损失报告是最好的追踪交易和投资过程的方式了。此报告的数据是当你向经纪公司发出委托单时自动生成的。当你建立新的仓位时,将买入价与当前股票价格进行对比,就可以知道你的收益或损失是多少了。报告总结了账户中所有仓位积累的收益和损失状况。如果你将已建立的仓位全部转给经纪公司,并且提供这些仓位的成本基本信息,那么益损报告还是会继续追踪股价的表现。
- 账户记录。这一项报告网上通常不提供,但是没关系,因为你并不会经常用到它。账户报告包括账户申请表、委托书、书面授权书或说明书的副本。如果涉及法律问题,这些记录都是法律诉讼或法律程序中必要的。经纪公司向你提供这些报告的同时也是为了收取每份文件的手续费。
- 数据下载。现在有许多优秀的第三方交易软件让你管理自己的交易记录和报告。你应该找到一家提供定期下载交易记录服务的经纪公司,你可以将这些数据下载到自己的电脑中。只要你有这些数据在手,你就可以自己制作纳税报告或损益报告了。我们知道有很多交易者将这些报告作为交易计划及交易追踪日志的一部分。有了这些数据之后,你就不必在想了解自己的股票行情时次次都联系经纪公司了。

第十四章 舞动起来吧:寻找自己的股票经纪人

安全性

安全性作为选择经纪公司的标准一般分为两大类:资金安全和账户安全。资金安全是指经纪公司管理你资产的安全性,这项功能保证了经纪公司的兴旺。而账户安全是为了杜绝欺诈行为。这两种安全只要其中之一出点什么问题都将会是你的噩梦,所以一定要清楚经纪公司实行了什么安全措施。

资金安全

当你走进经纪公司办公室时,你会看到墙上贴着一张证书,这表明此经纪公司是有保障的监察机构批准运行的成员之一。当然了,在不同的国家此类机构是不同的,那么我们讨论的是美国的主流机构,如果你并不是在美国本土进行交易,那么你也可以在自己的国家找到类似的机构。

联邦储蓄保险公司(FDIC)通过为存款保险、检查及监视金融机构,从而保持美国金融市场的稳定性以及人们对市场的信心。FDIC合作银行的每一位户主将存款账户、支票账户以及其他储蓄账户综合起来可得到10万美元的保险。如果账户所有权是不同类型——比如说个人账户或联名账户——也许可以分开保险。而且FDIC提供的担保范围一般还包括了退休账户,像是个人退休账户(IRAs)和基奥计划(指自由职业者为退休而存款)的担保费用都在25万美元。

证券投资者保护公司(SIPC)也是为投资者和交易者提供服务的。如果经纪公司因为破产、客户资产遗失或其他经济问题而关门大吉,那么SIPC就会以最快的速度在一定范围内帮助客户恢复现金、股票及其他证券。如果没有SIPC,投资者在经纪公司遇到经济问题的时候很有可能亏损证券或资金,或是通过冗长复杂的法律程序处理他们的资产问题,这一等就是几年。SIPC对于每位投资者恢复交易的限额为50万美元,而现金的最大限额为10万美元。

全国证券交易商协会(NASD)也是监督经纪公司的自律组织之一。NASD会检查将近5100家经纪公司、171,000个分支机构以及超过663,000位经纪人的活动。他们会监视这些机构或个人在股票、公司债券、证券期货及期权交易中行为是否规范。NASD还经营了世界上规模最大的有关证券争议及解决方法的论坛,每年涉及4600起案件仲裁及将近1000起案件调停。

纽约证券交易所(NYSE)同样具有监察机构以监督经纪公司及他们的交易

活动。NYSE旗下的子机构总共持有9800万客户的账户,这占有经纪公司或经纪人管理客户账户总数的84%。NYSE旗下子机构的总资产达到了4万亿美元。

账户安全

　　账户安全并不是像许多人理解的那样是大问题。但这并不代表你没有被诈骗的机会,账户安全也不存在漏洞。也许当你在某家咖啡馆上网,并且通过无线网络登录的时候才会面临到最大的危险。如果在这种情况下输入密码登录账户,那么诈骗人员可能会得知你的密码。想要解决这个问题,可以问问经纪公司是否有针对网上登录密码的安全保护钥匙。这个简单的密码钥匙是指由一串随意的数字组成的密码,每分钟都在变化,就算骇客在咖啡店获取你的密码,但是它下一秒就无效了。

　　许多经纪公司还提供另外一种实用的服务,叫做账户提示系统。这是指当你的交易账户中有任何的交易活动或变化出现,系统就会发出提示信息到你的电子信箱、手机或个人商务通上。很显然,如果有人没有经过你授权就登录了你的账户,在他试图进行任何活动时你就会收到通知。

你才是掌控者

　　在这场交易游戏中,面对各种经纪公司的殷勤,有一件事是你必须记住的:你才是掌控一切的人。当经纪公司找你这位客户的时候,他们想要的是与你合作,他们并不想失去你这位客户。挖掘潜在交易者和投资者对于经纪公司来说是一个花费高的议题,他们希望能以最少的成本和时间找到客户。不要让经纪公司为你安排一切,你也没有必要乖乖接受他们为你设置的种种服务,并且支付其费用。首先确定你的要求,然后对经纪公司进行筛选,最后你会找到适合你的经纪公司。

秘诀五

采取行动：理论付诸于实践

第十五章
交易之外：成功是需要设立目标的

我们被邀出席在内华达州拉斯维加斯帕里斯度假酒店举办的交易博览会，会上，我们讲述了成功交易的五大原则。虽然开博览会的场馆只提供站立的空间，但是全场都充满了激烈的气氛，交易者快速地站满了会场，没有更多的地方让我们接待当天特意来看我们的交易者。虽然很多交易者无法入场而转身离开让我们很失望，但是与此同时，我们又感到非常的兴奋，因为我们知道我们讲述的这些内容是与众不同的。研讨会开展的非常顺利，听众们反响热烈，提出了很多问题也作出了评论，与我们达成了共识。当我们收拾东西准备离场的时候，一位女士上前向我们介绍她自己，并且对这次研讨会表达了谢意，然后问我们是否愿意出书。我们认真地聆听她的意见，但当她一离开会场，我们便相视而笑："也对，我们好像有时间去出一本书。"

大概半年之后，我们还是有出书的打算，所以我们联系了在拉斯维加斯的朋友。我们在一起聊了很多关于如何实现这个计划的话题，经过多次讨论之后，我们同意将研讨会的内容写成书籍。我们知道要在截止日期之前完成这本书是非常大的挑战，所以当我们制定了一个计划在各地进行巡回演讲时完成这本书。毫无疑问，研讨会既让人感到兴奋，又让人觉得筋疲力尽，我们的日程如此密集，有好几次连我们自己都不知道接下来要去哪里，只能翻查巡讲日程表。所以，每当我们受到一个国家的邀请时，我们会在路途上完成一章的内容。第一章是在亚特兰大写的，第二章是在奥兰多，接着我们去了法兰克福、瑞士、伦敦、西班牙。接下来我们又去了斯图加特、斯德哥尔摩，在回家之前我们还去了趟芝加哥。当写到最后一章的时候，我们发现我们去过迪拜、香港和台湾。最后，我们在巴黎的一家不错的咖啡馆完成了手稿的最后几页，这让我们兴奋不已。开始时，写书对于我们来说是一件不可能完成的事，但是后来变成了我们生命中最宝贵的经历。我们当时并不是很清楚如何下手，但是在不到三个月的时间内我们完成了这十五章内容。作为本书的最后一章,我们认为有必要告知读者我们之所以做这些事情的原因,更要鼓励你们行动起来实现自己的目标及梦想。

你的目标是什么?

我们已经尽了最大努力讲述我们所相信的事情:制定交易计划能帮助你建立真正的财富。我们的目的在于将复杂的市场策略转化成一些简单的原则,更易于一般交易者了解及执行。为了创造财富,虽然每一章我们都要通过良好的交易策略及风险管理原则解决一个"如何"的问题,但是我们认为解决一些关于"为什么"要创造财富的问题是最重要的。

我们认为生命中是要树立目标的。很多人认为我们做这些事是为了告诉投资者们如何赚钱,虽然我们的确涉及这一个问题,但是我们的目的其实更深远。在开头的几章中,我们谈论过贪婪这种情绪以及为什么要控制这种情绪。作为市场中推动股价波动的推动力之一,毫无疑问贪婪这种心理是有强劲的意志力。据我们所知,有成千上万的人都认为如果他们拥有了财富,那么全世界的人都会认为他们贪婪,而这样的想法令他们感到惭愧。因此,我们会见过一些有自毁想法的交易者,他们认为他们还是不要得到财富为好。他们反而想拥有一份稳定的薪水,过一些平平淡淡的生活。有些人就认为这些人没有能力或不应该得到财富。这些人竭尽所能地避免任何能让他们获得成功的行为。

有些关于 The Market Guys 的事情你们有必要了解。我们出书的目的并不在于经济利益,我们的生命中经历过很多挑战,在这整个过程中我们学到了关于生活的许多宝贵的经验教训。就像父母的经历告诉我们生活是甜美的一样,我们面对的这些挑战其实让生活更甜美。然而我们两人从父母身上学到的最重要的东西就是信仰就是一切——相信自己有能力;相信那些做出正确决定的人;相信上帝,他给了我们机会接触那些运气欠佳的交易者;相信我们生命中的目标。就是这些信仰带领我们这两个对教学充满激情的平凡人让生活变得更甜美,让我们意识到并不是因为一连串的好运让我们获得成功,而是因为我们生命中的目标带我们走到这一步。

好好地环视一下四周吧,你会发现成百上千万的平凡人都努力地生活着,但却忽略了要去创造生活。其实看着这么多人一生碌碌无为,连对退休的一个简单的计划都没有,这是多么可悲。他们平平淡淡的生活看起来很不错,日复一日、年复一年,对于未来完全没有想法。有些人非常安于现状,而其他人却努力寻求突破,等待有所作为的时机。你们肯定听说过 80/20 原则的变形模式,也就是说只有 20% 的人是创造者,创造一些新的事物,而 80% 的人则是追随者,跟随别人的行动。你试想想,其实这个世界是需要创造者和追随者的。这些追随者是社会的顶梁柱,是世界经济的背后推动力,如果不是有他们,那么领导者便无人可领导。那"20% 的创造者"是不怕在生命中冒险的具有号召力的人物,这些人是有可能变成优秀的领导人的,因为在他们的生命中,他们曾经都是优秀的追随者。

但是到底是什么将这两群不同的人分开来呢?事实上,并没有什么将他们分开。创造者也许是一位五岁的男孩在绿茵场上非常努力地将球踢进,或者是一位中学女生每天多花时间努力学习使成绩提高。创造者也可以是将午餐时间增加一小时的父母,为的是让学校日常工作能够顺利进行。多那么一点点的努力在创造者的世界中都是有利益的。而那些多余的午餐时间,如果安排合理,可以让站在台上唱歌的孩子看着自己的爸爸妈妈在台下为他们鼓掌而在生命中留下深刻的印象。如果你觉得这些例子说到了重点,那么你很有可能已经尝到获利的滋味了。这就是生命中美好的事,随着时间的推移,我们发现我们举的例子会变成其他人效仿的标准。

作为家长,我们已经从对孩子们的付出中得到回报。他们就是反映我们的信仰和行为模式的镜子,这也是为什么家长们应该谨慎处理经济问题的原因了。如果我们不小心,会将经济灾难遗留给我们的下一代甚至是下下一代。你想让你的家庭或朋友留下什么样的财产呢?你留下的财富会如何改变你周围的环境呢?我们也会问自己这些问题,这也是我们写这本书的原因。

点点滴滴能够改变世界

我们在这本书中展现的是人们如何在市场中赚钱,但是我们用这些钱却可以做不一样的事。你试想一下自己现在是一位创造者,那么当你累积了这一生中巨大的财富时,你会成为一位什么样的创造者。如果你是那位在绿茵场上竭尽所能协助自己的队伍获得胜利的小男孩,那么你很有可能会为了帮助无家可归的人多走一里路付出多一点代价。如果你是那位努力学习想提高成绩的中学女生,那么你很有可能成为为了帮助成绩不理想的学生留在教室里的老师。如果你是抽时间去看自己孩子在学校里的表演的父母,那么你的孙子很有可能会在你的教导下成为世界的领导人。我们教导自己的孩子们什么是伟大,但是正是我们的信仰才让孩子们相信他们也可以走出去将世界变得更美好。如果去过我们任意一场研讨会的现场,那么你肯定总是听我们谈论有关我们人生目标的话题,这全是因为想让我们自己更接近伟大这一词。

当我们身在斯德哥尔摩的时候,有一个想法强烈地敲打着我们。每当我们去一个新的国家之前,我们必须学习当地的文化,从而更好地了解当地的人,让我们与观众更容易地沟通。大多数瑞典人不会跟随那些源源不绝的商业信息进入交易,也不会因为某人在公众场合大声说出一些交易信息而感激他们,特别是这些信息跟利润挂钩的时候,关于这一点我们感到非常欣慰。我们从来没有做出一些能在短时间内致富的承诺。我们当时在瑞典斯德哥尔摩市中心的一个露天舞台上进行演讲,内容是关于如何通过股票市场创造财富。我们并不知道如何让当地的人们接受我们,但是正当要上台之前,我们又回到了化妆间,并且做了一个决定:还是按照我们往常的风格进行演讲。在两天的演讲行程中,我们讲述了图表、趋势、风险管理及期权的有关内容。接下来所发生的事情就是观众的反应让我们感到惊奇。

人们一个接一个地走上前与我们交流。安妮特谈到了她在商业界的工作,而这项工作的目的就在于为慈善事业筹募到更多的善款。研讨会的主持人玛利亚向我们介绍了一位前职业冰球运动员,诺尔丁(Nordine),他从体育事业中退休之后就开始贩售砖头。他的故事吸引我们想更了解他。诺尔丁既不是砖瓦匠,也不是建筑工人,但事实上,他却是那些相信自己能有所作为的伟大的人之一。是的,他的确是在卖砖头,但是绝对不是以你想象的方式卖砖头。他会找寻一些住在小山村里的人,这些人穷到甚至没有干净的水可以喝。一旦他找到了这些人,他就回家为他们卖砖头,他卖出的每一块砖头上都有买主的名字。只要他卖出足够的砖头,他就会回到那些村庄为那些没有水喝的人挖井。每挖一口井的成本大概在12000美元,但是最让人惊奇的事却是这些井带动了当地经济的发展。每当一口井挖好的时候,人们都会为了获得饮用水而到当地去。等他们到了当地,他们总会在分布在这些井四周的小商店中花点钱买些东西。

随着经济的小幅增长,道路也扩宽了,可以让更多的人来参观。有些砖头的买主还专门来看他们慷慨解囊的成果,最后越来越多的人来到这个城镇,吸引了更多的观光客。试想,如果我们的交易获利一次就向诺尔丁买一块砖头,那么我们能建多少口井?而这对于当地的人民来说是不是更有意义呢?

第十五章 交易之外:成功是需要设立目标的

你的故事

每个人都有不同的故事,玛丽跟我们谈到了一个叫做国际大学生企业家联盟(SIFE)的非营利性组织,向我们讲述了一些学生渴望成为自己公司CEO的故事。他们手握商业计划,参加世界各地的比赛,展现他们的才能与思想。而这些比赛中为他们投票的评审都是一些大型企业的CEO,他们聆听着这些参赛者讲述他们的商业计划以及他们改变世界的梦想。试想,如果我们从一年交易所获得的利润中抽出一周获得的利润,并将他投入到像SIFE这样的联盟中,能赞助多少个这样有思想的年轻人。

有一位令人称奇的年轻人,叫查理,他只有26岁,却拥有90岁人的智慧。他谈到他鼓励一些学生成为青年企业家的事情。多年来,这些学生只参加那些获得MBA文凭或者各种职称的演讲者的研讨会,但查理的研讨会是个例外。当查理开始说话时,人们都专心聆听,因为他们知道查理说的是真人真事。他说的每一个字都能体现出他的智慧,你可以从他的眼睛中看到他对工作的热情。查理认为他自己是一个社会底层的贫困小孩,父母离异而且都没有工作,他的父亲还一度无家可归。查理将他自己称作"贫民窟的小孩"。他和他的表弟是家族里唯一一拿到高中毕业证书的孩子。但是在今天,他为大学生们演讲,指导他们在经营生意的初期应该怎么做。但我要提醒你们,瑞典学生的义务教育只有9年,小学和初中,这与美国不一样,美国学生在上大学之前必须接受12年的义务教育。只是看着查理,你永远都不可能看出他是一位大富翁,这也正是他让我们印象最深刻的地方。他是一位非常谦虚的人,知道自己的出身,但有趣的是,他现在认为在经济方面他处在社会的顶层。所以他总是将自己的知识与财富拿来与他关心的人分享,包括他的家人,而且他总是在感恩节的时候回馈社会。

倾听这么多成功的故事令人印象非常深刻。很多次,我们登台的时候,感觉到这些故事就发生在我们身边,虽然感觉不是那么的真实。在各地巡回演讲的过程中,我们的演讲触动到这些人们,而这些人们也让我们感动。如果你也是其中一员,那么你心中肯定也有回馈社会这一想法,那么欢迎你加入我们的俱乐部。我们知道在这些观众中一定有某个人会获得成功,他或她在历史上会占有一定的地位,而这些也是我们继续向前的动力来源。你会是那个人吗?你会是那个靠自己实力创造财富,并且用这些财富闯出一番作为、走向世界的人吗?

如果你懂得我们在这本书中所写的在市场中盈利的观点,这就表明你已经具备了改变世界的武器。这都是从一个人、一个故事、一次交易开始的,就像你在书中看见的,我们 the Market Guys 只是讲述一些交易知识,而并不是展现如何在股市中进行交易。如果你想要成为世界上最令人称奇的人群中的一员,那么你必须首先相信自己的计划会成功,而且保证自己愿意执行这个计划。没有了行动计划,一切事物都只能停滞不前。所有的观点与机会都好像是一个人在海里漫无目的地游泳,但是如果只有计划而不去执行,那么你永远不会有收获。而最令人感到压抑的经历莫过于当你开始思考"如果……会怎么样"的时候。如果前几年我执行了那个想法并且一直贯彻到底,现在会怎么样呢?如果当时我听了自己的话,执行了那次交易,现在会如何呢?如果在那一次交易中,我能将自己所收获的回馈给别人会发生什么事呢?

chatter Box——A. J. 蒙特
我宁愿后悔自己做过某事,而不愿意因为没有做过某事而感到后悔。

行动起来吧

如果你遵守了我们在前几章中谈到的四项原则,那么你会发现接下来的一个原则就是需要你采取行动了。这一原则是回答"如何"这一问题的最后一步了,那就是行动起来,进行交易吧。许多人都觉得这一步非常困难,因为这是让他们真实地去承担风险而不是只想想而已,而同时在这个过程中也会产生恐惧的心里。如果你有类似的情况发生,放心,不仅仅是你一个人会这样。这也是为什么我们会重复强调当股价并未按照你的预期波动时,就算是亏损也要确保你在保护自己的仓位。如果你是那位用自己的财富改变世界的人,比起那些只关注通过股市赚取利益的人,你在股市中交易的意义就深远得多。我们认为你应该为自己的损失而负责。如果你不学会保护自己的交易,那么你如何去为无家可归的孩子们建造孤儿院?如果交易受到亏损而你却坐视不理,你怎么像诺尔丁那样去建造那一口口井?如果你精心策划交易策略,那么这个详细的行动计划将会让你获利的可能性大大提高,那么成功离你就更进一步了。但是要记住,一进入交易就设置止损委托单,保护自己的交易。这就是你的行动计划。

对于那些什么都不知道,但还自以为是的人是愚蠢的,你要避免跟他来往。
对于那些什么都不知道,但知道自己一无所知的人是学者,你可以教导他。

第十五章 交易之外：成功是需要设立目标的

　　对于那些了解一些事物，但不知道他所了解的事物是无用的人，你可以唤醒他。

　　对于那些什么都了解，而且精通于他了解的事物的是聪明人，你可以跟他学习。

愿上帝保佑你
里克和 A. J. 蒙特
The Market Guys

译者后记

本书通过通俗的语言,鲜活的事例,让我这个对交易了解尚浅的人学会了交易的基本知识。本书中所讲的道理并不只适用于股市交易中,这些哲理在我们人生道路中都会发挥重要的作用。本书的作者 A. J. Monte 和 Rick Swope 在股市交易方面取得了巨大的成就,他们根据多年来的交易经验总结出了成功交易的五大原则,感谢他们撰写这本书与我们分享经验,我相信这本书会让所有的交易者受益匪浅。

此外,还要感谢吴菁女士,她在整个过程中给予我无私的鼓励和专业上的指点,还有李希、汪月琴、王萍、石磊、李琦等,感谢他们为此书的翻译付出了辛勤的汗水。由于时间和能力的限制,本书在翻译过程中难免会出现一些错误和纰漏,本人代表所有的译者诚恳地希望读者指正。本书的缺点、错误由我个人负责。对于本书译稿,若有指正或需要与译者商讨,请通过电子邮件 gjtz168@126.com 联系。

一本好书会激起无数感慨和顿悟。作为译者,我对本书充满感激。希望本书会成为一盏明灯,不管是在交易中,还是在人生的道路上,为你照亮一段路途。